가족상실과 위기상담

윤상철 지음

한국장로교출판사

가족상실과 위기상담

초판인쇄 2007년 4월 1일
초판발행 2007년 4월 10일
지은이 윤 상 철
펴낸이 박 노 원
펴낸곳 한국장로교출판사
주소 110-470 / 서울특별시 종로구 연지동 135
전화 (02) 741-4381~2 / 팩스 (02) 741-7886
영업국 (031) 944-4340 / 팩스 (02) 944-2623
등록 No.1-84(1951. 8. 3.) / Printed in Korea

ISBN 978-89-398-0384-8
값 9,000원

편집과장 이현주
기획과장 정현선
본문편집 원지현
표지디자인 박인선

추 | 천 | 사

내가 알고 있는 많은 제자들 가운데에는 다방면에서 뛰어난 재능을 가진 목회자들이 많다. 어떤 사람은 목회에서, 어떤 사람은 상담사역에서, 또 어떤 사람은 강의에서, 그리고 어떤 사람은 글 쓰는 일에서 재주가 뛰어나다.

그 가운데 윤상철 목사는 어린 시절부터 지금까지 많은 고난과 역경의 긴 터널 속에서도 용기를 잃지 않고 그 파란만장한 세월들과 싸워 승리한 신앙인이요, 학문에 대한 남다른 열정으로 훌륭한 상담자가 되기 위한 준비를 해 온 목회자이며, 상담가로서 여러 곳에서 강의를 하고 있으며, 가족상실로 고통당하고 있는 이웃들을 돕는 자선단체를 구성하기 위해 기도 중이다.

나는 그가 제출한 「나의 인생행로」라는 자서전을 읽으면서 한 인간의 절규와 함께 그의 가슴 깊이 맺혔던 응어리들이 하나님의 인도하심 가운데 풀어지는 것을 보았다. 이것은 아직도 나에게 그에 대한 특별한 기억으로 남아 있다.

그런 가운데 이번에 그가 저술한 「가족상실과 위기상담」은 그의 삶의 여정에서 직접 경험한 가족상실의 고통과 목회현장에서 경험한 사례들을 중심으로 쓰여진 글이어서 목회자들뿐 아니라 상담에 관심을 가지는 사람들에게 실제적으로 많은 도움이 될 것을 확신하며, 이 책을 권한다.

크리스천치유목회연구원장

정태기

서 문

어느 철학자는 우리 인생에 두 종류의 존재방식이 있는데, 하나는 던져진 존재로 자기의 선택 의향과 전혀 관계없이 부모에 의한 혈육 관계가 있고, 또 다른 하나는 자신의 필요에 의하여 형성되어진 대인 관계로서의 존재방식이라고 했다.

이러한 두 종류의 존재방식에 의하여 만나고 얽혀진 관계 속에서 우리는 마음을 나누고, 각자가 가진 꿈을 실현해 가기도 하고, 때로는 그로 인하여 좌절을 경험하기도 한다. 하지만 이러한 관계 속에서 삶의 지혜를 배우는 것이 우리네 삶의 과정이다.

이처럼 서로의 공동선과 공동목적을 성취하기 위하여 앞서거니 뒤서거니 하면서 미운 정 고운 정이 배어 있는 우리에게 죽음이란 인간의 한계가 다가와 속수무책으로 이들을 먼저 보내야만 하는 남은 자들의 슬픔과 비통함이란 세상 그 무엇으로 이해할 수 있으며, 마음 깊숙이 새겨진 상처의 흔적들을 어떻게 감싸줄 수 있으랴!

더욱이 자신의 필요에 의하여 형성된 관계들도 그러할진대 피와 살을 함께 나누고, 때로는 생명을 함께 나눈 부모 형제들을 앞서 보내야 하는 남은 가족들의 비통함이란 필설로는 감히 표현할 수 없는 고통과 몸부림 그 자체일 것이다.

나는 어려서부터 남달리 죽음의 쓴맛을 일찍 경험하여 나도 모르는 사이에 실존주의적인 철학자가 된 듯하다. 내가 한두 살 때쯤 누나의 품에 안겨 온갖 사랑을 받던 어느 날, 6·25전쟁의 후유증인지 누나는 그만 폐결핵이란 전염병으로 죽었다. 세상에 태어나서 처음으로 죽음을 목격한 것이다.

초등학교에 입학해서는 돌아가신 누나의 친구가 나의 담임선생님이 되어 유달리 많은 관심과 사랑을 받았다. 그러나 그 담임선생님이 틈틈이 누나에 대해서 말해 줄 때마다 돌아가신 누나가 얼마나 보고 싶었는지 모른다.

그 후 내가 중학교 1학년이 되었을 때 어려운 농촌생활 속에서도 안정된 생활을 해 나가던 어머니가 저녁식사를 준비하던 중 내 앞에서 쓰러지면서 혼수상태에 빠지셨고, 그 길로 우리 곁을 떠나셨다. 내가 가진 모든 것을 빼앗긴 것 같아 세상이 원망스러웠다. 어머니의 사랑을 유달리 많이 받으면서 자랐던 터라 장례식장에서 어머니가 묻히는 그 흙더미 속에 뛰어들어 함께 묻어 달라면서 울어 댔다. 철없는 아들의 이 모습을 지켜보시던 아버지의 마음이 어떠했겠으며 다른 사람들의 마음은 또 어떠했겠는가?

그 뒤로 학교를 다니기 위해 기차를 타고 도시로 통학을 해야 했는데, 어머니가 잠들어 계시는 묘지가 보이는 곳을 지날 때면 기차 난간을 붙잡고 어머니를 부르면서 울곤 했다.

그뿐 아니라 당시 함께 살던 큰어머니께서는 너무 일찍 어머니를 여의고 철없이 자라는 우리가 걱정되어 아버지를 설득하여 새엄마를 모시게 했다. 하지만 나와 사이가 좋지 않던 새엄마는 심한 다툼 끝에 그 자리를 포기하셨다. 그러나 다행스럽게도 다른 새엄마를 모시면서 어느 정도 평안을 유지하게 되었다. 이런 와중에 우리를 돌보시던 큰어머니께서 돌아가셨는데, 지금 생각해 보면 큰어머니는 우리에 대한 걱정으로 인해 화병으로 돌아가신 것 같다.

이처럼 한번 깨지기 시작한 우리 가정은 쉴 틈 없이 깨지기 시작했다. 사랑하던 딸을 전염병으로 잃고, 또 아들을 둘씩이나 잃고, 생활의 안정을 찾아 이제는 괜찮다 하는 사이에 부인이 쓰러지고, 의지하던 형수마저 가시게 되자 아버지마저 이런저런 화병으로 인한 중풍으로 우리 곁을 떠나셨다. 행복하고 단란하게 살 수 있었던 가정이었건만, 가족의 죽음이라는 연속적인 큰 고통으로 인해 아픔의 세월을 보내야만 했다.

이러한 불행도 이제는 흐르는 세월 속에 서서히 잊혀져 가고 형님도, 나도, 여동생들도 다 가정적으로 안정을 되찾아 건강한 사회인으로 주님의 나라를 위하여 열심히 봉사하던 때, 또다시 날벼락이 떨어졌다. 지극 정성으로 주님을 사랑하고 헌신적인 삶을 준비하던 형님은 직장 신우회 조직을 위하여, 그리고 큰조카는 결혼을, 막내 조카는 대학선정을 위하여 새벽기도회에 가던 중 뺑소니차에 치어 하루아침에 우리 곁을 떠나게 된 것이다. 차라리 새벽기도회에 참석하지 않았더라면 좋았을 것을…….

지나온 나의 생을 회상해 보면 너무도 힘들고 고통스러운 기억뿐이다. 길고 긴 암흑의 터널을 빠져나온 것 같기도 하고, 갑자기 쏟아지는 폭우에 허우적거리며 대책 없이 비를 맞고 있는 장닭 같은 처지 같다. 그래서 각종 언론을 통해서 접하는 가족상실에 관련된 보도들을 대할 때마다 남겨진 가족들이 걱정되어 그들의 손을 잡고 한바탕 실컷 울고 싶을 정도이다.

우리 옛말에 "당해 본 자만이 이해한다.", "홀아비 심정은 과부만이 안다."라는 말이 있듯이 같은 위로의 말이라 할지라도 어떤 사람의 말은 스쳐 가는 바람소리 같기도 하고, 어떤 사람의 말은 힘을 주는 말로 들리기도 하는데 이는 그 나름대로 숨겨진 비밀이 있기 때문이라고 생각된다. 상담을 접하는 사람들이라면 헨리 나우웬(Henri J. M. Nouwen)이 저술한 「상처 입은 치유자」를 알고 있을 것이다. 나는 이 책을 읽으며 이제는 세상을 살면서 소외당하고 가족을 상실하여 한숨짓고 있는 사람들을 가까이하며 살기로 결심했다.

그 첫 번째 과업으로 사랑하는 가족을 잃고 마음 아파하며 비통해하는 사람들의 마음을 이해하고 가까이 하는 데 도움이 되고자 많은 시간을 망설이다가 본 서를 저술하기로 결심하였다.

본 서에서 가족상실로 인한 슬픔에 대하여 다루고자 하는 것은 가족을 잃고 남겨진 사람들의 슬퍼하는 마음을 조명하는 일과 슬픔의 원인을 이해하려고 하는 것, 그리고 이러한 슬픔을 치유하기 위한 목회사역이다. 이것을 위하여 본 서는 슬픔에 대한 이론을 전개하기보다는 목회사역을 통하여 가족을 상실하고 슬퍼하는 주변 사람들에 대한 경험들을 중심으로 구성하였다. 이 책이 나오기까지 출판을 허락해 주신 한국장로교출판사 사장 박노원 목사님과 기획 · 편집국장 채형욱 목사님께 감사드리며, 교정과 편집을 위해 애써 주신 직원 여러분께 감사를 드린다.

글쓴이
원 상 철

차 례

제2부 슬퍼하는 사람들을 위한 위기상담 / 121

제3부 경험자 그룹을 위한 훈련 프로그램 / 193

제 1 부

상실과 슬픔의 속성

남아 있는 자의 슬픔

눈물로 살아왔던 날이 있었습니다
슬픔으로 배를 채우며
그리움으로 입술이 타 들어가던
날이 있었습니다
그래도 목숨은 이어야겠기에
하는 수 없이 숨을 쉬며
이를 악물고 버티던 날이 있었습니다
술에 취한 듯 멍한 머리와
일어설 힘도 없이 풀린 다리와
수채화 마냥 묽어진 세상 속에서
겨우 살아가던 날이 있었습니다
그런 날이 있었습니다
한 사람을 보낸 후로
그렇게 살아왔던 날이
아주 많이
아주 오래 있었습니다

제 1 장

슬픔의 형태

1. 가족의 슬픔

가족의 상실과 슬픔에 대하여 말하기 전에 먼저 가족이 무엇인가를 아는 것이 중요하다. 누군가로부터 "가족이란 무엇인가?"라는 질문을 받는다면 어떻게 답변하겠는가? 지금까지 역사적으로 많은 인류학자, 사회학자, 심리학자, 가족학자들이 가족을 어떻게 정의할 것인가에 관심을 가지고 각기 독특한 정의를 제시했지만, 이들 역시 가족이 무엇인지에 대한 합의점을 찾지 못하고 있다. 이와 같이 가족이 무엇인지 우리 모두가 잘 알고 있다고 생각하면서도 가족에 대하여 정의하는 것은 쉬운 일이 아니다. 그럼에도 불구하고 그동안 가족에 대한 정의를 내린 학자들의 전통적인 견해를 살펴보면 다음과 같다.

첫째, 머독(Murdock)은 핵가족이란 용어를 최초로 소개한 학자로 다음과 같이 가족을 정의하였다. "가족은 공동의 거주, 경제적 협력, 그리고 재생산에 의해 특징되어지는 사회집단이다. 이것은 사회적으로 인정받은 성적 관계를 유지하는 최소한의 두 성인남녀를 포함하며, 한 명 또는 그 이상의 자녀들과 입양된 자녀를 포함한다."[1)]

둘째, 코서(Coser)는 기능적인 측면에서 가족을 정의했는데, "가족은 조직적인 특성을 나타내는 집단이다. 즉, 이러한 조직은 결혼에서 발견된다. 이것은 남편과 아내, 그리고 그 사이에서 태어난 자녀로 구성된다. 그러나 다른 친척들이 이러한 핵 집단에 가까이 있음을 발견할지도 모른다. 그리고 이 집단은 도덕적, 법적, 경제적, 종교적, 그리고 사회적 권리와 의무에 의하여 통합된다."[2]고 했다.

셋째, 유영주는 "가족은 부부와 그들의 자녀로 구성되는 기본적인 사회집단으로 이들은 이익관계를 떠난 애정적인 혈연집단이며, 같은 장소에서 기거하고 취사하는 동거동재(同居同在)의 집단이고, 그 가족만의 고유한 가풍을 갖는 문화집단이라 할 수 있다."[3]고 정의했다.

이상과 같이 가족에 대한 정의는 사람에 따라 다를 수 있지만 부부, 자녀, 부모 등이 공동으로 생활하는 조직체로 전통적인 정의는 법적, 생물학적 유대, 그리고 동거의 면에서 정의되었다. 즉, 가족이란 남편과 부인, 그리고 그 자녀로 구성된 단위로서 결혼 및 생물학적 부모됨에 기초한 집단으로 주거를 같이하는 집단, 그리고 정의적 유대, 보호와 지원의 의무, 공통의 정체감으로 통합된 것으로 해석된다.

여기에서 가족이 속한 가정과 집(home/house)을 비교해 보면 전자가 인간이 만들어 낸 하나의 조직체, 즉 인간관계를 가리키는 데 비해서 후자는 구체적인 건조물을 가리키고 있어서 의미하는 바가 같지 않다.

또 '집'이라는 말은 가장(家長)을 중심으로 하는 가족제도를 의미하기도 하는데, 이런 뜻을 내포하고 있는 영어는 'family'이다. 그것도 낡은 의미의 'family'이며, 현재와 같은 의미의 가정이라는 조직체와는 그 구성이 전혀 다르다. 그래서 가정이라는 말의 개념을 밝힐 때는

1. 박경란 외 2인 공역, 「현대가족학」(서울 : 신정, 2001), p. 16에서 재인용.
2. Ibid.
3. 유영주, 「신가족관계학」(서울 : 교문사, 1985), p. 16.

부부라는 말을 먼저 쓰고, 가족이라는 말을 종속적으로 쓴다. 'family'는 가족이라고 번역할 수도 있고, 가정이라고 번역할 수도 있다. 가족은 구성원인 사람이 중심이 되는 반면, 가정은 구성원인 사람들이 만들어 내는 시스템을 의미한다. 그러므로 엄밀하게 가족과 가정은 중점이 무엇인가에 따라 차이가 있다. 이렇듯 가족을 의미하는 'family'는 '심성'과 '사생활'이라는 의미가 함축된 것으로 라틴어 'famillia'에서 파생되었는데, 이 또한 인도 게르만 어족의 어원인 오스카어(語) 'famel'에서 유래되었다. 이 단어의 기본적인 의미는 '집'으로 친척, 하인 등을 포함해서 같이 사는 사람들을 모두 지칭하는 말이다.[4)]

이와 같이 가족의 의미를 어원적으로 설명한 경우도 있지만 다음 내용처럼 가족의 의미를 비유적으로 설명하는 경우도 있다. 조지 레커스(George A. Rekers)는 가족을 '천장에 줄로 묶여 매달려 있는 장식용 자동차'에 비유해서 설명한다. 그는 이 줄에 대하여 설명하기를 "줄은 가늘고 긴 강철봉 중간에 걸려 있으며 강철봉 양쪽 끝에 다른 줄들이 연결되어 있는데 각 줄마다 또 다른 것들이 매달려 있다. 자동차는 줄에 매달려 조심스럽게 균형을 유지하고 있다. 그런데 만일 이 위에 조그마한 것이라도 더 올려놓거나 균형을 유지시키고 있는 줄 하나가 잘려졌다면 어떻게 될까? 말할 것도 없이 전체 구조에 영향을 미칠 것이다."[5)]라고 한다.

이와 비슷한 비유로서 가족학자인 캐스웰(Caswell)은 '탁자'라는 단어를 통해서 가족을 설명한다. 그에 의하면, "가족은 마치 탁자와 같아서 부분과 전체를 동시에 가지고 있다. 그는 탁자의 상판과 다리를 가리키면서 어떻게 전체가 부분을 지탱하는지, 각 부분의 기능은 무

---

4. Jaber F. Gubrium & James A. Holstein, *What is Family?*, 최연실 외 2인 공역, 「가족이란 무엇인가?」(서울 : 하우, 1997), p. 38.
5. George A. Rekers, *Counseling Families*, 오성춘 역, 「가정상담」(서울 : 두란노서원, 1996), p. 44.

엇인지를 예시했다. 즉, 각 다리는 탁자의 상판을 지탱하고 탁자의 상판은 또 다리의 집합적인 기능을 분명하게 해 줄 뿐 아니라 물건들을 놓을 수 있는 공간을 제공한다."[6]는 것이다.

우리는 이 비유에서 다음과 같은 것을 생각할 수 있다. 온 가족들이 모여 식사를 나누는 식탁 밑에는 이를 받치고 있는 네 개의 기둥들이 있는데, 갑자기 이 기둥들 가운데 하나가 빠지거나 부러진다면 어찌 될 것인가? 우리는 그 결과를 쉽게 생각할 수 있다.

이러한 비유에 한 가지 더 첨가하여 가족을 '카메라의 삼발이'로 비유할 수 있다. 이 삼발이는 서로의 길이가 같아야 힘의 균형에서 조화가 유지되며 무거운 카메라를 올려놓아도 잘 버틸 수가 있다. 그러나 어느 한쪽의 길이가 달라지면 이 삼발이는 힘의 조화가 깨어져 그 위에 아무것도 올려놓을 수 없게 된다.

이것이 바로 가족을 의미하며 동시에 가족상실의 아픔을 표현한다. 그러므로 가족의 구조를 천장에 매달린 줄에 비유하든지, 식탁에 비유하든지, 아니면 카메라의 삼발이에 비유하든지 서로 간에 균형이 유지되어 있을 때만 제 기능을 유지할 수 있다. 그러나 시스템에 균형이 깨어지면 그로 인한 후유증은 우리가 생각하는 것보다 심각해진다. 여기서는 그 상실에 따른 후유증이 무엇이며, 어떻게 나타나는지에 대하여 여러 가지 사례들을 소개하고자 한다.

우선 우리 인간은 누가 뭐라 해도 감정적인 존재이다. 이러한 감정의 대표적인 표현을 우리는 희로애락(喜怒哀樂)이라는 단어를 사용하기도 하는데, 그 어떤 감정이라도 일정한 수준을 넘어서면 스트레스로 작용하면서 정신체계에 크고 작은 영향을 미치게 되어 있다. 이러한 감정 가운데 특별히 상실로 인한 슬픔은 그 어떤 감정보다 강한 영향을 주기 때문에 여기에 대한 목회적인 차원에서의 '슬픔치유'(Grief

6. Jaber F. Gubrium & James A. Holstein, pp. 5-6.

Therapy)를 중점적으로 저술하고자 한다.

40대 초반의 P 집사는 어느 날 갑자기 남편을 상실했다. 오로지 초등학교 4학년에 재학 중인 아들 하나를 남겨 둔 채, 이렇다 할 작별의 인사마저 없이 갑작스럽게 남편을 떠나 보내야 했다. 병원 영안실에 심방 차 들렸던 우리 일행을 만나면서 이 P 집사의 울음보따리가 터졌다. 땅바닥에 주저앉으면서 "하늘이 무너졌네. 하나님도 무정하시지. 왜 내 남편을 데려가는 것이야. 나는 어찌 살라고……." 하면서 통곡을 했다. 옆에 있던 사람들도 그저 눈물만 흘릴 뿐 어떻게 이 P 집사를 위로해야 할지 대책이 서지 않았다. 그저 울 바에야 실컷 울라고 지켜만 보고 있을 뿐이었다. 이 가정의 형편을 생각하면 앞으로 살길이 막막할 뿐이었다. 누가 이러한 심정을 이해할 수 있겠으며 가슴이 찢어지도록 대성통곡하는 마음을 알 수 있겠는가? 후일 모든 장례 일정을 마친 후, 그 가정을 심방하게 되었다. 어느 정도 안정을 회복한 P 집사는 이런 말을 했다.

> 내 가슴이 납덩어리처럼 무겁고 뻣뻣하게 느껴졌다. 내가 느낀 것은 슬픔, 고통, 죄의식, 수치감, 욕망, 그리고 무보답이다. 나는 고통스럽고 너무나 아파 견딜 수가 없었다. 나는 두 쪽이 난 채로 혼자가 되었고, 세상에서 버림받은 것 같다. 나를 받치고 있던 하늘이 무너졌고, 세상의 모든 희망은 끝이 났다. 나는 혼자서 일어설 기력이 없다. 그러나 일어서야만 한다. 나는 사랑이 필요하다. 이제 내가 어떻게 살아가야 할지 도무지 생각이 나지 않는다. 어린 자식은 또 어찌 해야 하는지, 왜 이런 일이 내게 생겼는지…….

남편의 죽음은 P 집사의 감각 세계를 치명적으로 흔들어 버림으로써 이 아픔은 깊은 공허감과 혼합되었다. 그 결과 이 P 집사는 자신의 고통에 비교할 수 있는 것은 아무것도 없다고 생각하게 되었다. 이런 이유 가운데 하나는 P 집사가 그런 감정에 몰입되었기 때문이다. 다른 사람들도 상실을 경험할 것이지만 그것이 모든 사람에게 동일하게 경험될 수는 없다. 그래서인지 불행하게도 그의 슬픔을 이해하며 그의 고립이 강화되었다고 이해할 수 있는 사람은 그의 주변에 아무도 없었다. 그래서 그가 느낀 슬픔은 어떤 다른 사람의 슬픔과도 비교할 수 없을 만큼 폭발적이었고, 그의 슬픔은 곧 다른 사람의 슬픔이 되기도 했다.

그렇다면 슬픔이란 도대체 무엇인가? 슬픔이란 의미 있는 상실에 대한 반응 가운데 일어나는 평범한 인간의 감정들로 사람과의 관계나 목적 상실로 말미암아 죄의식, 수치감, 외로움, 불안, 분노, 공포, 당황, 공허감, 깊은 슬픔, 절망, 무력감 등을 강화하면서 당사자들을 당황하게 하는 복합적인 감정이다.

에릭 린드만(Erich Lindemann)을 비롯한 여러 사람들은 「징후학」(*Symptomological*)[7]이란 관점에서 슬픔을 연구했다. 그는 1942년 보스턴에 있는 나이트 클럽 '코코넛 수풀'에서 있었던 대형 화재에 대한 획기적인 연구 가운데 '육체적인 고통, 소멸된 이미지와 함께하는 선입견, 죄의식, 적대적인 반응들, 그리고 품위의 본보기 상실을 포함하고 있는 일상적인 슬픔의 징후들에 대한 윤곽'을 기술한 바 있지만 징후는 상실의 어느 한 종류에 한정되지 않는다.

그에 의하면, 사랑하는 가족을 상실하고 애도하는 슬픔에는 3단계가 있는데 곧 고인과의 결속에서 해방되는 과정, 고인이 없는 환경에 재적응하기 위한 것, 그리고 새로운 인간관계를 형성하는 과정으로써 슬픔을 이해했다.

데비드 스위처(David Switzer)는 슬픔이 주는 마음의 역동성이란 불안이며, 그 모든 행동의 반응들은 이 불안과 관계되어진 통로라고 주장했다.[8] 그의 견해에 따르면, 이런 감정들은 죄의식이나 우울증

7. Erich Lindemann, *Beyond Grief*(Jason Aronson, 1979), pp. 61-64.

또는 적개심으로 나타나지만 근본적으로는 불안에서 유래한다. 그는 사람이 살아가는 동안 경험하는 모든 상실들은 어린 시절의 분리의 경험들의 연속이라고 추측했으며, 인간의 사회적인 성격 때문에 자신에 대한 위협으로 깨닫는다고 주장했다. 이러한 주장에 필자는 적극적으로 동의한다. 상실에는 불안이나 두려움이 늘 존재한다는 것을 의심할 여지가 없기 때문이다.

다른 한편으로 프로이트(Freud) 이후 정신분석학적인 전통은 슬픔을 본질적인 질병으로 주시하는 경향을 취했다. 프로이트에 의하면, 슬픔은 사랑하는 사람이나 소중히 여기던 대상을 상실한 다음 그것을 극복하기 위한 반응이라는 것이다. 이것은 빈곤하거나 공허하게 된 세계 안에서 주로 일어나는 의식적인 경험이다. 그는 우울증세가 이것과 비슷하지만 우울증세는 "일반적인 슬픔이거나 후에 병리학적으로 변형되어 잇따라 일어난다면 그것은 유동성에 대한 한계"라고 했다.[9] 그는 대부분 강렬한 슬픔을 병리적인 것으로 주목해야만 한다고 주장했는데, 이것은 매우 편협한 주장이다.

우리가 알아야 할 것은 의미 있는 대상을 상실한 후 찾아오는 슬픔은 병리적인 상태가 아니라 오히려 질병을 감소시킨다는 사실이다. 마치 홍역이 상처를 입히기는 하지만 병들게 하지는 않는 것처럼, 슬픔은 우리 인생의 일부분이다. 그러나 질병을 내포하고 있는 것과 같은 슬픔을 보면 우리 인간의 유한성과 상실, 그리고 죽음들은 마치 그렇게 의도되어진 것처럼 우리의 삶에 대하여 다른 성질을 가지고

8. David K. Switzer, *The Dynamics of Grief*(Abingdon Press, 1970), p. 35.
9. Sigmund Freud, "Mouring and Melancholia," in *Standard Edition*, Vol. 16, pp. 72ff. *The Diagnostic and Statistical Manual of Mental Disorders, Third Edition*(DSM-Ⅲ). 동일시되는 슬픔은 정신건강 사역자들의 관심이 될 수 있고, 도움을 요청할 수 있는 현상들로써 반작용들이다. 그러나 슬픔의 반작용들은 정신적인 질병으로서 명료화되지 않은 현상들을 발전시킨 안내서의 독립된 부분 가운데 특별히 기록되어 있다.

있다. 이것들은 무질서하며 인간의 삶으로부터 달아날 수 없는 세계이다.

만일 슬픔이 프로이트의 주장대로 감정적인 질병이나 정신적인 질병이라 한다면 사람들은 자주 나타나는 '슬픔의 광기'(craziness of grief)[10]가 숨겨져 있는 것을 자연스럽게 느끼지 못하도록 할 것이다. 그러나 이런 '슬픔의 광기'들은 강렬한 슬픔 가운데 있다는 것을 상징한다.

사랑하는 가족을 상실하고 슬퍼하는 사람에게서 쉽게 볼 수 있는 사회적인 관계들로부터의 퇴행은 충분히 슬퍼할 수 있는 시간과 공간이 필요함을 말한다. 다시 말하면 충분한 시간을 가져 자신의 슬픔을 해소할 수 있는 시간적인 여유가 있어야 이후에 찾아오는 무서운 후유증을 피할 수 있다.

> 정력이 왕성한 재벌가 E 씨는 중년기의 외로움을 달래기 위하여 재혼했지만 그의 두 번째 결혼은 만족스럽지 못했다. 그는 상담자로부터 그의 부부생활이 무언가 문제가 있다고 들었다. 왜냐하면 첫 번째 아내는 그에게 종종 '당신은 사려가 깊고 정이 많은 남편'이란 말을 많이 했지만, 두 번째 아내는 첫 번째 아내보다 더 많은 자극을 요구한 것이다. 그러나 E 씨는 첫 번째 아내의 정신적 배려와 사랑을 버리고 두 번째 아내의 요구대로 부부생활을 하는 것이 어렵다는 것을 느꼈다. 그래서 그는 상담자의 조언에 따라 첫 번째 아내의 무덤을 찾아가 '심적인 이별'을 나누는 상징적인 조치를 취했다. 그리고 나서야 새로운 생활을 시작할 수 있었다.

위의 사례에서 보듯이 사랑하는 사람을 상실한 슬픔은 콜린 머레이 파크스(Colin Murray Parkes)가 지적하듯 구속의 얽매임처럼 고인을

10. Kenneth R. Mitchell & Herbert Anderson, *All Our Losses, All Our Griefs*(Westminster Press, Philadelphia, 1983), p. 57.

향한 감정적인 어려움과 그를 잊지 못하는 애착의 신호이다.[11] 그도 그럴 것이 서로 사랑하며 삶을 나누었던 아내와 사별한 뒤 얼마나 고통스러웠으면 아내를 향한 죄의식과 허탈감에 사로잡혔겠는가? 이처럼 해결되지 못한 상처들로 인해 아직 슬픔의 늪에서 헤어나오지 못한 상태에서의 재혼은 앞서 간 아내를 향한 강한 죄의식에 희생될 수 밖에 없다. 첫 번째 아내에게 못해 주었던 관심과 사랑을 두 번째 아내에게 표현할 때마다 사별한 아내에 대한 미안함과 강한 죄의식에 사로잡히기 때문이다. 그래서 그는 상담자의 도움을 받아 첫 번째 아내의 무덤을 찾아가 아내와 나누고 싶은 말들을 충분히 나눈 뒤 작별 인사를 할 수 있었다.

이처럼 우리의 경험으로 볼 때 종종 덜 중요한 상실이라고 불리는 것들이 더 강하고 깊은 상처가 되는 경우도 있다.

이처럼 가족을 상실함으로 제 기능을 상실한 가족의 아픔을 바로 이해하고 돕는 가운데 가급적 빠른 시일 내에 가족의 기능이 회복되도록 지주 역할을 하는 것이 가족상실로 고통받는 가정들을 치유하는 목회자들의 임무이다.

2. 상실과 슬픔의 여러 형태들

우리를 슬프게 하는 상실의 형태에는 여러 가지가 있는데, 슬픔을 당하게 되면 누구나 잃어버린 사실에 초점을 두지 개인적인 성장에 초점을 맞추어 생각하지 않는다. 즉, 상실의 슬픔은 여러 가지 차원에서 우리의 사고방식을 지배하고 행동을 통제한다.

여기에는 여러 가지 상실과 그에 따른 슬픔들이 있는데 의미 있는

11. Ibid., p. 58.

꿈의 상실, 애착심을 가지고 사용하던 물건의 상실, 의미 있는 사람에게 받은 선물의 상실, 또한 이웃과의 관계상실이 있다. 그러나 무엇보다 사랑하는 가족을 상실할 때의 슬픔이 가장 큰 고통과 후유증을 남긴다는 차원에서 우리의 주목을 끈다.

이러한 차원에서 여러 가지 상실에 대한 고찰과 더불어 가족상실에 따른 슬픔의 사례들을 소개하며 살펴보고자 한다.

1) 꿈의 상실로 인한 슬픔

철학자 임마누엘 칸트(Immanuel Kant)는 철학의 근본 문제들이 다음 세 가지 질문으로 요약된다고 했다. 그것은 우리는 무엇을 알 수 있는가, 우리는 무엇을 해야 하는가, 우리는 무엇을 바랄 수 있는가이다.

그러나 이 세 가지의 질문은 결국 하나의 질문에 통합되는데, 그것은 "인간이란 무엇인가?"라는 질문이다.

여기에 철학자 안병욱이 말한 '인간은 사명적 존재'라는 말로 대답을 대신하고자 한다. 나의 설 자리를 바로 알고, 나의 할 일을 깊이 깨닫고, 나의 목표를 옳게 세우며, 나의 생명을 높은 이념에 바칠 때 진정한 사명적 자아가 탄생된다. 그리고 이러한 꿈을 실천하며 살기 위해서는 높은 꿈(ambition)과 그 꿈을 성취하기 위한 위대한 힘(ability)을 부단히 축적하면서 성취(achievement)해 가는 3A원리가 필요하다.[12] 이러한 과정에서 우리 인간의 전 존재가 생동력 있는 삶을 살 수 있는 이유가 된다.

그러나 다음 사례를 통해서 꿈의 상실과 더불어 가장 신뢰했던 관계의 상실이 위기를 당한 당사자에게 어떻게 작용하는가를 살펴보기로 하자.

12. 안병욱, 「인생론」(서울 : 도서출판 아카데미, 1986), p. 100.

어느 날 교회에 다녀 본 경험이 없는 주민으로부터 다급한 심방요청을 받고 찾아갔다. 언뜻 보아 인생의 황혼기에 접어들어 이젠 여생을 편히 쉬면서 보내야 할 정도의 연세로 보이는 할머니가 심방을 요청한 것이다. 고운 얼굴에 무언가 수심이 가득한 것으로 보아 심상치 않은 일을 당한 듯했다.

> 할머니의 남편은 중소기업을 창업하여 정상의 기로에 서 있었다. 어느 날 외국에 출장 갈 일이 생겨 잠시 동안 가장 신뢰할 수 있다고 믿은 친구에게(물론 이 친구는 보통관계가 아니었다.) 회사의 경영을 부탁했다. 그러나 외국 출장에서 돌아온 남편은 전혀 예상하지 못했던 일을 경험해야 했다. 그것은 경영권을 위임받은 친구가 회사를 송두리째 매각하고 도망쳐 버린 것이다. 결국 남편은 심적인 충격으로 거동조차 할 수 없는 반신불수가 되었다. 현재 이들은 이런 딱한 사정을 안 친구들의 배려로 조그마한 아파트를 전세 얻어 살고 있다는 것이다.

얼마 전까지만 해도 장래가 촉망되던 회사가 하루아침에 남의 손에 넘어가고 친구에게서 배신과 사기를 당했으니 그 충격을 무엇으로 설명할 수 있겠는가? 이런 경우를 두고 "믿는 도끼에 발등 찍힌다."는 속담이 나온 것이다. 한 인간이 일생을 바쳐 정력과 경륜을 쏟아 세운 회사를 가장 신뢰했던 친구의 배신으로 인하여 날려 버린 것이다. 그 충격으로 남편은 반신불수가 되었다. 그리하여 말할 수 없는 슬픔을 당한 아내는 위로 받고 싶은 마음으로 목회자를 찾게 된 것이다.

"사람은 꿈을 먹고 산다."는 말이 있다. 그것은 사람에게 있어서 꿈(vision)이 얼마나 중요한가를 말해 준다. 인간은 꿈을 품을 때 자기가 가진 달란트를 활용하여 위대한 힘을 발휘한다.

그러나 일생 동안 쌓아 왔던 꿈이 친구의 배신에 의하여 하루아침에 산산조각으로 부서지고 말았다. 또 배신감, 분노, 적개심, 절망감, 그리고 자신을 향한 무력감과 자괴감으로 인해 재기할 수 있는 여력까지 빼앗아 갔다. 이처럼 마음에 간직했던 평생의 꿈을 상실당한 고통과 슬픔은 무엇으로도 바꿀 수 없는 비통함과 절망을 초래했다.

이와 비슷한 사례 가운데 월남전에 참가했다가 신체의 일부분을 상실함으로써 남은 삶 전체를 포기했던 경우도 있다.

> 고향 친구 P는 대단히 활발하고 진취적인 성격이었다. 가정환경 때문에 동네 친구들보다 일찍 자원입대하여 월남전에 참전하게 되었다. 나는 이 친구의 안전을 위하여 매일 기도했다. 전선에서 오는 친구의 편지는 반갑기도 했고, 안전을 확인하는 수단이기도 했다.
>
> 그러던 어느 날 갑자기 소식이 두절되더니 한참 후에 부산에 있는 국군 통합병원에 입원해 있다는 비보가 들려왔다. 그렇게 안타까워하던 중 그곳에 다녀온 친구의 어머니를 만났는데 그분은 내 손을 붙잡고 대성통곡을 했다.
>
> 친구 어머니의 말에 의하면, 무릎 아래 두 다리를 잃고 치료중이라는 것이었다. 오랜 시간이 지나면서 그는 자신의 처지를 수용하기 시작했지만 잃어버린 두 다리 대신 인조다리를 부착하면서 그의 성격에 큰 변화가 일어났다. 친구는 내성적이고 신경질을 부리는 성격으로 변해 이전에는 볼 수 없던 거친 모습을 자주 보이고, 건강한 결혼생활을 유지하는 것마저 힘들어했다. 수색 중에 지뢰를 밟아 죽거나 더 심한 부상을 입은 대원들에 비하면 자신은 운이 좋은 편이라고 말하던 그였지만 시간이 지날수록 전쟁이 자신의 모든 것을 빼앗아 갔다고 불평했다.

많은 세월이 지났음에도 불구하고, 그는 계단을 올라갈 때보다 내려올 때 더 많은 시간이 걸리며 얼굴에는 고통스러워하는 표정이 역력하다. 누가 이러한 마음을 이해할 수 있을까? 그는 어릴 때 유난히 명랑하고 쾌활하여 '동네 골목대장'이란 별명이 붙을 정도였지만 전쟁에서 양쪽 다리를 상실한 후 성격이 돌변한 것이다. 아니 어쩌면 당연한 결과인지도 모른다. 누구보다 꿈이 많아 남보다 일찍 군대에 다녀온 후 사회로 진출하겠다고 자원입대한 그가 타의로 신체의 일부분을 상실당한 데 대한 당연한 분노인지도 모른다.

이뿐 아니라 우리 주변에는 도처에서 발생하는 각종 사고들로 인하여 소중한 신체의 일부분들을 상실함으로 남이 모르는 고통과 슬픔을 간직하고 살아야 하는 이웃들이 있음을 잊어서는 안 된다.

이러한 상실에는 고향을 상실한 슬픔도 있다. 고향은 모든 사람들에게 마음의 안식처로 편안함을 주기 때문에 명절만 돌아오면 그토록 교통이 복잡해도 많은 사람들이 피곤을 마다하고 힘든 고향 길을 찾는다. 어릴 때 함께 놀던 친구들끼리 다시 만나 나누는 대화에는 격식이 필요 없다. 그저 그 시절로 돌아가 어린 시절 재미있는 기억들로 한바탕 폭소를 터트리는 것이 고향만이 주는 정다운 풍경들이다. 그렇기 때문에 명절만 되면 고향 가는 길이 평소보다 몇 배의 시간과 노력이 필요함에도 불구하고 고향을 찾는 사람들이 즐비하다.

그러나 여기 긴 시간 동안 타지생활을 하다가 고향에 돌아와 너무도 변해 버린 고향을 보고 상실감을 느끼는 사람이 있다.

> S는 나라의 방위를 위하여 자그마치 25년 동안 고향을 떠나 있다가 전역한 후 옛정이 물씬 배어 있는 고향을 찾아왔다. 하지만 너무나 변해 버린 풍경을 보고 충격을 받았다. 어려서 동네 친구들과 놀던 뒷동산은 개발이라는 이름으로 새로운 건물들이 들어서서 옛 모습은 찾아볼 수 없게 되었고, 어려서 그렇게 멀고 크게 보이던 마을 앞 개천은 유달리 작게 느껴졌다.
> 새해가 되면 동네 집집마다 다니면서 어른들에게 세배를 했건만 그 어른들은 거의 세상을 떠났고, 자기가 알아볼 수 있는 아이들도 찾아보기 어려웠다. 그는 자신의 처지를 생각하면서 조용히 지난날들을 회상해 보니 자그마치 반평생을 여기저기 떠돌아다니며 고향을 등진 지 25년이 지났음을 실감하게 되었다. 인간의 유한함과 세월의 빠름 속에 인생의 허무함과 정든 고향을 상실했다는 슬픔으로 눈가에 이슬이 맺히기 시작했다.

고향이 그리워 고향을 찾았지만 낯설게 느껴지는 이방인의 고독과 더불어 찾아오는 고향상실의 아쉬움과 슬픔은 인간의 유한성을 절감하게 한다.

사람을 포함한 모든 동물들에게는 귀소본능(歸巢本能)이 있어 힘들 때나 죽을 때가 가까워지면서 태어난 고향을 찾는다. 이처럼 살아 있을 때도 고향을 그리워하지만 죽어서도 고향 동산에 묻히는 것이 우리들의 꿈이 아니던가?

이러한 감정은 우리가 잘 알고 있는 유행가들 가운데서도 고향을 그리워하는 노랫말을 통해 쉽게 발견할 수 있다.[13] 특별히 고향을 북에 두고 잠시 피난 행렬에 섞여 남으로 내려왔다가 평생을 다시 돌아가지 못하는 이산가족들의 슬픔은 무엇으로도 표현할 수 없을 것이다. 이산가족들의 재회장면이 온통 눈물바다를 이루는 것은 그 때문이다. 당사자인 가족들의 눈물뿐 아니라 그 장면을 지켜보는 수많은 사람들의 눈가에 흘러내리는 눈물을 보기도 하고, 또 경험하기도 하지 않는가?

이처럼 의미 있는 꿈이나 신체의 일부분, 그리고 옛적에 그리던 고향을 상실하므로 당하는 슬픔은 당사자뿐 아니라 그들을 보고 있는 우리에게도 커다란 아픔이 되고 있다.

2) 사별로 인한 슬픔

우리가 당하는 상실에는 여러 가지 모양이 있지만 그 가운데서도 가장 견디기 어렵고 힘든 것은 사랑하는 가족을 먼저 보내야 하는 남은 가족들의 고통인데, 이것을 '살아남은 자의 비애'라고 칭하고 싶다.

13. 모든 유행가들의 내용을 분석해 보면 크게 둘로 나누어지는데 하나는 '사랑'이며, 또 다른 하나는 '고향'을 그리워하는 내용으로 구분할 수 있다.

여기에는 먼저 가신 분을 향한 죄의식과 슬픔, 죽음에 대한 분노, 마음의 허탈감과 공허감, 인간의 무력감 등으로 찾아오는 깊은 우울증과 함께 약물로써는 치료하기 힘든 심신증(心身症)을 비롯한 많은 부정적인 감정들이 얽혀 있어 사별의 비애가 얼마나 큰 후유증으로 작용하고 있는가를 말해 준다.

> P 집사는 어려운 환경 속에서도 막내아들에 대한 많은 기대를 가지고 있었다. 그 막내아들은 세 아들 가운데 유일하게 대학을 졸업하고 미술학원을 운영하려고 준비 중에 있으며 가정경제에 도움을 줄 수 있는 유망주였기 때문이었다.
> 그러나 추석을 맞아 온 가족이 성묘를 다녀오던 중 불의의 교통사고를 당했다. 이 사고로 남편과 장남은 중환자실에 입원했고, 운전을 하던 막내아들은 장파열로 그날 밤을 넘기지 못하여 사별해야 했다. 물론 여타의 가족들도 비통해 했지만 특별히 P 집사는 혼이 나간 상태였다.
> 장례식장을 찾아갔을 때 P 집사는 그래도 마음의 의지가 되는지 정신없이 울기 시작했다. 그도 그럴 것이 주변의 친지들이나 가족들은 울지 말라고 억압을 시켰으나 필자는 마음껏 울라고 했기 때문이다. 자식을 먼저 보내야 하는 터에 울고 싶지 않은 부모가 어디 있으며, 더구나 애지중지하며 기대하던 아들을 먼저 보내야 하는 그 마음을 누가 이해하겠는가?
> 이 후유증으로 P 집사는 장례를 마친 후에도 아들이 돌아오던 시간만 되면 자신도 모르게 대문 밖에 서서 아들을 기다리게 되었고, 아무리 많은 수면제를 복용해도 잠이 오지 않아 밤새도록 아들을 생각하면서 슬퍼하는 마음을 억제하기 어려운 지경에 이르렀다.

참으로 이 비통스러운 현실을 목회자로서 어떻게 돌보아야 할 것인가? 말로는 얼마든지 위로할 수 있고, 믿음과 기도라는 아름다운 미사여구를 동원하여 비통해 하는 마음을 이해하고 달래 보지만 사랑하는 가족을 상실한 당사자의 마음을 어떻게 다 헤아릴 수 있을까?

위의 P 집사도 나름대로는 교회를 위하여 열심히 봉사하고 섬기려고 노력하던 평신도 가운데 한 사람이었다. 그러나 불의의 교통사고로 사랑하던 아들을 먼저 보내면서 그 아들을 가슴에 묻어야만 하는 아픔과 고통, 그리고 아들에게 더 잘해 주지 못했던 어머니로서의 죄의식과 뒤늦은 자책감은 무엇으로 씻어 줄 수 있으며, 아들이 자리하던 마음의 빈자리는 무엇으로 대신할 수 있을까?

그를 둘러싼 주변의 가족들과 친지들은 흔히 하는 말로 "좋은 곳에 갔으니 그것으로 위로해라."라고 하지만 그런 말들이 과연 비통해 하는 당사자에게 어느 정도 위로가 되어 줄 것인가는 당사자만이 알 수 있는 미지수로 남아 있다.

필자는 이보다 더한 아픈 경험을 가지고 있다. 누구보다 열심히 주님을 사랑하고 주님을 위하여 주신 달란트를 사용하고자 헌신하던 형님 가족을 뺑소니 교통사고로 상실했던 것이다. 당시 형님은 대한건설협회 중견간부로 신우회를 조직하고 있었고, 형수는 믿음이 좋은 가정에서 성장하여 동생들을 위하여 마음과 정성을 다 쏟으며 가정을 이끈 신앙인이었다. 큰 조카는 모 방송사 작가로 있으면서 결혼문제로, 그리고 막내 조카는 마지막 대학 입시를 위하여 성탄절맞이 20일 특별새벽기도회에 참석하러 가던 중이었다. 특별히 큰 조카는 교회에서 공연할 어린이날 특별 드라마의 극본을 밤을 새서 완성한 후 떠난 길이 마지막 길이 되었다.

> 집에 있던 둘째 조카로부터 이 사고소식을 듣고 용산경찰서와 사고 현장인 잠수교를 다녀온 후 영안실을 지키면서 도저히 믿어지지 않은 현실 속에서 얼마나 아파하고 고통스러운 시간을 보냈는지 모른다. 나는 목사로서 영안실을 지키면서 "하나님! 제발 여기에 문상하러 오는 분들 가운데 한 사람도 하나님을 빗대어 욕하는 사람이 없게 해 주세요."라고 기도한 후 가슴을 졸이며 조문객들을 맞았다.
> 소리 높여 울고 싶어도 동생과 옆에서 지켜보는 사람들 때문에 울지 못했다.

> 울지도 못하는 나는 가슴이 찢어질 듯 아파 오기 시작했고, 견디지 못할 때는 화장실로 가서 가슴을 치며 한바탕 울고 돌아오곤 했다.
> 그리고 많은 사람들의 도움을 받아 장례식을 마친 후 고인들과 관련된 유품들과 재산, 그리고 사망신고까지 마치고 이분들의 이름이 호적에서 지워지는 것을 확인하니 다시금 비탄에 잠겨 눈물이 났다. 나 혼자라는 생각 때문이었다. 지금 생각하면 정신 나간 사람처럼 행동했던 것 같다. 그리고 무엇보다 '살아남은 자의 수치와 죄의식'이 얼마나 강하게 느껴지던지 나 역시 한강 물에 뛰어들고 싶었고, 때로는 운전하다가도 가로수를 들이받고 싶은 충동을 경험한 것이 한두 번이 아니었다. 그러다 보니 잠을 제대로 잘 수 없고, 심장 이상으로 고통을 참지 못하여 '충격으로 인한 부정맥'이란 진단을 받기도 했다.

이런 과정에서 살아남은 자의 슬픔 외에 몇 가지 더 큰 충격을 받기 시작했는데, 그것은 이 사건을 대하는 교회들의 무책임한 말과 위기를 당한 가족들을 매몰차게 대하는 태도 때문이었다. 성경에 기록된 예수님의 비유 가운데 여리고로 내려가다가 강도를 만나 죽게 된 사람을 자기 나름대로의 합당한 이유를 내세우면서 지나가던 제사장이나 레위인들처럼 나의 아픔을 대하는 교회 지도자들의 얼굴은 마치 못 볼 것을 보았다는 표정들이었다.

그러나 강도를 만나 죽어 가던 사람을 구해 주고 지극 정성으로 보살펴 준 것은 뜻밖에도 사마리아 사람이었듯이, 고통 속에서 신음하며 이리 뛰고 저리 뛰고 있을 때 크고 작은 도움을 준 많은 이웃들 가운데 교회 밖의 사람들이 더 많았다. 하루가 멀다 하고 찾아오거나 전화를 하면서 위로와 격려를 아끼지 않았던 사람들 가운데는 신문기자들과 방송기자들, 그리고 이 사건을 맡아 수사하던 형사들이 무너지고 있던 마음에 버팀목이 되어 주었다.

이런 와중에 살아남은 마지막 조카는 부모 형제들이 지키던 자리를 지키겠다고 그 교회를 계속 찾았지만 교구담당 목사를 비롯한 어느 누구도 따뜻한 위로의 말 한마디 해 주는 사람이 없었고, 물에 빠져 지푸라기라도 붙잡고 싶어하는 조카를 심방하는 담당 구역이나 목사도 없었다. 이웃집 불구경하는 것보다 더한 것 같았다.

그리고 무슨 일이 있어 관악구 봉천동 사거리에 소재한 B교회 목사를 찾아가 이야기하던 중 이 사건에 대하여 언급을 하자 "내가 그 당사자이다."라는 말을 하니 그 유명하신 P 목사는 "그 사건 때문에 교회가 시험에 들었다고 하더구만……."이라고 핀잔 비슷한 질책을 하였다.

도대체 C교회의 목사가 이 사람에게 무슨 말을 어떻게 했기에 교회가 시험에 들었다고 하는 것인가? 아니 누가 교회가 시험에 들도록 온 가족을 몰살한단 말인가? 누가 할 일이 없어서 교회에 시험을 주기 위해 일가족이 떼죽음을 당한단 말인가? 참으로 속에서부터 부글거리는 분노가 주체하기 힘들 정도로 끓어올랐다. "하나님, 이런 목사를 믿고 이 교회에 나와 예수님을 믿는 교우들이 얼마나 불쌍합니까? 이 교회에 다니던 교우들이 변을 당하면 저 목사는 교회에 시험거리라고 여길 것 아닙니까? 저 사람이 목사입니까?" 그 교회에서 나오며 하늘을 우러러 토로한 기도였다.

한국교회의 중진 목사들이고, 교계의 지도자들인 이 두 목사가 위기를 당하여 비통해하는 가족을 대하는 수준이 이 정도이니 이 얼마나 한심스러운 교회의 모습인가? 범인으로부터 당한 슬픔도 슬픔이지만 같은 목사 입장에서 교회의 차갑고 싸늘한 반응들로 인하여 느껴지는 고통은 어느 것보다 더 강하고 아프게 다가왔다.

이처럼 사랑하는 가족을 상실함으로 고통스러워 하고 슬퍼하는 이웃에게 무관심하고 무책임한 행동을 주저 없이 행하고 있는 우리의 현실이 안타깝기만 하다. 이러한 행위는 마치 물에 빠진 사람이 "살려주세요!"라고 소리치자 그에게 달려가 "안전수칙을 지키지 않아서 그

랬구먼…….”이라는 질책을 하고 지나가는 것과 같다.

얼마 전 청년시절 아내와 같은 교회를 섬기면서 아내를 누나처럼 따랐던 후배 집사 내외가 추석을 맞아 양평에서 서울의 부모님 댁으로 오던 길에 불의의 교통사고로 참변을 당했다는 소식을 들었다.

> 그날따라 유난히 비바람이 세차게 불었다. 여느 때의 추석과는 달리 걱정이 될 정도의 날씨가 하루종일 반복되더니 이런 와중에 변을 당한 가정이 발생한 것이다. 양평에 있는 영안실을 지키고 있던 고인의 부모들을 뵙고 인사를 나누며 들은 이야기로는 비바람에 전신주가 넘어지면서 달리던 차량을 덮친 것이 화근이 되어 부부는 현장에서 변을 당했고, 뒤에 있던 아들(초등학교 5학년)은 병원에 입원 치료중이라고 했다. 고인의 부모는 급기야 눈물을 흘리더니 “울고 싶은 걸 참다 보니 속이 터질 것 같네.”라고 하소연을 하는 것이었다.

이와 같이 시간이 갈수록 불의의 교통사고로 불시에 우리 곁을 떠나는 사람들이 늘어만 가는 현실 속에서 커다란 고통과 슬픔을 간직하며 사는 우리의 이웃들에 대한 목회전략이 새로워져야 한다.

모든 조직 가운데 가장 근본적인 조직은 누가 뭐라 해도 가정이다. 한평생 서로 사랑하던 가족을 상실하여 비통해 하고 괴로워할 때 교회의 방문과 위로는 큰 힘이 되어 준다. 그러나 사람이 진심으로 교회의 위로와 도움이 필요할 때 외면해 버리는 교회라면 누가 그러한 교회와 목회자를 위하여 충성하겠으며, 마음과 영혼을 맡기겠는가?

신약성경에도 사랑하던 가족을 상실하여 마치 혼이 나간 사람처럼 대성통곡하던 사람을 우리 주님께서 위로하시며 그 비통 가운데 함께 참여하시는 모습이 여러 차례 소개된다. 그 가운데 사랑하던 외아들을 자신의 가슴에 묻어야 했던 한 과부의 이야기가 있다.

> 나인 성에 살고 있는 단조롭고 외로운 한 가정이 있었다. 무슨 연고인지는 모르지만 남편이 먼저 간 다음 하나 있는 아들을 의지하고 사랑하면서 살던 가정이었다. 그러니 어머니는 아들을, 그리고 아들은 외로운 어머니를 서로 의지하고 기대며 감정적인 친밀감이 얼마나 강했을지 짐작할 수 있다.
> 그런데 불행이 이 가정을 엄습했다. 어느 날 갑자기 하나뿐인 외아들이 죽은 것이다. 일찍 남편을 잃고 아들마저 잃었으니 이 과부의 마음이 오죽했겠는가? 세상을 무슨 맛으로 살겠는가? 이런저런 감정의 용출로 아들의 장례 행렬을 따르면서 과부는 목 놓아 울었다. 이것을 듣는 모든 사람이 함께 울기에 충분한 울음이었다.
> 남편을 보내야 했던 사별의 아픔과 고통, 그리고 외로움, 이제는 모든 것을 의지하며 살아왔던 아들마저 자기 곁을 떠나보내야 하는 이 어머니의 심정을 누가 이해할 수 있겠는가? 하늘이 무너지고 땅이 꺼지는 사별의 고통이 단장의 통곡으로 변하고 있는 것이 아닌가! 외로운 이 과부는 혼자서 이 슬픔을 감당해야 했다.

이때 그 장례행렬의 뒤를 따르며 슬피 울던 이 과부의 모습을 보시던 주님께서 그 장례행렬에 가까이 다가가 걸음을 멈추게 하신 후 죽은 아들을 향하여 "일어나 나오라."고 명령하셨다. 그리고 다시 살아난 아들을 그의 어머니에게 돌려주셨다.

모든 인간이 한 번은 죽는 것이 자연스러운 일임에도 불구하고 죽은 아들을 살려 내신 것은 무슨 이유에서였는가? 무엇이 길을 가시던 주님의 발걸음을 멈추게 하고 부탁도 하지 않은 일을 하시게 했을까? 아들의 죽음을 원통해 하고 슬퍼하는 어머니의 울음소리가 주님의 마음을 사로잡지 않았겠는가? 아들을 잃은 어머니의 단장(斷腸)의 통곡이 장례행렬을 멈추게 했으며, 자연의 이치를 되돌려 놓았다. 이처럼 주님께서도 사랑하는 가족을 상실하여 고통당하는 것을 예사롭게 넘기지 않으셨다.

3) 새로운 환경으로 인한 슬픔

때때로 새로운 환경은 우리에게 삶의 활기를 불어넣기도 한다. 하지만 여기서 말하는 새로운 환경이란 적응하기 힘들어하는 환경을 말한다. 언뜻 사람이 환경을 주도적으로 이끌어 간다고 보기도 하지만 반대로 환경이 우리 삶에 미치는 영향은 생각보다 크게 작용한다. 물론 여기에는 환경을 대하는 그 사람의 성격과 기질에도 상당한 영향이 있어 외향적이고 사교적인 사람보다는 내향적이고 소극적인 사람이 새로운 환경에 대한 스트레스를 상대적으로 더 많이 받는다.

> K라는 가족은 중학교 3학년에 재학 중인 아들의 미래를 위하여 안정된 생활기반을 뒤로하고 미국으로의 이민생활을 결정했다. 부푼 꿈과 기대감을 가지고 미국생활을 위하여 많은 준비와 결심을 했지만 미국에 도착한지 얼마 되지 않아 예상치 못한 문제가 발생하기 시작했다. 새로운 언어에 대한 적응도 문제지만 낯선 문화에 대한 적응과 함께 친구들을 쉽게 사귀지 못하는 아들의 문제가 돌출되기 시작했다.
>
> 이 아들은 다른 이에 비해 내성적이고 소극적이어서 새로운 환경에 적응하기 위해서는 많은 시간이 필요했다. 그러나 외향적인 문화가 주를 이루는 미국 문화에서는 내성적이고 소극적인 소수민족이 유학생의 마음을 깊이 헤아려 주지 않았다. 이 아들은 학교에서 무언가 모자란 사람으로, 무언가 부족한 사람으로 소위 '왕따'를 당하기 시작했다. 그 결과 이 아들은 학교 가기가 싫어졌고, 미국생활 자체에 염증을 느끼기 시작하였다.

위의 사례는 새로운 환경에 적응하지 못하여 발생한 위기로 당사자에게는 커다란 고통이 아닐 수 없다. 서로 다른 문화에 적응하기에는 개인에 따라 차이가 있지만 일반적으로 많은 시간을 필요로 한다. 같은 나라 안에서도 서로 다른 지역문화권으로의 이사 역시 적응하는 시간을 필요로 한다. 그 지역만이 가지고 있는 유일한 지역정서가 있고, 그 지역정서에 우리 자신도 모르게 젖어 있기 때문이다.

다음은 위와는 달리 성인의 경우 새로운 환경에 적응하기 어려워 부부간에 힘겨루기를 한 사례이다.

> K라는 가장이 있었다. 그의 고향은 지방이지만 서울에서 학교를 다닌 탓에 서울생활에 더 익숙해져 있었고, 그와 반대로 아내는 고향이 서울이었지만 직장관계로 지방에 생활 터를 잡은 이른바 주말 부부였다. 이들은 각자 자기의 고향보다는 서로 다른 지역에서 오랫동안 생활한 까닭에 남편은 서울에, 아내는 지방문화에 익숙해졌다.
>
> 그런데 어떤 계기가 되어 가정을 합해야 하는 결정적인 시기가 되었지만 쉽게 의견일치를 볼 수 없었다. 서로 현재 거주하고 있는 지역으로 합치자고 상대방을 설득하였기 때문이다. 결국 오랫동안 합의한 결과 남편은 자신의 주장을 철회하고 아내의 주장을 존중하여 고향인 지방으로 결정했지만 뭔가 이상함을 느꼈다. 고향은 고향이지만 너무 오랫동안 서울생활을 한 까닭에 고향이 아닌 타향 같은 느낌이 들었기 때문이다.

위의 사례는 무엇을 말하는가? 비록 타향이지만 자기 삶의 터전으로 자리하고 익숙해진 문화가 훨씬 더 편하고 친근하기 때문에 새로운 환경으로의 적응을 위해서는 새로운 모험과 정신적으로 많은 에너지 소모가 따른다. 이 때문에 무의식중에 잠재한 거부반응이 나타나게 되는 것이다.

특별히 자녀들의 감수성이 예민한 시절에 부모의 직장문제로 인해 전혀 다른 지역으로 이주하는 것은 생각하지 못한 위기의식이 자녀들에게 노출되는 경우가 많다. 새로운 주거지 문화와 학교 동료들과의 문제, 그리고 심지어 교회에서의 적응에 대한 문제들까지 예상치 못했던 위기를 초래할 수 있다. 이러한 때 무엇보다 주위 사람의 역할이 중요하다.

이처럼 여러 가지 상실들로 인한 스트레스 지수는 어느 정도일까?

스트레스에 대한 전문적인 연구가인 호움즈(Holmes)와 라헤(Rahe)에 의한 테스트[14)]를 중심으로 지난 1년 동안 경험한 여러 위기들 가운데 총점수의 합산이 150점 이하는 자신의 삶 가운데 일어날 변화로 인해 앞으로 2년 안에 몸이 아프거나 절망에 빠질 확률이 37%밖에 되지 않았지만, 점수가 150~300점 사이에 있으면 그 가능성은 51%로 올라간다. 그리고 점수가 300점 이상이면 그 가능성은 80%에 달한다고 보았다.

사 건	스트레스 지수	사 건	스트레스 지수
배우자의 죽음	100	자녀의 분가	29
이혼	73	계모와의 갈등	29
별거	65	목표 미달성	28
수감	63	아내의 실직	26
친지의 죽음	63	학업 시작 혹은 졸업	26
질병	53	생활조건의 변화	25
결혼	50	습관의 변화	24
실직	47	상사와의 갈등	23
배우자에 대한 기대감 상실	45	근무조건의 변화	20
퇴직	45	거주지 변경	20
가족 건강의 악화	44	학교생활의 변화	19
임신	40	여가활동의 변화	19
성(性)적인 부조화	39	교회활동의 변화	19
출산 혹은 새 식구 맞이	39	사회활동의 변화	18
새로운 일에의 적응	39	1만 달러 이하의 빚	17
재정 상태 변화	38	잠자는 습관의 변화	16
절친한 친구의 죽음	37	가족모임 횟수의 변화	15
거래처 변경	36	먹는 습관의 변화	15

14. H. Norman Wright, *Crisis Counseling*(Regal Books, California, 1993), p. 113.

배우자와의 다툼 증가	35	방학	13
1만 달러 이상의 빚	31	크리스마스	12
채권상실	30	사소한 법률 위반	11
업무변화	29		

3. 신학적 논평

일찍이 부모를 잃은 마르다와 마리아는 오라비 나사로를 의지하며 오붓하게 살면서 누구보다 열심히 예수님을 사랑하고 예수님을 위하여 봉사하였다.

그런데 이 가정에 사랑하던 오라비 나사로마저 갑작스런 죽음으로 그들의 곁을 떠나자 주체할 수 없는 고통과 비통함이 엄습해 왔다. 이 소식을 멀리서 듣던 예수께서 이 가정을 방문했을 때 마르다와 마리아가 어찌나 구슬프게 울었던지 주님도 함께 울었다는 표현이 나온다. 이처럼 위기는 언제나 우리와 함께하면서 동시에 고통과 비통함으로 우리의 마음을 사로잡는다.

이러한 슬픔이 한 인간의 출생에서부터 애정과 상실의 불가결한 관계 때문에 인생 전반에 걸쳐서 경험되어진다는 것은 대상관계이론을 통해서 입증된 심리학적인 진리일 뿐만 아니라 신학적인 진리이다.

마틴 루터(M. Luther)는 *Letters of Spiritual Counsel*에서 "인간의 슬픔을 절제한다 할지라도 거기에는 타고난 애정에 대하여 무자비하거나 부정한 것이란 존재하지 않는다. 우리는 돌멩이가 아니라 인간이어야 한다. 인간의 애정은 모든 존재를 향한 하나님의 의도에 속한다." 라고 하면서 "슬플 때 애도하지 않는 것은 불신앙의 신호이다."[15)]

15. M. Luther, *Letter of Spiritual Counsel*, The Library of Christian Classics,

라고 했다.

만일 의미 있는 존재나 대상에 대하여 상실의 사건이 슬퍼할 가치가 없다면 그야말로 비극이며, 창조에 대한 크리스천의 교리를 행동으로 부정하는 것이다. 사랑해야 하고, 또한 사랑을 받아야 하는 수용능력은 '하나님의 형상'이 남아 있는 흔적인데, 바로 이것이 죄로 말미암아 왜곡된 것이다. 크리스천의 압도적인 전통적 약속은 사랑을 위하여 부름을 받았고, 공동체를 양육하고, 화해를 격려하며, 감정을 표출하는 약속을 거행하는 것이다. 그리스도를 따르는 사람은 실패하고 슬퍼하는 사람들을 하나님께서 어떻게 대해 주시는가를 보여 주셨던 것처럼 인생을 사랑하고 사람과 사물들에게 가치를 부여해야 한다.[16)]

인간은 역시 유한하고 인간의 생명은 한정되어 있다. 사람과 사물들에 대한 우리의 애정은 결코 영원하지 못하다. 이처럼 제한된 어떤 신호들은 순서적으로 성장과 노화(老化)의 과정을 형성한다.

전도서에서 말하듯이 모든 것은 때가 있다. "범사에 기한이 있고 천하만사가 다 때가 있나니 날 때가 있고 죽을 때가 있으며 심을 때가 있고 심은 것을 뽑을 때가 있으며 죽일 때가 있고 치료할 때가 있으며 헐 때가 있고 세울 때가 있으며 울 때가 있고 웃을 때가 있으며 슬퍼할 때가 있고 춤출 때가 있으며…… 하나님이 인생들에게 노고를 주사 애쓰게 하신 것을 내가 보았노라"(전 3 : 1-10).

이 말씀대로 때가 되면 친구들은 떠나고, 어린이들은 죽고, 건물들은 파괴되어지고, 꿈은 이루어지지 않고, 공동체는 바뀐다. 비록 우리가 이런 사실을 알고 있다 할지라도 종말은 오고 있으며, 이것들은 환영받지 못하면서도 달려와 우리를 놀라게 하고 때로는 숨이 막히게

Vol. 18(Westminster Press, 1955), cited, Kenneth R. Mitchell & Herbert Anderson, *All Our Losses, All Our Griefes*, p. 29.

16. Ibid., p. 30.

한다.

인간 발달단계에서의 모든 의미심장한 위기는 죽어야 할 운명임을 미리 예시해 주는 암시적 교훈을 포함하고 있다. 유아는 우주의 중심부에 있지 않음을 알게 되며, 두 살이 되면 세상을 압제할 수 없음을 깨닫게 되고, 청년기가 되면 집을 떠난다. 그러므로 한계성과 더불어 삶을 배우는 일이 평생과업임에도 불구하고 우리는 유한적인 것이 좋은지 아닌지를 계속하여 묻는다.

인생은 영웅과 유사하다는 것을 입증하는 것과 죽음의 공포를 방어하기 위한 성격적 특징을 개발하기 위하여 많은 것을 소비하고 있다. 그러나 유한성은 우리의 종말을 알게 하기 때문에 인간의 근본적인 문제(problem)가 된다.[17] 이런 면에서 존 히크(John Hick)는 "유한성은 좋은 것이다. 왜냐하면 인생이 죽음에 의하여 완성될 때만이 우리의 삶 전체를 볼 수 있게 되기 때문이다. 우리의 유한성은 하나님의 섭리의 신호이다. 하나님은 우리의 존재에 대하여 한계를 지으셨는데 곧 인간이 유한하도록 한 것은 선한 것이다."[18]라고 했다. 이론적으로 그렇다 할지라도 우리는 여전히 인간의 유한성 앞에서 불안과 절망을 버리지 못한다.

언젠가 꼭 죽어야 한다면 남아 있기만을 원하지는 않는다. 우리는 자기가 노화(老化)된다는 생각조차도 좋아하지 않는다. 그래서 현재의 발달단계에서 다음 발달단계로의 이전을 기뻐하며 축하하는 모습을 청소년기 이후에는 찾아보기 힘들다.

그 이유가 무엇이라고 보는가? 이러한 발달단계로의 이전에서 볼 수 있는 상실과 분리는 죽어야 할 운명임을 암시해 주지만 우리는 제

17. Ibid.
18. John Hick, "Toward a Christian Theology of Death," in Gilbert Cope, ed., *Dying, Death, and Disposal*(London : S. P. C. K., 1970), pp. 22ff.

한되는 것을 좋아하지 않기 때문에 이에 저항한다. 그렇다고 시간이 우리를 기다려 주지는 않기에 우리는 아쉬움과 유한성에 대한 한계를 느낄 수밖에 없다.

그래서 상실과 유한성의 불가피성에 대한 연구를 위하여 죽음보다는 상실을 택하였다. 죽음이 아무리 그 나름대로 의미를 가졌다 할지라도 상실의 한 형태이며, 우리가 알고 있는 다른 상실들보다 멀지 않기 때문이다.

어느 전도자의 유명한 설교 가운데 이런 예화가 있다.

> 유명한 어느 회사의 사장에게 전도를 하고자 몇 차례 사장실로 면회를 신청했지만 사장은 단호하게 거절했다. 그런데 어느 날, 일이 바빠 사람들을 만날 시간이 없다고 하던 그 사장실에 낯선 사람이 다가섰다. 사장은 그의 얼굴도 보지도 않은 채 "지금은 너무 바빠서 만날 시간이 없으니 다음에 다시 오십시오."라고 했다. 그러나 그 사람은 "아무리 바빠도 나하고 같이 가야 하겠다."고 하면서 사장의 손을 붙잡는 것이었다. 이에 놀란 사장은 그때서야 그 낯선 손님의 얼굴을 제대로 보게 되었다. 아니, 이게 누구인가! 죽음의 사자가 아닌가!

그렇다. 이 전도자의 예화가 말해 주듯이 아무리 바쁘다고 사정해도 죽음은 어떠한 사정도 들어주지 않는다. 여기에 유한적인 존재로서 인생의 한계와 고통, 그리고 슬픔과 상실이 자리한다. 문제는 이것을 어떻게 수용할 것인가 하는 것이다.

제2장

상실의 속성

1. 상실의 여섯 가지 주요 유형들

여기서 말하는 상실은 죽음에 의한 상실만이 아니라 물질적 상실, 인간관계의 상실, 심리적 상실, 기능적 상실, 그리고 역할과 조직상실을 비롯한 일반적인 모든 상실을 포함한다.

우리는 상실당한 사람들의 생활과 다른 것들에 대한 긴장을 여섯 가지의 모든 유형별로 주의 깊게 연구할 가치가 있다. 일반적으로 대부분 상실의 경험 이전에는 서너 개의 유형들로 혼합되어 있는데, 그것은 각자의 독립되어진 유형들로 고려해 볼 만하다. 상실의 어떤 종류는 인생의 순환점에서 누구라도 당할 수 있지만, 어떤 상실은 인생의 특별한 기간과 더불어 결합되어 있다. 이러한 차원에서 다음과 같이 상실의 여섯 가지 주요 유형들에 대하여 살펴보기로 한다.

1) 물질적 상실

물질적인 상실이란 어떤 한 개인이나 가족이 중요한 애정이나 의미를 가진 물건을 상실한 경우이다. 요즘은 물질만능주의 풍조로 애지중지하던 물건을 상실한 경우 그것을 찾으려는 노력 대신에 아무런 미련 없이 새로운 모델을 구입하는 경우가 허다하다. 이러한 실례로, 학교나 지하철 공사에서는 분실물센터를 운영하지만 잃어버린 물건을 찾으러 오는 발길이 적어 주인을 기다리는 물건들이 즐비해 있음을 본다. 그래서인지 어떤 사람들은 물질적인 상실의 중요성에 대하여 저항한다. 그러나 아직도 어린이들은 그들의 특별한 물건에 대한 애정이 강한 만큼 그것에 대한 상실의 고통을 가지고 있다.[1)]

어린이뿐 아니라 어른들 가운데서도 그 상실한 물건이 깊이 사랑했던 사람으로부터 받은 선물이거나 그를 추억하게 되는 것이라면 그 상실감은 어린이 못지않을 것이다.

> L이라는 사업가는 5년 동안이나 사용하던 손가방을 잃어버렸다. 그것은 외국여행을 하던 중 사업상 귀한 파트너로부터 친밀한 우정의 신호로서 받은 것이었다. 늘 간직하여 손때가 묻기도 했지만 그 손가방을 선물한 사람의 정성과 우정에 대해 생각할 때마다 미안함과 죄의식을 느꼈다. 그래서 그는 여기저기 다니면서 그와 비슷한 가방을 구입했지만 어딘가 모르게 미안한 마음이 남아 있다.

요즘 사람들은 잃어버린 물건을 예사롭지 않게 생각하는 풍토가 있지만 그 물건에 담긴 깊은 애정과 관심이 있는 물건은 다시 찾기 위하여 온 정신을 쏟는다. 그리고 물리칠 수 없는 심한 상실을 경험한다. 어떤 경우에는 비용 때문에 같은 것을 구입하기가 어려운 것도 있지만 비슷한 것으로 대체하여도 그 상실감은 버리지 못한다. 잃어버린 물건을 대체한 사람들은 위의 사례에서 보듯이 그것을 더 비싸게 구입하거나 더 좋은 것을 구입한다 할지라도 결코 처음 것과 같은 애정을 가질 수 없다.

1. Kenneth R. Mitchell & Herbert Anderson, p. 36.

> H는 집에서 기르던 예쁜 애완용 강아지를 잃어버렸다. 아침저녁으로 사랑과 관심을 가지고 보살폈기에 잃어버린 강아지를 향한 마음은 그녀를 안타깝게 만들었다. 결국 그녀는 동네 전신주마다 "잃어버린 강아지를 찾습니다."라는 광고를 붙이기 시작했고, 집에 돌아온 후에는 혹시나 강아지와 결부된 전화가 오지 않을까 하고 전화기에 온 신경을 쏟기 시작했다.

잃어버린 강아지와 비슷한 것을 다시 살 수는 있지만 마음을 주고받았던 강아지를 다른 것으로 대체하는 것이 얼마나 힘든 일이겠는가?

예수님께서 비유를 들어 설명한 것 가운데 잃어버린 양과 동전, 그리고 아들의 비유(눅 15장)는 무엇을 말하는가? 물론 여기에 담겨진 근본적인 교훈은 뒤로 미룬다 할지라도 그 공통적인 것은 주인의 강한 애착이다. 양 한 마리 한 마리마다 지극한 관심과 정성으로 강한 애착심을 가지고 양육하고 돌보던 양 떼 중 잃어버린 양에 대한 주인의 각별한 관심은 나머지 아흔 아홉 마리 못지않게 지대한 사랑의 대상이었기에 애타게 찾았다.

그리고 사랑하는 사람이 선물로 준 목걸이를 날마다 목에 걸고 다니다가 하나가 빠져 달아났다면 어떻게 되겠는가? 그 주인 역시 등불을 켜고 온 집안을 샅샅이 뒤지면서 찾을 때까지 헤맬 것이다. 이처럼 사랑의 대상을 상실한 후 그것을 찾으려는 인간의 모습은 누구나 같다는 것을 알 수 있다.

이와 같이 물질적인 상실로 일어나는 감정 표현이 슬픔이라는 탈을 쓰고 대신 나타난다. 상실한 물건의 대체가 결코 처음 것처럼 온전하게 좋을 수 없다는 것은 감각을 통하여 의식된다. 애지중지하게 여기던 것을 상실하면 어른 역시 어린이와 똑같이 슬픔을 느낀다. 사랑이 깊고 손때가 묻은 것일수록 물질상실에 따른 슬픔은 어린이나 어른을 막론하고 비중이 더 커진다.

2) 관계상실

인간은 관계적인 존재이다. 프로이트는 인간을 성(sex)이라는 렌즈로 이해하려고 했지만 인간 존재의 전체성을 고려할 때 성보다는 관계론적 측면에서 이해함이 더 정확하리라고 본다. 좁게는 우리 자신들의 내면세계에서도 영과 혼, 그리고 육의 상호 밀접한 관계를 가지고 있고, 가정에서는 부모 형제들과의 혈육의 관계를, 그리고 사회에서는 공통된 가치관과 신념을 나누는 이웃들과의 생존적인 관계를, 마지막으로는 인간 자체의 근본적인 존재 이유로서 하나님과의 관계를 발견하게 된다.

이러한 측면에서 관계상실은 서로 대화하고 경험을 나누고, 사랑하고, 서로 만지고, 이념을 세우고, 투쟁하고, 그렇지 않으면 특별한 의미를 지닌 다른 사람들과의 육체적인 대면이나 감정적인 관계의 종말이다.[2)]

첫 번째로 의식하고 있는 관계상실의 인식은 물론 어린 시절의 많은 경험에서 유래된다. 이러한 관계상실은 죽음, 이사, 이혼, 직업전환, 또는 개인적인 친구관계의 변화와 관련된다. 이것들은 인간이 살아가는 데 피할 수 없는 요인들로 누구나 이런 상실을 경험하기 마련이지만 여기에는 크고 작은 슬픔이 따른다.

그러나 여러 가지 관계상실들 가운데 죽음에 의한 관계상실은 무엇보다 더 큰 고통과 슬픔이 따른다. 유한한 인간은 한 번씩은 다 죽는 것이 자연적인 이치이며 순리임에도 불구하고 여타의 다른 상실에 비교할 수 없는 큰 고통이 따른다. 이러한 죽음은 먼저 간 사람에 대한 기억들, 떠나 버린 사람에 대한 연락처 정리, 현재 남아 있는 다른 감정들에 대한 인식, 짧은 기간 내에 자기 자신과 가 버린 사람, 그리고

2. Ibid., p. 37.

다른 사람과의 대화를 통하여 새롭게 정리할 것을 요구한다. 즉, 그동안 맺어 왔던 긴밀한 관계들을 사별(死別)의 아픔과 함께 정리해야 하는 남은 자들의 마음에는 커다란 고통과 슬픔이 따른다.

J라는 여대생은 자기를 가르치던 교수가 교통사고로 타계하자 그 교수와의 관계가 더 이상 지속될 수 없음을 이렇게 표현하고 있다.

> 저를 가르치시던 교수님께서 미국에 연구 차 부부가 함께 출타를 하셨는데 불행하게도 현지에서 교통사고로 두 분 모두 세상을 떠나셨다는 소식을 듣게 되었습니다. 너무 분주하셔서 연구실에서 자장면을 들고 계신 것을 두 번이나 목격했던 일들이 생각나면서 좀더 잘해 드렸더라면 하는 죄책감 때문에 몹시도 괴로웠습니다. 사실 그분은 나에게 정신적인 어머니였고, 의미 있는 대상이었습니다. 정말 교수님에 대한 그리움이 이토록 클 줄은 몰랐습니다. 생각할수록 너무나 고통스러워요.

다음은 사랑하는 여동생을 상실하고 고통스러워하는 어느 대학생의 말이다.

> 저는 대학생입니다. 얼마 전에 고3인 제 여동생이 자살을 했지요. 지나친 공부 압력과 집안의 무관심이 복합적으로 작용된 것으로 생각될 뿐 직접적인 원인은 잘 모르겠습니다. 그런데 오빠로서의 책임을 다하지 못했다는 죄책감 때문에 무척이나 괴롭습니다. 때로는 살아 있다는 것 자체만으로도……. 부모님이 너무 힘들어 하셔서 내색을 하지 않지만 혼자 있노라면 동생 혼자서 고통스러워하는 모습이 떠올라 미치겠습니다. 제가 어떻게 하면 좋을까요?

자기를 가르치던 교수를 상실하게 되어 교수와 제자라는 관계를 상실하고, 한 가족의 구성원이던 여동생을 상실하여 오빠와 여동생이라는 관계가 단절되었다. 그동안 지속되던 관계에 예고도 없이 갑작스럽게 찾아온 단절은 그만큼 충격이 클 수밖에 없다.

이와 같은 사례들은 우리 주변에서 얼마든지 쉽게 접할 수 있는 관계상실의 대표적인 사례로, 사랑하는 사람의 죽음으로 인한 고통스러운 반응은 상실의 고통을 극복하고 생명력 있게 살아가기 위한 정상적이고 건강한 반응[3]이다.

성경에 소개되는 사건 가운데 아버지 다윗 왕을 대상으로 군사 쿠데타를 일으켰던 압살롬이 전사(戰死)했다는 소식을 접한 아버지 다윗은 반란을 진압했다는 안도감보다 아들의 죽음을 더 슬퍼하면서 주변 사람들이 들을 정도로 아들의 이름을 부르며 소리 내어 울었다. 이러한 모습을 지켜보던 장군과 백성들은 그날의 승리가 슬픔이 되었다고 하지만 아들을 상실한 아버지는 그들과 비교할 수 없을 정도로 충격과 혼란을 경험해야 했을 것이다(삼하 18-19장). 이것이 죽은 아들을 향한 부모의 마음이며, 자식을 앞세워야 하는 인간으로서의 충격과 퇴행적인 혼란에 빠져 있는 모습이다.

3) 심리적 상실

심리적 상실은 감정적으로 중요한 자신의 이미지인 '~을 할 수 있었던' 것에 대한 가능성의 상실, 독특한 미래를 위한 계획들의 포기, 꿈의 소멸에 대한 상실의 경험이다. 비록 그 자체가 오직 내적인 경험일지라도 외부적인 경험들과 관계된다.[4]

물질적 상실은 성인이 되기 전 어린 시절의 경험 안에서 일어난 것이라는 점에서 심리적 상실과 비슷한 점을 가지고 있다. 물질적 상실에 비해서 심리적 상실은 같은 시기 동안에 일어날 수 있지만 주로 성

---

3. H. Norman Wright, *Crisis Counseling*, p. 106.
4. Kenneth R. Mitchell & Herbert Anderson, p. 39.

인기에서 더 많이 일어난다. 이러한 심리적 상실은 사춘기 이후 자신의 현존에 대한 지각을 미리 예상하게 한다.

사람들은 자기가 가진 미래의 위대한 꿈과 비전에 대하여 서로 주고받는 가운데 자신의 미래를 더 확고하게 하기도 하고 구체화하기도 한다. 그러나 우리가 다른 사람들과 더불어 우리의 소망과 꿈을 나누지 않는다면 자주 이러한 기회를 놓치고 마는 경우도 있다.

어느 내담자는 결혼에 대한 많은 기대와 커다란 꿈을 가지고 멋지게 출발했다. 그러나 시간이 지날수록 장밋빛과 같이 느껴졌던 결혼생활의 아름다움이 빠른 시간 내에 퇴색되면서 원하지 않던 긴장과 갈등이 지배하기 시작했다. 부부는 서로의 생각이 달랐고, 서로가 성장한 가정 문화의 현격한 차이로 인해 표현하는 방식도 너무나 다르게 느껴졌다.

결혼생활을 시작한 지 3년째 되는 부부갈등의 내용 가운데 다음과 같은 경우도 있다. 내용인즉 남편의 이야기로는 자기 부인이 너무나 생활을 간섭하고 모든 것을 직접 챙기기를 좋아하며 언제나 함께 있어 주기를 바란다는 것이다. 그러면 그럴수록 자기는 부인으로부터 도망치고 싶다는 것이다. 여기에 반하여 부인의 생각은 달랐다. 그렇게 하지 않고서는 남편의 사랑을 뺏길 것 같은 생각 때문이라는 것이다.

결국 서로가 함께하는 가운데 어린 시절 어떻게 성장했는가에 대하여 이야기하도록 했다. 남편은 어릴 때 홀어머니 슬하에서 자랐다. 남편이 없는 어머니로서는 모든 정성과 사랑을 아들에게 쏟은 것이었다. 그러면 그럴수록 이 아들은 어머니로부터 도망가고 싶었다. 왜냐하면 어머니의 마음을 이해하지 못하는 것은 아니지만 자기의 공간, 자기만의 시간이 필요했음에도 불구하고 집요하게 밀착하고자 하는 어머니의 간섭이 싫었기 때문이다. 그 후 결혼을 한 남편은 결혼을 하면 부인은 어머니와 무엇인가 다를 것이라고 기대했지만 아내의 행동을 보면서 옛날 자기 어머니를 보는 것 같은 망상에 사로잡힌 것이다.

그와는 반대로 부인의 어린 시절의 성장 경험을 듣게 되었다. 부인은 가족 가운데 막내딸로 태어나 아버지로부터 따돌림을 받았다. 딸로 태어난 것이 첫 번째 이유였는데, 그럴수록 이 부인은 아버지의 사랑을 받고 싶어 퇴근하고 돌아오는 아버지에게 애교를 부렸지만 늘 아버지로부터 거부를 당하면서 지냈다. 그 후 결혼을 하면서 이 부인은 어릴 때 아버지로부터 받지 못한 사랑을 남편으로부터 받고 싶은 강한 욕구로 인하여 남편에게 밀착된 감정을 드러내게 된 것이다. 이렇게 서로가 서로를 이해하지 못한 갈등으로 인하여 이 부부는 신혼생활부터 심리적 상실로 인한 고통을 호소했다.

상담이 부부로서의 관계는 지속되고 서로를 이해할 수 있는 좋은 계기가 되었지만, 이 역시 결혼과 함께 심리적 상실의 경험을 호소하는 사례이다.

그뿐만 아니라 우리는 중요한 임무를 성공적으로 완성했을 때 심리적 상실에 직면하기도 한다. 어느 대학교수는 미국 유학생활 가운데 남보다 많은 고생을 하면서 학문에 열중했다. 그 덕분에 예상했던 기간을 단축하는 효과를 가져왔고, 마침내 영광스러운 학위수여식에 참여하게 되었다. 그런데 이상하게도 그 학위증을 받는 순간 자신도 기대하지 않았던 예상 밖의 일이 기다리고 있었다.

> 나는 설레는 마음을 억제하면서 졸업식장에 참석하게 되었습니다. 지나간 몇 년의 시간들이 한순간의 필름처럼 머리를 스쳐 가기 시작했지요. 외국 땅에 와서 자신과의 싸움에서 승리한 것에 대한 기쁨도 있었고 영광스러운 박사 학위를 받게 되는 것에 대한 벅찬 마음이 저를 흥분시켰습니다. 드디어 학위수여식은 시작이 되었고, 한 사람씩 그 학위증을 받게 되었습니다. 기다리고 기다리던 그 학위증을 받게 되었는데, 이게 웬일입니까?
>
> 기다리고 흥분되던 마음과는 달리 그것을 받아 든 이후에 저의 마음에는 전

> 혀 예상하지 않았던 허탈감과 공허감, 그리고 현기증이 느껴졌습니다. 도대체 이 종이 한 장이 무엇인데 이것을 위하여 배를 곯아 가면서 나의 청춘을 여기에 쏟았던가 하는 여러 가지 느낌들이 저를 지배하기 시작했답니다. 결국 저는 그 학위증을 갈기갈기 찢어 버렸습니다. 이것 때문에…….

이와 같이 심리적 상실은 자신의 꿈이 이루어진 이후에 찾아오는 일종의 허탈감으로 우리의 마음을 어지럽게 한다.

우리가 잘 알고 있는 심리학의 대부 프로이트가 유태인이면서 왜 무신론자가 되었는가에 대한 해답으로 그의 어릴 적 충격적인 일화를 소개하고자 한다.

> 프로이트가 두 살 때 그의 가정에 유모가 고용되었는데 이 유모가 어린 프로이트에게 충격을 남겼다는 보고이다. 프로이트는 그녀를 잘 따랐고, 유모는 그를 교회에 데리고 다니며 성경 이야기를 들려주었고, 신앙 안에서 그에게 여러 가지를 주입시켰다. 민감한 프로이트는 깊은 감명을 받아 교회 예배에서 돌아오면 설교자 흉내를 내곤 할 정도로 교회와 밀착된 생활을 했다. 그런데 불행히도 어느 날 이 유모는 동네 가게에서 물건을 훔친 죄로 어린 프로이트가 보는 앞에서 경찰에 체포되어 결국 해고되고 말았다.

한 정신과 의사는 이 사건에 대해서 다음과 같이 논평한 적이 있다. "종교와 종교적인 예식에 대한 프로이트의 적대감은 종교를 처음 그에게 소개했던 장본인에 대한 깊은 실망에서 비롯되었다."[5] 더욱 비극스러운 일은 프로이트의 다른 식구들은 종교에 무관심했기 때문에 그의 생활에서 이 불행한 경험을 상쇄(相殺)시켜 줄 만한 위치에 있는 사람이 한 명도 없었다는 것이다. 결국 어린 프로이트는 그의 마음을 한때 사로잡았던 유모의 이율배반적인 생활 모습으로 기대가 깨어지

---

5. Raymond L, Cramer, *The Psychology of Jesus and Mental Health*, 정동섭 역, 「예수님의 심리학」(서울 : 생명의 말씀사, 1993), pp. 188-189.

기 시작하면서 커다란 심리적 상실로 말미암아 종교에 대한 적대감마저 가지게 되었다.

이러한 영향은 대상관계이론가들이 강조하듯이 양육자의 영향이 절대적임을 입증한다. 즉, 양육자가 누구인가는 한 사람의 운명을 좌우할 만큼 크다는 사실을 위의 사례가 말해 준다.

성경에서 이스라엘의 왕정(王政)의 역사를 살펴보면, 하나님의 뜻을 따라 선한 정치를 펼치는 데 최선을 다했던 왕들 가운데 요아스라는 젊은 왕이 있다. 요아스가 선한 정치를 할 수 있던 배경에는 정신과 신앙적으로 자문역할을 해 주던 선지자 엘리사가 있었으며 또한 그 역시 선지자의 도움을 받으며 열린 정치를 하고자 하는 선한 마음이 있었기 때문이다. 그런데 어느 날 갑작스런 비보가 날아들었다. 선지자 엘리사가 죽을 병에 걸렸다는 소식이었다. 이에 충격을 받은 왕은 엘리사를 찾아가 "내 아버지여, 내 아버지여, 이스라엘의 병거와 마병이여"(왕하 13 : 14) 하면서 그의 마음을 토했다. 우리는 여기에서 젊은 왕 요아스가 연륜이 높은 선지자를 정서적으로 얼마나 가까이 했는가를 알 수 있다. 이러한 정서적 밀착이 강할수록 상대방의 죽음에 심리적 상실감이 강하게 작용함을 알 수 있다.

또한 이스라엘 건국의 아버지로 불리는 사무엘이 죽자 백성들은 정신적인 허탈감과 침통함에 젖어 그의 죽음을 슬퍼하는 모습이 묘사되고 있다(삼상 25 : 1). 이처럼 심리적 상실은 자신의 기대와 꿈이 상실되면서 찾아오는 일종의 정신적인 아픔과 고통의 흔적이다.

4) 기능적 상실

기능적 상실은 어떤 외부적인 충격이나 강한 슬픔으로 인하여 신체의 어떤 근육이나 신경적인 기능들을 상실했을 때 찾아올 수 있는데,

일반적으로 노화(老化)의 과정과 긴밀한 관계가 있다.

모든 사람은 건강한 신체를 원하지만 본인의 의도와는 달리 신체적인 기능을 상실하는 경우도 있다. 그 상실의 시기가 어린 시절일 경우도 있고, 활동량이 많은 청년기일 수도 있으며, 때로는 노화의 과정으로 생기는 수도 있다. 우리가 쉽게 볼 수 있는 이러한 사람들 가운데는 시각장애인들이 있다. 출퇴근 시간대에 붐비는 지하철 안을 누비며 도움을 구하는 시각장애인들을 보노라면 측은한 마음이 든다. 중요한 신체기능을 상실할 당시에 얼마나 절망적이었으며 지금도 생활하는 데 얼마나 불편할까 싶어서이다. 또한 불의의 교통사고로 인하여 많은 사람들이 신체의 일부분을 상실함으로 고통을 호소하는 사람들을 쉽게 만날 수 있다. 이처럼 크고 작은 기능적 상실은 그 당사자가 젊은이든지 노인이든지 간에 남모를 슬픔과 고통이 따르기 마련이다.

> 최근 들어 노인들의 질병의 일종인 치매에 대한 관심이 부각되고 있는데 70대 후반의 어느 노인은 만날 때마다 젊은 시절의 화려한 경력과 멋진 인생의 드라마를 줄곧 들려주면서 아름다운 시 한편을 읊었다. 그러나 그의 아들이 어디에 살고 있으며 무엇을 하느냐고 물으면 모른다고 했다. 그는 솔직히 기억할 수 없었다. 그는 매우 오랫동안 잊어버렸던 시들은 기억하지만 그 자신의 가장 가까운 아들과 친지들에 대해서는 희미한 기억을 갖고 있었기 때문이다. 만일 어떤 사람이 그에게 질문을 한다면 그의 기억력이 떨어졌기 때문에 머리를 긁적이며 "글쎄요."라는 대답을 한다.

신체적인 기능상실로 이민을 꿈꾸는 C 집사가 있다. C 집사는 꿈많던 신혼기에 연탄가스 중독의 후유증으로 걸음걸이가 온전하지 못하여 외부 활동이 자유롭지 못하다. 본인의 지속적인 재활의 노력으로 이제는 유모차를 의지하면서 걸을 수 있지만 언젠가부터 미국 이민을 계획하고 있었다.

> 미국에 사는 언니 집에 잠시 있을 때이다. 유모차를 밀고 다녀도 주변 사람들의 값싼 동정 어린 눈빛들이 없을 뿐 아니라 버스를 탈 때도 기사의 배려와 버스의 구조 덕분에 장애우들이 아무 어려움 없이 오를 수 있었다. 반면 우리나라에서는 지나가는 행인들마다 "젊은이가 안되었다.", "언제부터 그래요?"라는 식의 값싼 동정 어린 눈총들 때문에 더 이상 살기 싫어졌다.

이러한 현상은 기능상실의 고통으로 평생을 힘들게 살아가는 사람에 대한 배려보다는 자기들의 궁금증이나 해결하려는 듯한 시선이 당사자들의 마음을 더 힘들고 고통스럽게 하는 사회적인 분위기 때문이다.

위에 소개한 사례들 가운데 전쟁에 참전하여 자신의 두 다리를 잃은 후 성격까지 변화하게 된 경우도 기능적 상실의 대표적인 사례이다. 이 외에 기능적 상실은 종종 자율성을 상실하게도 한다. 보는 것과 듣는 것, 그리고 근육운동의 조절기능 상실은 종종 활동의 상실을 초래한다. 이처럼 기능을 상실한 사람은 "나는 잘할 수 있다."라고 느낀다. 많은 경우, 사람들은 기능적 상실을 인정하지만 어떤 사람은 자율성이 상실되었다는 것을 부정할 것이다.

모처럼 옛 친구들이 모여 재미있는 운동이라도 하게 되면 신이 나고 재미가 있어 자신의 현 상태를 잊어버린 채 동심으로 돌아가 열중하지만 다음날 아침이면 여기저기가 쑤셔 일어나기 힘들어진다. 그러면서도 "아직도 마음은 청춘인데……."라고 말하며 가는 세월을 아쉬워한다.

수족 절단이나 유방 제거 수술을 받은 사람, 보청기를 사용해야 되는 사람도 기능적 상실에 해당한다. 이러한 것들은 분명 슬픔이다. 청각이 손상된 사람은 보청기에 대하여 과민하게 반응하고, 또한 길 안내를 위하여 안내견을 데리고 다니는 사람은 남이 자기 개를 좋아하면 의외로 싫어하는 것을 보게 된다. 그것은 자기 개의 상실을 염두에 둔 일종의 거부반응이다. 정상적인 사람에게는 아무렇지 않은 일도 이러한 사람들에게는 민감한 일이 된다. 그러나 우리는 이 점을 의식하지 못한 채 상실의 아픔을 간과하는 경우가 많다.

5) 역할상실

사회적 역할이나 조직사회에서의 직분상실도 역할상실로 경험된다. IMF를 맞아 갑작스런 은퇴(隱退), 명퇴(名退), 조퇴(早退), 황퇴(遑退) 등은 충격적인 역할상실로, 어떤 사람에게는 재기 불능한 상처로 우울증이 수반되기도 한다. IMF를 맞아 실직한 가장은 가정에서 아버지의 역할을 제대로 감당하지 못하여 고개 숙인 아버지가 되기도 했다. 그것을 소재로 한 「아버지」라는 책이 베스트셀러가 되는가 하면 부부관계에서도 기죽은 남편들 사이에 아내에게 할 말을 제대로 하고 사는 남편들을 가리켜 '간 큰 남자'라고 하는 신조어(新造語)가 생긴 것도 역할상실의 단면이다.

아브라함 매슬로우(A. Maslow)가 말한 대로 인간에게는 자아실현의 꿈이 있어서 크고 작은 역할상실로 말미암아 이러한 꿈이 상실되는 것보다 더 큰 아픔과 고통은 없다. 예를 들어, 한참 일할 나이에 찾아온 명퇴는 그 사람의 모든 꿈을 순간적으로 붕괴시키는 파괴력이 있다. 이러한 모습은 우리가 잘 알듯이 노인들이 많이 모이는 파고다 공원의 분위기에서 쉽게 찾아볼 수 있다.

어느 날 제주도에서 세미나를 마치고 돌아오는 길에 비행기의 옆자리에 40대 후반이 되는 중년 여성과 함께 자리를 하게 되었다. 이 여인은 남편과 얼마 전 이혼을 하고 생활문제를 해결하고자 방학 동안 제주도에 가서 일을 마치고 돌아오는 길이었으며, 평소에는 야간 신학교를 다닌다고 했다. 한동안 말을 주고받는 가운데 이 중년 여성은 다음과 같은 아픔을 호소하기 시작했다.

> 남편과 함께 생활할 때는 경제문제에 대해서 그다지 신경 쓰지 않았는데 막상 혼자되고 보니 경제문제도 책임을 져야 하고, 아이들 교육문제까지 신경을 써야 해서 너무 힘이 들고 고통스럽습니다.
> 주변의 눈초리는 예전 같지 않고 모두들 내가 잘못했다고 질책하는 것처럼 느껴져요. 그래서 이제는 아는 사람들을 만나는 것도 겁이 날 정도랍니다.

자신의 아픔을 말하는 여인의 눈에는 금세 눈물이 흘러내렸다. 이 여인은 경제문제와 교육문제까지 새롭게 대두된 가정 내의 역할에 적응하기 위하여 힘들고 고통스러운 자기와의 싸움을 하고 있는 것이다. 그럼에도 불구하고 그를 알고 지내던 주변 사람들은 그를 향한 배려와 지지보다는 마치 나병환자 취급하듯 대해 냉대와 홀대 속에 더욱 슬퍼하고 있었다.

가정 내의 역할상실은 이토록 힘들고 고통스러운 일이다. 그래서 이 여인뿐 아니라 홀로된 많은 사람들은 자신을 알지 못하는 지역으로의 이동이라는 또 다른 아픔을 가지고 있다. 이처럼 역할상실은 사회 지지망(social network)의 상실이다.

역할상실에는 다음과 같이 심각한 고부간의 갈등문제로 인한 경우도 있다. K 집사는 어려운 환경 속에서도 온갖 정성을 다하여 봉사하며 구역장으로서도 손색이 없고 전도에 열심을 다하던 성도였다. 뿐만 아니라 겉으로 보기에는 가정에서도 별 어려움이 없는 듯하였다. 그러던 K 집사가 어느 날 심각한 표정으로 상담을 요청하였다. 물론 평소에는 보기 어려운 심각하고 우울한 음성으로……. 그는 어렵고 힘든 결혼생활에 대하여 서서히 입을 열기 시작했다.

> 우리 가정은 방 두 개가 있는 조그마한 연립주택입니다. 제가 호소하고 싶은 것은 사소한 일에 까탈을 부리는 시어머니 문제입니다. 다른 것은 참을 수 있는데 다 커 버린 아이들 앞에서 이유 없이 저를 힘들게 하고 심지어 남편과의 성생활까지 노골적으로 방해하는 건 참을 수가 없습니다.

시어머니가 아들과 며느리 사이에 필요 이상으로 개입함으로써 아들의 결혼생활에 지장을 주는 방해자가 되고 있는 것이다. 이로 인하여 남편은 남편대로, 아내는 아내대로의 역할 기능이 마비되고 상실된 결혼생활을 호소했다.

6) 조직상실

인간사회의 조직이란 인체의 조직과 같아 일부분이 질병으로 제 기능을 상실하면 모든 기능에 지장을 주는 것과 같다. 또는 그물망과 같아 어느 한 부분이 훼손되어 구멍이 뚫리면 그물로서의 제 역할을 못하는 것과 같다. 그래서 아리스토텔레스(Aristoteles)는 고기와 물의 비유를 들어 "나 개인이 고기라면 사회라는 조직은 물이다."라고 했다. 즉, 고기가 물을 떠나 살 수 없듯이 나 개인은 사회를 떠나서 존재할 수 없는 것이다.

그렇다면 조직상실이란 무엇인가? 조직상실이란 우리의 정보 제공자가 우리에게 말한 것을 그대로 배우는 것처럼 우리 자신에게 초점을 두는 개념이다. 우리가 이것을 이해하기 위해서 첫 번째로 해야 할 것은 인간의 존재가 시간을 초월하여 발전하는 행동의 유형 안에서 어떤 상호 작용에 속하는가를 생각해 내는 일이다.[6] 조직 안에서 다른 사람들과의 강한 인간관계가 없다 할지라도 그 조직 안에서 어떤

6. Kenneth R. Mitchell & Herbert Anderson, p. 44.

기능들이 확실하게 실행되고 있는가를 알아보는 것이다. 이런 기능들이 사라지거나 실행되지 않았다면 전체로서의 조직은 개인적인 구성원의 수만큼 조직상실을 경험하게 된다.

다음 사례는 성인이 된 자녀들이 지방에 있는 학교 입학, 군대입대 또는 결혼을 하여 분가하든지 아니면 직장 문제로 부모 곁을 떠나면서 경험하게 되는 가정 내의 조직상실에서 일어나는 내용으로 개인적인 변화가 오거나 가족 중에 누가 떠날 때 그 조직은 상실에 대하여 적응해야만 한다.

> L 집사는 자녀가 군대에 입대하게 되었다. 물론 겉으로는 아들이 국방의 의무를 감당할 만큼 성숙해졌다는 사실에는 자부심을 가지지만 그 기간 동안 아들과 헤어져 있을 것을 생각하니 벌써부터 걱정이 되기 시작했다.
> 마침내 아들은 군대에 입대하게 되었고, 배치된 자대에서 아들로부터 안부를 듣게 되었다. 감사하게도 서울 인근부대에 배치된 것이었다. 신병들을 면담한 후 곧바로 목회서신을 보낸 목사의 편지를 받고 보고 싶은 아들을 만나고 싶은 강한 모정으로 인해 하루가 멀다 하고 전자메일로 문의를 하기 시작했다. 아직은 신병이라 공식적인 면회가 불가능한 상태이지만 예배에 참석하게 되면 자연스럽게 만날 수 있는 기회를 제공하겠다는 회신에 따라 그 어머니는 예배에 참석하기 위해 모든 병사들에게 줄 떡과 음료를 싸 들고 단숨에 달려왔다.
> L 집사의 사정인즉 남편은 해군사관학교 출신으로 함대를 호위하는 비행사로 군 복무를 마친 후 미국에 체류중이고, 하나밖에 없는 외아들마저 군에 입대하고 나니 퇴근하여 집에 돌아오면 너무나 허전하여 아들 생각이 더욱더 간절했다는 것이다.

이 얼마나 힘들고 어려운 가정 분위기인가? 오붓했던 가정이 남편은 남편대로, 하나 있던 아들은 아들대로, 그 형편과 사정에 따라 잠시 가정을 떠나 뿔뿔이 흩어져 있는 가정의 외로움을 조직상실의 대표적인 사례라 할 수 있다.

다음은 어느 목회자의 이야기이다. 남편은 회사원으로 열심과 충성을 다하는 모범적인 삶을 살고 있고, 슬하에는 아들과 딸을 각기 하나씩 두고 있는 전도사이다.

> 목사님, 저 요즘 너무 힘들어요. 아마도 중년기 위기인가 봐요. 왜냐하면 남편은 회사 일로 한시적이지만 지방으로 발령났고, 아들은 공부를 위해 미국으로 떠난 후 우리 집은 두 모녀만 남아 있어요. 하루 종일 일하고 집에 들어가면 무언가 빠져 있는 듯 허전하여 마치 빈 둥우리 같아요. 때로는 잠도 오지 않아요. 제가 많이 늙었나 봐요.

이렇게 자신의 외로움과 허전함을 느끼던 전도사는 어느새 손수건을 눈가에 대고 있었다. 이러한 경우는 가정 내의 역할상실과 함께 조직상실이 겹해진 경우이기 때문에 상실의 감정은 그만큼 크게 나타난다.

지금까지 상실의 여섯 가지 중요 유형들에 대한 사례들을 살펴보았다. 이 가운데서 사랑하는 가족을 상실한 경우에는 관계상실, 심리적 상실, 역할상실, 그리고 조직상실 등 모두 해당되지만 경우에 따라서 이 가운데 한 가지 유형이 더 우세할 수도 있다.

한 예로, 남편을 상실한 부인의 경우 이것은 관계상실의 명백한 의미를 가지고 있다. 그러나 그녀의 사회적 삶이 변화되었다는 것을 발견한 그녀에게는 역할상실을 의미할 수 있다. 그녀는 더 이상 가정에서 '아내'가 아니다. 만일 그녀가 이러한 현실을 불충분하게 준비했다면 물질적 상실까지 경험하게 된다. 만일 그녀가 상실의 현실을 부정하고 여전히 "그래도 나는 내 남편의 아내다."라고 의존한다면 여기에 또 하나의 상실을 경험하게 된다.

2. 상실의 다른 변수들

상실의 유형은 일종의 위기상황이기 때문에 슬픔 안에서만 일어나는 변수가 아니다. 따라서 상실은 상황에 따라서 다르게 경험되어지기도 하고, 강한 감정들과 더불어 그것을 다루는 학습에 따라서도 다르게 경험된다. 이처럼 상실은 그 자체적으로 특유한 다양성들이 있다. 이 다양성들은 슬퍼할 수 있도록 미리 예고해 주며 슬픔에 대해 다양하게 경험할 수 있도록 해 주는데, 여기서는 상실의 다섯 가지 변수들에 대하여 살펴보기로 한다.

1) 피할 수 있는 상실과 피할 수 없는 상실

우리는 위에서 상실이란 보편적인 인간 경험의 일부분이기 때문에 피할 수 없는 것으로 다양한 상실들에 대하여 확인해 보았다. 사실 유한한 인간으로서는 상실 그 자체를 피할 수 없지만 어떤 상실들은 그 상실이 예고해 주는 의미를 파악만 하면 피할 수도 있다.

예를 들어, 흔히 우리가 접하고 있는 재난들 가운데 동일한 교통사고라 할지라도 상황에 따라서 불의의 사고를 피할 수도 있고, 피할 수 없는 상실을 초래할 수도 있다.

> Y 씨는 법인체를 운영하는 대표자이다. 그는 이 법인체를 설립하여 의미 있는 일들을 하고자 하는 강한 의욕으로 자신과 교감이 잘 이루어질 것을 기대하던 사람을 중용했다. 그러나 그 예감은 빗나갔다. 사사건건 의견일치가 이루어지지 않았고, 회의 때마다 의견충돌이 발생했다. 한 번은 심한 의견충돌로 많은 스트레스를 받은 상태에서 운전을 하다가 그만 교통사고를 당했다. 이 일로 그는 건강에 치명상을 입고 병원에서 입원 치료 중이다.

이처럼 대부분의 교통사고는 운전자들의 불안한 정신상태로 인하여 발생한다. 그래서 안정되지 못한 상태에서는 운전을 미루는 것이 지혜이며, 예고되는 상실을 피할 수 있는 방법이다.

또한 건강할 때 건강을 돌보지 못하는 경우나 음주와 흡연이 건강에 해롭다는 언론의 보도가 시리즈별로 홍보되고 있지만 주의를 기울이지 못해 당하는 어려움, 그리고 청소년들의 비행으로 인한 상실이나 부부의 이혼문제도 이 범주에 속한다. 이 외에도 매년 반복되는 수해지역의 재난이나 각종 질병으로 인한 돌연사들도 그러하다. 그래서 이와 같이 피할 수 있는 상실들이 피할 수 없는 상실로 바뀌는 것을 천재(天災)가 아닌 관재(官災), 인재(人災)라 한다.

> 몇 년 전 서울 지하철 7호선이 때 아닌 물바다가 되어 운행을 전면 중단한 적이 있다. 이유인즉 7호선과 연결되는 또 다른 지하철 노선 공사장의 연결 공사를 안이하게 대처한 것이 화근이 되어 홍수로 인한 중랑천의 범람으로 물줄기가 지하철 입구로 몰려든 것이었다. 이 사고의 근본적인 원인인 현장 근로자들의 안이한 대처의식이 엄청난 재난을 초래하였다. 이로 인하여 지하철을 이용하던 시민들은 큰 고통을 감수해야 했으며, 서울시는 엄청난 재정적 손실을 입었다.

이와는 반대로 피할 수 없는 상실이 우리 현실 속에 존재한다. 그 가운데 하나가 힘없는 사람들이 국가의 공권력 앞에서 속수무책으로 당하는 상실의 현실이다.

그 대표적으로 자연을 벗 삼아 농사를 지어 생계를 유지하던 순박한 농민들과 소외계층들은 정부의 개발이라는 명분 하에 자신들의 삶의 터전이 어느 날 토지개발공사로 강제 수용되면서 삶의 절대적인 위기에 노출되기 시작한다.

지역에 살고 있는 주민들은 정부의 개발이라는 논리에 밀려 평생을 의지하고 살던 삶의 터전에서부터 강제철거를 당했다. 물론 토지개발공사로부터 보상금이 약속되어 있지만 이 보상금은 가진 자의 편의를 위한 계산법에 따르기 때문에 어디에 가도 지금과 같이 편안한 안식처를 구할 수 없었다. 그러자 온 마을 사람들은 분노하고 울분을 삭히지 못한 상태에서 생업까지 포기한 채 연일 시위를 하고 있다.

이러한 모습은 어제오늘 일이 아니다. 힘없고 가진 것이 없는 자는 언제나 우리 사회에서 개발이라는 허울 좋은 명분에 밀려 타의에 의한 추방이 계속되고 있다. 즉, 없는 사람들은 지금까지 소박하게 살아오던 자신의 삶의 터전을 국가의 공권력에 뺏기고 희생당하는 서글픈 현실이다.

2) 일시적인 상실과 영구적인 상실

우리 인간은 관계에 따른 감정적인 존재이기 때문에 인간관계에 있어 감정에 상처를 받으면 어떤 감정은 일시적인 상실에 그치지만 어떤 감정들은 영구적인 상실을 경험하는 경우도 있다. 특별히 우리 나라 사람들은 감정에 매우 민감하다. 대인관계나 어떤 관계를 형성해 가는 과정에서 합리적이고 논리적으로 접근을 하다가도 일단 감정이 상하게 되면 회복하기 어려운 지경에 이르게 되는 경우가 허다하다.

그러면 왜 이런 현상들이 우리 민족의 성격 안에 잠재하고 있는 것일까? 이러한 원인들을 윤태림은 「현시점에서 본 한국인의 성격」에서 이렇게 지적한다.

첫째로, 지나친 감수성(감정의 우위)이다. 예를 들면, 펄벅의 소설 *The Living Reed*를 '생명 있는 갈대'라고 하지 않고 '갈대는 바람에 시달려도'라고 번역했으며, 고금(古今)의 시조들도 자연을 상대로 인생의 무상함과 부귀영화의 덧없음을 노래하고 있다. 또한 호(號)나 자(字)를 짓더라도 서정적인 것이 대부분이다. 그래서 오스굿(C. Osgood)은 한국인의 성격을 내향적이고 감각적이라고 하면서 마치 동면(冬眠)하고 있는 곰과 같이 침묵을 지키고 있지만 때로는 돌진하는 범과 같은 노염을 지니고 있어서 언제 폭발할지 모르는 불안성을 내포하고 있다[7]고 시사하였다. 그래서 이런 지나친 감정은 이성적 판단을 흐리게 하며, 행동을 그르치게 하고, 자기와 견해를 달리하는 사람의 의견을 들어주지 않고, 자기 의견만 고집하여 다른 사람에게 상처를 입히기 쉽다.

둘째로, 과거의 집착(보수성)으로 새로운 사고에 대한 불안을 갖는다. 예를 들면, 외국의 고금을 생활에 구체적으로 적용한 나라는 우리나라뿐이다. 대표적인 실례로, 조상봉사(祖上奉祀) 의식은 조상 자신보다 자손에게 영향을 미치는 조상을 위로하지 않으면 화(禍)를 입을지 모른다는 것 때문에 조상을 위로하는 것을 효(孝)의 연장으로 보는 것이다. 또한 객관적인 인식의 지식보다는 생활 실천면에 지나친 관심을 집중시키고 있다.[8] 이것이 강하면 국가의식과 공동의식이 약해지며, 창의성 계발에 저해 요소가 되어 새로운 의욕과 전진이 없어지게 된다.

셋째로, 권위주의(열등의식)이다. 심리적으로 열등의식을 가진 사람은 권위주의적 사고를 통하여 심리적인 보상을 누리고자 함을 볼 수 있다. 예를 들면, 학자들에게서 볼 수 있는 이런 현상은 고전(古典)과 외국 서적에서 많은 구절들을 인용하여 권위를 표기하거나 대화에서도 과거의 철인(哲人)들이나 선현(先賢)들의 말을 인용하면서 위압적인 자세를 보이는 부분에서도 볼 수 있다. 그래서인지 선인들에 대

7. 윤태림, 「대학국어」(서울 : 중앙대학교, 1986), pp. 57-58. 이러한 사실은 MBTI를 통한 한국인의 성격 유형에서도 밝혀지듯이 내향성 감각형이 가장 많은 비율을 나타내고 있다.
8. Ibid., p. 59.

한 비판이 별로 없다.[9] 이러한 현상은 열등감과 무력감, 그리고 개인의 무의미한 심리적인 현상 때문이다.

넷째로, 체면주의 또는 형식주의를 볼 수 있다. 과거 우리 나라의 벼슬하는 선비들은 농(農), 공(工), 상(商)을 천대시하였다. 이러한 의식은 자기를 내세우고 주장하기 전에 주변을 먼저 의식하기 때문이다. 사실 중국과 일본, 그리고 한국은 내용보다는 형식을, 실질보다는 외형과 외식을 존중하는 사고방식을 가지고 있다. 이러한 견해를 증명할 수 있는 대표적인 것은 자동차 문화이다. 물론 오늘날에 있어서 자동차는 생활필수품이 되어 가고 있지만 소형차보다는 중형차 이상을 소유함으로 자신의 신분을 과시하고자 하는 체면주의에 빠져 있다.

그래서 서양문화는 죄의식 문화(Guilt Culture)로 신(神)과의 관계로 연결되지만, 동양문화는 수치감 문화(Shame Culture)[10]로 자신의 허물을 덮으려고 하는 데 우선하는 문화적인 배경을 갖는다. 이것을 우리는 하나의 미덕으로써 체면존중의 사고로 보지만 자세히 들여다보면 개성의 결여를 나타낸다. 지나친 감수성, 과거에의 집착, 권위주의, 그리고 형식주의 때문에 본의 아닌 마음의 상처들이 많다. 이처럼 감정에 예민한 우리 나라 사람들은 "정(情)에 울고 정(情)에 죽는다."라는 말처럼 감정 때문에 많은 어려움을 당한다.

> A라는 사람은 그토록 사랑하고 애지중지하던 아내를 잃었다. 물론 평소에 질환을 앓고 있었지만 막상 아내를 잃고 나서는 손에 잡히는 것이 없었다. 주위 사람들의 도움으로 장례식을 마칠 때까지는 분주한 준비들로 인하여 슬퍼할 겨를도 없었지만 장례식을 마친 후 사람들이 각자의 집과 생활 터로 돌아간 이후부터는 식욕도 잃고 삶의 희망마저 상실했다. 오로지 우울한 시간뿐이었고 이미 고인이 된 아내 생각뿐이었다. 평소 이 부부의 모습은 주위 사람들에

9. Ibid., p. 62.
10. Ibid., p. 64.

게는 부러움의 대상이 될 정도로 아름다운 부부생활을 했다. 그래서인지 당사자인 남편에게 남겨진 것은 오로지 떠나간 아내를 그리워하는 마음과 아내가 살아 있을 때 좀더 잘해 주지 못한 지난날들에 대한 강한 죄의식이었다. 이 남편은 사랑하는 아내는 물론이고 이 일로 말미암아 영구적인 상실이 가슴 깊이 자리하기 시작한 것이다.

이처럼 영구적인 상실은 그 무엇인가가 정말 끝났다고 느끼는 위기의식을 불러일으킨다. 하지만 우리는 그런 의식을 저항하거나 회피한다. 그러나 그것은 최종적으로 잃어버린 사람이나 대상이 없이도 살아갈 수 있는 새로운 삶을 형성할 필요를 가져온다. 알기 원하고 상상하기 원하는 상실은 오로지 일시적이다. 한편 역설적으로 그것은 상실의 감각을 회상하는 데 끝이 없는 상황으로 몰고 간다.

3) 현실적이고 상상적인 상실

우리 가운데 심리적 상실에 대해서는 슬픔에 관심을 가지고, 다른 상실들은 단지 상상되어진 상실의 생각 안으로 잘못 방치해 온 경향이 있다. 그러나 이러한 생각은 잘못된 것이다.

모든 정성을 다하면서 자녀들을 양육하고 교육하는 데 한평생을 바쳤던 나이 많은 한 부인은 어느 날 자녀들이 자기를 버렸다고 불평하기 시작했다. 그러나 그 불평들을 자세히 들어 보면 그것은 사실과 달랐다. 문제는 어머니가 원하던 길과 자녀들이 원하는 길이 서로 달랐을 뿐인데 이로 인해 그 부인은 자녀들과의 관계상실이 고통스럽다며 한숨과 눈물, 그리고 지속적인 불평을 털어놓았다(나의 자식들은 다시는 나를 보러 오지 않았다.). 그러나 그 자녀들은 매주마다 어머니를 방문했다. 그러면 무엇이 어머니로 하여금 자녀들이 자신을 버렸다고 불평하게 만들었을까?

위의 사례에서 보듯이 자녀들은 예나 지금이나 어머니를 생각하는 마음에는 변함이 없다. 변한 것이 있다면 자녀들이 아니라 자녀들을 대하는 어머니의 마음이다. 자녀들이 아직 미숙할 때는 어머니의 가르침에 순종하지만 성숙한 사회인이 되어서는 자기 나름대로의 생각과 꿈이 있기 때문에 어머니로서는 자녀들을 상실한 것으로 간주할 수 있다.

> G라는 중년 여성은 피부암으로 오른쪽 다리 절단 수술을 받고 회복 중이었다. 병상에 누워 있는 이 여성을 심방했을 때 그녀는 "목사님! 오른쪽 다리가 아프고 쑤십니다."라며 통증을 호소했다. 하지만 분명 그녀에게는 오른쪽 다리 전부가 절단된 상태였기에 다리가 아프고 쑤신다는 말을 이해할 수가 없었다. 내가 이상하다고 생각하고 있는 것을 알았는지 그녀는 "목사님! 이상하게도 잘려 나간 오른쪽 다리에 아프다는 감각이 느껴집니다. 그러니 이상하지 않습니까?"

신체의 일부분을 상실한 고통과 견딜 수 없는 슬픔도 컸겠지만 한편으로는 상상 속에 존재하는 오른쪽 다리로 인한 통증이 그녀의 마음을 더욱 아프게 한 것이다.

또 다른 사례를 든다면, 서로 사랑하던 연인들이 어떤 돌발적인 일로 인하여 헤어지게 되면 이들은 일시적인 상실의 현실을 직면하면서 상상 속의 상실로 인한 고통을 당하게 된다. 이처럼 사랑을 더 이상 주고받을 수 없는 상대방을 상상하기 시작한 사람은 상상되어진 상실을 포함한다. 만일 이것이 사실이라면 이것보다 더한 고통이나 문제는 있을 수 없다. 그러므로 상상되어지는 상실은 종종 초기 자존심의 상실로부터 발생된다. 만일 우리가 우리 자신을 존경할 수 없거나 돌볼 수 없다면 믿을 수 없는 연인으로 말미암아 포기되어진 것에 대하여 비참하게 상상된다.

4) 예상된 것과 예상되지 않은 상실

사랑하는 사람의 갑작스런 죽음은 중한 질병에 시달린다거나 그 질병으로 인하여 고생하다가 죽은 죽음과는 달리 사별(死別)의 아픔을 정리할 수 있는 시간이 없기에 그 충격은 상대적으로 더 클 수밖에 없다.

이로 인하여 연인을 빼앗긴 사람들은 이 변덕스러움이 우리에게 주는 느낌들이 얼마나 광범위하게 흔들리는가를 말해 준다. 이처럼 갑작스런 상실은 받아들이기가 어렵다.

사랑하던 사람의 갑작스런 죽음은 오랫동안 질병을 통하여 고통당하지 않았다는 것에 대하여 다소간에 위로를 받을 수는 있지만, 예상된 상실은 상실이 실제적으로 일어나기 전에 슬픔에 대한 어떤 중요한 견해들을 행사할 수 있는 가능성과 더불어 온다. 이것은 단절되었거나 상처난 관계들을 회복하고 다른 사람들에게 우리의 고통을 표현하도록 이웃과 함께 우리의 상실에 대하여 '생각을 정리할 수 있는' 기회를 준비해 준다.

S 집사는 어려서부터 유달리 아버지의 사랑을 독차지하며 자랐다. 아버지의 직업이 무역업인지라 해외 출장이 잦았고, 그때마다 아버지는 이 딸을 데리고 다니면서 나라 밖의 일들을 보고 배울 수 있는 기회를 갖도록 많은 배려를 했다. 이런 까닭에 S 집사에게는 하나님의 사랑보다 아버지의 사랑을 더 크고 현실적인 사랑으로 절감할 정도로 아버지는 절대적인 위치를 차지했다. 그러나 어느 날 아버지의 건강에 치명적인 진단이 내려지면서 온 가족이 비상에 걸렸다. 가족으로서는 할 수 있는 최선의 방책을 찾았지만 결국 S 집사의 아버지는 사랑하는 가족을 떠나야만 했고, 모든 가족들은 그를 떠나보내야만 했다. S 집사는 다음과 같이 고백했다.

> 병상에서 누워 있는 아버지의 모습을 보고 있던 나는 아버지의 고통을 차마 눈뜨고 볼 수 없었습니다. 제게는 죽음 이상의 것이었고, 제 온몸이 갈기갈기 찢기는 것 같았습니다. 고통스러워하시는 아버지 옆에서 저는 먹을 수도, 잠을 잘 수도 없었습니다. 아버지에 대한 저의 이러한 사랑을 사람들은 이해하지 못했습니다. 그토록 사랑하던 아버지를 떠나보낸 후 제 마음에는 두려움과 공포가 몰려들기 시작했습니다. 사람들 앞에서는 어느 정도 의연하게 보일 수 있었지만 저 혼자 있을 때에는 외로움과 공허함으로 견딜 수가 없었습니다.

이처럼 사랑하는 가족이 갑작스럽게 병상에 누워 고통당하는 모습을 볼 때는 고통당하는 당사자 못지않게 가족들도 함께 고통을 당하기 마련이다. 그러나 만일 이러한 고통이 완쾌가 아닌 이별을 예고하는 질병이라면, 물론 당사자들 간의 감정적인 애착이나 의존도 등 밀착의 농도에 따라 다소 차이가 있지만 무겁고 힘든 가족상실이란 늪에 빠져들게 된다.

한때 일반 주택에 거주할 때 문 하나를 사이에 두고 서로 돕고 위로하면서 가족처럼 친근하게 지내던 이웃이 있었다. 이 가정의 남편은 누가 보아도 성실하고 근면한 가장(家長)으로 인정받기에 부족함이 없는 사람으로 새벽이 되면 누구보다 일찍 직장으로 출근을 하곤 했다. 그러던 어느 날 그의 아내로부터 갑작스런 전화를 받았다. 전화 음성이 예사롭지 않는 듯 싶더니 "아저씨, 어떻게 해요. 우리 아저씨, 오늘 새벽에 길을 건너다가 횡단보도에서 버스에 치어 그 자리에서 죽었대요."

그 길로 병원 영안실로 달려갔다. 고인의 형제들이 모여 있었고, 전화를 한 부인의 표정은 넋이 나간 사람처럼 멍하니 남편의 영정(影幀)만 바라보고 있었다. 참으로 안타까운 모습이다. 누가 이 일을 예상이나 했으며, 또한 할 수 있었을까?

이처럼 각종 불의의 사고들로 인하여 안타까운 생명들이 소리 없이 우리 곁을 떠나고 있는 현실과 이를 보면서도 무감각해져 버린 우리의 감정이 안타까울 뿐이다.

5) 떠남과 남겨짐

남겨진 상태로 헤어짐과 상실을 경험한 사람들은 개방적이거나 폐쇄적이고 상처와 분노, 그리고 떠난 사람들에 대한 분노심을 간직하고 있는 것을 발견할 수 있다. 예를 들어, 부부가 이혼을 하게 되면 당연히 남는 사람과 떠나는 사람이 있기 마련이다. 이 과정에서 떠나는 사람은 남겨진 자녀들을 향하여 "너희도 장성하면 내 마음을 이해할 거야."라는 막연한 지지를 호소하지만 그 기대는 사실과 다르다. 즉, 떠나는 쪽의 부모를 이해하기보다는 반대로 그를 향한 섭섭함과 동시에 우리를 버리고 갔다는 분노와 적개심이 자리한다. "그가 만일 우리를 사랑한다면 떠나지 않을 텐데……." 하는 떠나는 사람을 향한 이러한 상한 감정은 오랫동안 자리하게 된다.

반면 떠나는 사람은 죄의식이 예민하게 작용하기도 하고, 그렇지 않기도 한다. 어떤 사람은 떠남에 대한 죄의식을 피하기 위하여 의미 있는 방법 가운데 그들의 삶을 재정리할 것이다. 포기했던 직업을 다시 구하게 되고 결혼생활에서 불행을 경험한 사람은 또 다른 배우자를 찾을 것이다.

> 위에서 이미 소개했듯이 교통사고로 인하여 형님 일가족을 상실한 이후 얼마나 마음이 아팠는지 모른다. 그때를 회상해 보면 형님 가족에 대한 사진이나 살림살이들, 그리고 그분들이 남기고 간 유품들과 옷가지들을 보면 그리움과 보고 싶은 마음이 강하게 솟구쳐 올랐다. 버스나 지하철을 타고 다니면서 조카들의 모습과 비슷한 사람들을 만나면 마치 죽은 조카들이 살아서 온 것처럼 정신없이 쳐다보곤 했으며 길을 가다가도 혹시나 하는 마음으로 돌

> 아보았다.
> 그래서 그 후로는 겁이 나서 이분들과 관련된 앨범을 펼쳐 보기가 두렵고, 나 자신을 감당하기가 어려워 억제하면서도 이분들에 대한 지난날의 일들을 회상해 보기도 했다. 그에 반하여 그분들의 귀한 생명을 앗아 간 범인을 잡지 못한 데서 오는 강한 죄의식은 살아 있다는 그 자체만으로도 스스로 수치감의 포로가 되기에 충분했으며, 그토록 가고 싶던 고향도 가기 싫어졌다. 고향에 살아 계신 어른들이 나를 보면 이 사건에 대한 이야기를 화제로 떠올리며 마치 고향을 떠나 멸문지화를 당한 것 같다고 핀잔할까 두려웠기 때문이다. 나는 이 사건이 발생하자마자 목회도 그만두고 사건 뒷수습을 위하여 지난 3년이란 세월을 울면서 동분서주하며 다녔다. 마음이 저리도록 강한 아픔을 경험했고, 지금도 그 후유증이 남아 있다. 아마도 생이 다 마감할 때까지 이 후유증은 지속되리라 여겨진다. 그만큼 이 사건이 남기고 간 상처는 너무나 깊숙이 새겨져 있다.

"아들의 방"이란 영화가 있다. 칸느 영화제에서 많은 관심과 감동을 불러일으킨 영화인데, 그 전체적인 내용은 가족상실이 인간 내면세계와 단란한 가정에 미치는 영향이 어떠한지를 보여 주는 것이다.

> 정신과 의사 지오반니는 사랑하는 아내와 남매를 둔 단란한 가족의 가장이다. 그러나 평온했던 그의 가정에도 아들이 스킨스쿠버를 하다가 익사하면서 파란이 닥친다. 아버지는 아들과의 조깅 약속을 지키지 못한 죄책감과 그를 돌보지 못한 자신을 질책하게 되면서 환자들의 고통을 돌볼 여유가 없게 되고, 어머니는 안정감을 잃은 채 아들의 여자친구에게 집착하기 시작한다. 운동을 좋아하던 딸은 점점 난폭해지고, 경기장에서 퇴장당한다. 함께 옷을 사러 나간 순간에도, 지치도록 조깅을 하는 순간에도, 밥을 먹고 차를 마시는 순간에도 이들은 좀처럼 전과 같이 평온한 일상을 되찾을 수 없게 된다.

단란했던 가정의 행복은 돌연한 아들의 죽음 앞에서 속절없이 무너지고 가족 구성원들은 분노와 자책으로 몸부림친다. 정신과 의사라는 직업도 정작 아들의 죽음 앞에서는 무력하다.

그렇다면 이 영화의 작가가 말하고자 하는 메시지가 무엇인가? 죽음이 사람을 슬프게 만드는 이유가 무엇인가? 그것은 죽음이 사랑하는 사람을 다시 볼 수 없게 만들기 때문이라고 할 수 있다. 이런 면에서 "아들의 방"은 죽음으로 인해 사랑하는 사람을 영원히 볼 수 없게 된 자들의 서글픔에 대한 영화이다.

떠나는 자에 대한 남은 자의 슬픔과 애통해 하는 모습은 성경에서도 쉽게 찾을 수 있다. 창세기 50장을 보면, 요셉이 아버지 야곱의 죽음을 얼마나 슬퍼했는가를 보여 준다. 야곱은 인생 후반부에 이르러 사랑하던 라헬로부터 얻은 아들이기에, 요셉을 다른 아들들보다 사랑하여 요셉을 가까이했다. 그것이 다른 형들에게는 시기와 질투의 빌미가 되었고, 결국 아버지의 심부름 차 왔던 동생을 죽일 것인가 살릴 것인가 하는 논쟁 끝에 애굽의 상인에게 동생을 팔아넘기게 된다. 그러나 많은 시간이 지난 다음 요셉은 애굽의 국무총리가 되었고, 그로 말미암아 아버지와 형들은 요셉의 초청으로 애굽의 가장 기름진 땅에서 삶의 날개를 펼 수 있었다.

그러나 이제야 편히 모실 수 있던 아버지가 이국 땅에서 그 명(命)을 다하여 아버지를 떠나보내야 하는 아들의 마음은 그 누구보다 더 고통스러웠다. 요셉은 아버지의 장례를 국장(國葬)에 준하는 장례식으로 준비했고, 아버지와의 사별에 대한 슬픔으로 칠 일 동안이나 애곡(哀哭)했다. 주민들이 "애굽 사람의 큰 애통이라." 할 정도로 울고 또 울었다(창 50 : 11). 그렇다면 여기서 요셉이 칠 일 동안이나 애곡한 것은 무엇을 의미하는 것일까?

미루어 짐작하건대 여러 형들이 있었지만 어릴 때부터 남다른 사랑을 받으면서 자란 요셉에게 사랑하는 아버지를 상실한 것은 그 무엇과도 비교할 수 없을 만큼 큰 아픔과 고통이었다. 또한 형들에 의해 자신이 애굽으로 팔려 왔을 때 아버지가 자신 때문에 얼마나 힘들었는지 생각한다면 아버지에 대한 그리움과 미안함, 그리고 한꺼번에 밀려오는 여러 감정들에 울지 않고는 견딜 수 없었을 것이다. 이것이 곧 아버지를 먼저 떠나보내야 하는 남은 자로서 아들의 애통이다.

또한 신명기 34장을 보면, 지난 40년 동안 민족을 이끌어 오면서 온갖 고생을 하던 지도자 모세가 죽자 백성들은 가나안으로의 행군도 중단하고 30일 동안 애곡(哀哭)했다. 백성들은 지난 40년 동안 모세와 함께하면서 나누던 민족적인 희비(喜悲)와 그를 향한 크고 작은 추억들을 그들의 아픔과 애곡으로 표출한 것이다. 물론 여기에는 지도자를 상실한 아픔도 있지만 그동안 지도자의 말에 순종하지 않고 기회만 있으면 그를 거역하고 그의 마음을 아프게 했던 것에 대한 죄의식과 미안한 마음들이 눈물과 슬픔으로 이어졌을 것이다. 이것이 곧 떠난 사람을 향한 남겨진 사람들의 심리 상태이다.

3. 상실로 인하여 슬퍼하는 모습들

우리 인간에게는 생각할 줄 아는 사고력과 느낌을 가지는 감정, 그리고 결단으로 이어지는 의지가 있는데, 이런 기능들을 통하여 우리 자신을 스스로 보호하려는 강한 보호본능이 있다. 그렇다면 이런 기능들 가운데 사랑하는 가족을 상실하게 될 때 우리의 감정에는 어떠한 변화가 오는가? 가족을 상실하게 되면 그 애착과 밀착의 정도에 따라 어느 정도 차이가 있지만 일반적으로 나타나는 공통적인 표현에는 슬픔, 분노, 죄의식, 불안, 고독감, 피로, 자신에 대한 무기력, 충격, 고인에 대한 그리움, 무감각, 그리고 때로 오랜 병상생활을 하다가 떠난 경우에는 해방감과 안도감 등의 증상들이 자리하는 것으로 나타난다.

이러한 증상들을 스팽글러(Spangler)와 데미(Demi)는 슬픔의 수레바퀴 모델[11]을 통하여 다음과 같이 각 단계마다 그 특징들을 설명한다.

슬픔의 수레바퀴 모델

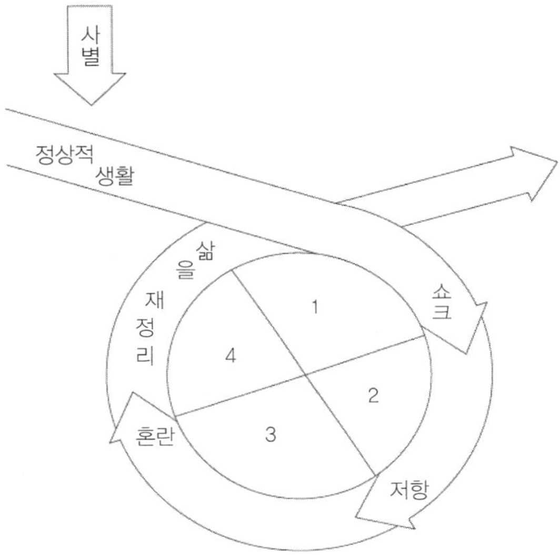

1. 무감각, 부정, 혼란, 격한 감정, 수면장애
2. 분노, 공포, 슬픔, 과민함, 죄책감, 타협, 혼란
3. 무기력, 혼란, 우울, 위축, 무의미함, 외로움, 고독, 강한 번민, 무감각-무목적감, 느린 사고와 행동
4. ① 삶과 죽음에 대한 새로운 의미
   ② 자기수용
   ③ 변화된 우선순위
   ④ 내적 평화와 평온
   ⑤ 친구와 가족에 대한 재정의

11. Bereavement support groups : Leadership manual(3rd ed). Denver Co. Grief Education Institute. 장휘숙 역, 「가족심리학」(박영사, 2000), p. 322에서 재인용.

이처럼 사랑하는 가족과 사별하는 것은 삶 전체를 뒤흔들어 놓는 충격적인 사건이다.

다음은 좀더 구체적으로 가족상실로 인한 '심신증'(心身症)이 어떤 증상들을 초래하는가와 어떻게 이들을 도울 수 있는가에 대하여 살펴보기로 한다.

1) 상실로 인한 감정적인 표현들

사랑하던 가족을 상실하게 되면 위기상담자 하워드 스톤(H. Stone)이 말한 대로 '심리적으로 상처받기 쉬운 상태'(Psychological Vulnerability)[12] 또는 노먼 라이트(N. Wright)가 지적한 대로 '충격적인 단계'(Impact Phase)[13]에 노출된다.

라이트(Wright)가 말하는 '충격적인 단계'에서 가족을 상실한 위기당사자는 그 당한 위기로 인한 부끄러움과 죄의식 때문에 더 큰 충격을 받게 된다. 그러므로 목회자는 위기당한 자의 지금-현재의 감정을 이해해야 한다.

그런데 문제는 위기당한 자를 돕는 효과적인 묘안으로는 위기를 당한 지 1~6주간이 가장 중요한데 실제로 본인이나 목회자가 이 치유의 기회를 놓쳐 버리는 경우가 많다. 이로 인해 자기 판단력의 약화로 인한 위기는 더 오랫동안 지속된다.

---

12. Howard W. Stone, *Crisis Counseling*(Minneapolis : Fortress Press, 1993), p. 26.
13. H. Norman Wright, *Crisis Counseling*, p. 31.

감정적인 증상들	
▪ 사고/사람에 대해 말함	▪ 무력감
▪ 울음	▪ 불신 또는 충격
▪ 집중곤란	▪ 타인에 대한 분노
▪ 불안	▪ 과민함
▪ 죄의식	▪ 위축/혼자 있는 느낌
▪ 기억장애	▪ 무감각

예를 들면, 가족을 상실한 경우 처음 며칠 동안은 가족과 친지들을 비롯하여 가까운 친구들과 이웃들이 함께하는 시간들이 많기 때문에 감정적인 표현들이 강하게 나타나지 않는다. 그러나 장례식을 마치고 각자의 생활환경으로 돌아간 다음 마치 썰물처럼 빠져나간 자리에 홀로 남겨진 가족들에게 찾아오는 것은 라이트(Wright)가 지적한 것처럼[14] 스트레스의 징후(정신적으로, 생리적으로 또는 둘 다 포함될 수 있다.)로 우울증, 두통, 분노, 각종 종양에 시달리기도 한다. 어떤 사람은 극도의 불안이 수반된다고 하는데 경우에 따라서는 살아 있다는 죄의식, 수치감, 경제문제에 대한 불안과 고독, 그리고 고인에 대한 그리움이 강하게 따르기도 한다.

그러므로 목회자의 관심과 배려는 가족상실의 초기도 중요하지만 이처럼 홀로 남겨지는 시간에 이들이 느끼는 감정적인 혼란을 공감하고 치유해 주는 관심이 요구된다. 이러한 감정적인 기복에 따라 목회자들의 도움도 달라져야 하기 때문에 라이트(Wright)가 제시한 도표[15]와 함께 단계별로 효과적인 도움의 방법을 소개한다.

14. Ibid., p. 22.
15. Ibid., p. 43.

변화와 위기의 연속

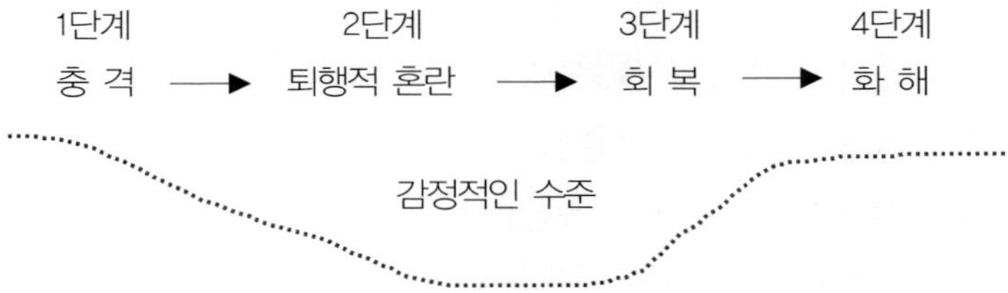

시간 (Time)	시간 (Hours)	날 (Days)	주간 (Weeks)	달 (Months)
반 응	투쟁-탈출	분노-공포 죄의식-흥분	긍정적인 사고	희 망
사 고	방향제시에 무감각	예매함	문제해결	문제해결 기반조성
방 향	상실한 대상을 찾으려 함.	교섭-초연	새로운 대상을 찾음.	자신의 현실 분석
행 동	회 상	혼란-당혹	탐 사	현실적인 조회
도 움	느낌의 수용	방향제시	영적인 통찰을 지지	희망을 강화시킴.

(1) 충격의 단계

예상하지 못했던 갑작스런 가족상실의 충격은 그 후유증으로 정신이 한동안 멍해진다. 동시에 사고능력의 감퇴로 인하여 대화 기능을 상실하므로 실수를 연발할 수 있으며 상실한 것을 되찾으려고 모든 노력을 다한다. 충격이 심하면 숨을 깊이 쉬지 못하므로 깊은 한숨을 쉬거나, 자다가도 갑자기 일어나게 된다. 이때 상담자의 역할은 절대로 충고하거나 무슨 말을 해 주려고 하지 말고 있는 그대로 현재(here-now)를 수용해 주고 경청함이 절대적으로 필요하다. 이 충격적인 단계의 감정은 거부 반응이거나 부정적이기 때문이다.

때로 죄의식에 강하게 사로잡히는 경우에는 그 후유증에서부터 헤어 나오지 못하고 자살을 시도하는 경우도 있다. 예를 들면, 사랑하는 사람을 잃으면 잘해 준 것은 생각나지 않고 잘못해 준 것들이 마음에 걸리면서 죄의식(guilt)을 가중시키기 때문이다.

> 결혼한 지 10년이 된 H에게는 두 아들(5, 9세)이 있다. 이 H는 어느 날 갑자기 음주 운전자에 의하여 아내가 두 아들과 함께 교통사고로 병원에 입원해 있다는 전화를 받았다. 급보를 받고 달려가 보니 불행히도 아내는 병원에서 죽었고, 큰 아들은 아버지가 병원에 도착하기 전에 죽었으며, 작은 아들만 치유의 가능성이 있다는 말을 들었다.

이 얼마나 비참한 현장이며 누가 이런 불의의 사고를 예측이나 할 수 있었겠는가? 어떤 사람은 이런 단계에서 정신을 잃어버리는 사태가 일어나기도 한다. 자기 힘으로는 도저히 감당하기 어려운 벅찬 충격이 한꺼번에 몰려오기 때문이다. 경우에 따라서 가혹한 상실일 경우에는 즉각적으로 눈물이 나오지 않고 2~3일 후에서야 눈물을 흘리기 시작한다.

형님 가족을 잃고 사건을 수습하는 과정에서 어느 날 갑작스럽게 혼자 남은 조카가 행방불명이 되었다. 깜짝 놀란 가족들이 여기저기 전화를 해 보았지만 그의 행방을 아는 사람이 없었다. 날이 새기를 바라면서 잠을 청했지만 혹시나 하는 불길한 생각으로 잠을 제대로 이룰 수가 없었다. 며칠이 지난 후 조카로부터 전화가 걸려 왔다. 부산에 와 있다는 것이다. 자초지종을 물은 결과 장례기간 동안에는 그렇게도 침착하던 조카가 고인이 된 부모 형제들이 미치도록 보고 싶고, 살아 계시는 동안 마음 아프게 했던 일들로 인해 어찌할 바를 몰라 무작정 발길이 닿는 대로 가다 보니 부산행 열차를 타게 되었다는 것이다. 사랑하던 가족을 한순간에 상실하고 고아가 되어 버렸으니 참으로 감당하기 힘든 충격이었을 것이다.

이처럼 충격 단계에 있는 위기 당사자들은 사고능력의 저하, 상실의 대상을 찾으려고 하는 안타까움, 그리고 죄의식의 감정에 사로잡히게 되는데 죄의식에 사로잡히는 기간이 길어지면 죄의식 → 잠잠해짐 → 죄의식 → 잠잠해짐 → 우울증의 과정을 밟는다.

개척교회를 하다가 사랑하는 아들을 상실한 후유증으로 이미 고인이 된 아들을 향한 강한 죄의식과 우울증으로 시달린 목사의 경우를 보자. 이 목사는 필자의 집단치료과목을 이수하는 과정에서 다음과 같은 기막힌 현실을 털어놓았다.

> 저 나름대로의 꿈이 있어 비장한 결의로 개척교회를 시작했지요. 장소가 개발지역인지라 교회를 시작해 자리를 잡아 가는 동안 우리 부부는 열심을 다해야만 했습니다. 교우들의 가정을 심방할 때도 아내와 함께하는 경우가 많았지요. 어느 여름날이었습니다. 급히 다녀와야 하는 가정이 있기에 어린 아들(3세)을 집에 혼자 두고 잠시 다녀오게 되었는데, 이게 어찌 된 일입니까? 아이의 목에 올가미가 걸려 있고, 아이는 산소결핍증에 걸려 뇌사상태에 빠진 것입니다.
>
> 나중에 알고 보니 아이가 끈을 가지고 놀면서 한쪽은 자기 목에, 다른 한쪽은 문고리에 묶어서 장난을 하던 중 바람이 불어 문이 닫히는 과정에서 목에 걸려 있던 올가미가 죄어든 것입니다. 시간을 계산해 보니 불과 2~3분 사이에 일어난 일이었습니다. 정말 하늘이 무너지는 것 같았습니다. 더 비참한 것은 이런 비극적인 사건을 당한 목사 가정을 이해해 주는 주변 사람들이 없었다는 현실입니다. 교인들 가운데 신앙이 좀 있다고 하는 사람을 성가대 지휘자로 임명했는데, 교인들이 듣는 자리에서 "애비가 자식 죽였구만……."이라고 말을 하지 않나, 장례를 치르는 날 위로 차 찾아온 친구 목사들 가운데 어떤 사람은 "하나님이 영광 받으시려고 당신 아들을 데리고 갔다."고 하지를 않나, 또는 "애비가 자식 죽였구만……."이라는 막말을 해 댄 것이었습니다.
>
> 이제 막 귀엽게 자라나는 아이를 죽이는 부모가 세상에 어디 있단 말입니까?

> 우리 부부는 이 사건을 대하는 주변 사람들로 인하여 너무나 심한 우울증에 시달려 식욕뿐만 아니라 목회에 대한 의욕마저 사라졌습니다. 그리고 무감각한 상태에서 설교를 하고 있습니다. 세상에 이럴 수가 있습니까?

목사로서 사랑하는 아들을 상실한 고통도 크지만 가까이에 있는 주변 사람들의 몰이해로 인해 당하는 고통은 이중삼중으로 가중되고 있었다. 뿐만 아니라 이러한 충격 단계에서는 당사자들이 감당하기 어려운 심한 스트레스로 말미암아 혈관이 막히는 돌발사고로 또 다른 돌연사가 발생하기 쉬운 단계이므로 돌보는 사람들의 각별한 주의가 필요하다.[16)]

성경 안에서 우리가 잘 알고 있는 사건에 대하여 생각하기로 하자. 누가복음 7장을 보면, 나인이란 동네에 일찍이 혼자된 몸으로 외아들과 더불어 어려운 삶을 살아가던 가정이 소개된다. 당시의 사회나 경제는 대단히 어려운 형편이었는데, 남편 없이 혼자의 몸으로 그 가정을 이끈다는 것이 생각만 해도 얼마나 힘들고 고달팠을지 짐작하게 한다. 그러니 어머니는 하나 있는 아들을 애지중지하면서 자신의 모든 것을 아들을 위하여 희생했을 것이다. 아무튼 외롭고 힘든 가정에서 서로 위로가 되어 주고 소망이 되어 주던 그들이었건만 또다시 아들을 앞세워야 하는 어머니의 마음은 어떠했을까?

성경은 이 가정의 안타까움에 대하여 "그 동네의 많은 사람들도 이 아들의 장례행렬에 동참했다."고 강조한다. 이런 것을 보면 이 가정이 어려운 가운데서도 동네 사람들에게 좋은 인상을 남겼던 것 같고, 또한 동네 사람들 편에서 보면 구슬프게 울어 대는 어머니의 처지가 너무나 딱해서 그 뒤를 따르고 있다고 볼 수 있는 것이다.

16. 캘리포니아의 혈관 연구소의 보고에 의하면, 심한 스트레스는 '카테콜아민'이라는 물질을 형성하여 혈관을 막아 버리므로 뇌졸중이나 돌연사를 초래할 수 있다고 경고한다(MBC, "혈관과의 전쟁" 프로그램에서 재인용).

이쯤 되면 사랑하는 아들, 어머니로서는 많은 기대를 걸었던 아들이 꿈도 펴지 못하고 그렇게 쉽게 세상을 떠난다는 것은 도저히 생각도 못했을 것인데 이러한 것이 현실로 다가왔을 때 그 어머니의 마음을 알아줄 사람이 누가 있을까? 또 있다 한들 어떻게, 그리고 무슨 수로 그 마음을 대신할 수 있을까?

무슨 죄가 그리 많아서 젊어서 남편을 먼저 보내고, 이젠 하나 남은 아들마저 보내야 한단 말인가? 자신의 처지를 생각한다면 기가 막히고 통곡할 일이 아니겠는가? 그래서 그 어머니는 아들의 장례행렬 뒤를 따라가면서 창자가 끊어지는 아픔과 슬픔을 토해내고 있었다. 분명 그 뒤를 따르는 동네 사람들도 그 어머니의 울음소리에 함께 눈물을 짓고 마음이 아파서 어쩔 줄 몰라 하는 사람들도 많았을 것이다.

바로 이때 예수님께서 이 장례행렬을 보게 되시고, 누가 요청하지도 않았는데 행렬을 멈추게 하시고 여인을 불쌍히 여기시며 위로하신 후, 그 아들을 살려 내시는 장면이 소개된다. 그렇다면 무엇이 예수님으로 하여금 이 장례행렬을 멈추게 할 정도로 관심을 끌었을까? 그것은 아들을 잃고 절규하면서 구슬프게 울어 대는 한 여인의 기막힌 통곡소리였을 것이다.

우리는 여기에서 남편을 잃고 그 뒤를 이어 아들을 또 보내야만 하는 남은 자의 슬픔과 고통, 그리고 가슴이 찢어지는 듯한 안타까움이 통곡으로 쏟아지고 있는 충격 단계의 단편적인 모습을 보고 있는 것이다. 이것이 곧 사랑하는 가족을 먼저 보내야만 하는 남은 자의 한스러운 애통이다.

또한 위의 사례에서 보듯이 교통사고로 말미암아 아내와 큰아들을 한꺼번에 상실한 비극이나 온 가족의 죽음은 남편의 마음과 혼자 남은 자의 가슴을 평생 지배하게 된다.

그렇다면 이러한 감정들이 언어를 통하여 표현되는 모습들은 어떠한가? 우리는 여기서 위기를 당한 사람들이 사용하는 언어를 통해 그들의 심리적 상태를 이해할 수 있다. 정태기는 도르티 졸레(Dorothy Sölle)의 이론을 인용하면서 이러한 상태의 언어를 소개[17]하는데, 그에 의하면 충격의 단계에서는 '무감각의 언어'가 나타난다. 즉, 다른 주위 사람들은 비통해 하고 있는데 위기의 당사자는 오히려 무감각한 상태에 있는 것이다. 남들이 보기에는 이상하게 생각할지 모르지만 위기의 당사자에게는 언어를 상실하게 할 정도로 그 아픔의 정도가 크기 때문이다. 이때 표현되는 언어는 무감각, 무반응의 언어로써 정상적인 반응을 보이지 못한다. 뿐만 아니라 현실감각을 상실하면서 동시에 시간의 개념까지 상실하기도 한다.[18]

우리는 이러한 상태를 가리켜 정신이 나갔다거나 혼이 나가 버린 사람이라고 한다. 그렇지 않으면 그는 미쳐 버릴지도 모른다. 이것은 자신을 향한 보호 본능으로, 자기방어라 할 수 있다. 이런 영향이 신체에 미치면 호흡이 가벼워지고 짧아진다. 그래서 산소 공급의 결핍으로 뇌의 기능이 약화되면서 식욕이 저하되고 수면장애를 일으키는 것이다. 그러므로 이런 감정 상태를 이해하고 위기 당사자의 마음을 어루만져 주고 치유해 주는 것이 목회자의 역할이다.

(2) 퇴행적인 혼란의 단계

충격에서 다음 단계인 퇴행적인 혼란으로 옮겨지면서 감정적인 기진맥진과 우울증으로 인하여 모든 것에 대한 부정적인 생각에 사로잡힌다. 동시에 편안한 느낌을 갖고 싶어 하기도 하고, 비통한 사건에 대해 강한 거부감을 갖기도 한다. 그래서 상담자의 권면이 귀에 들어오지 않는다. 또한 이 단계에서는 이런 위기를 당한 그 자체에 대하여

---

17. 정태기, 「위기목회상담」(서울 : 대한기독교서회, 1992), p. 76.
18. Howard W. Stone, *Crisis Counseling*, p. 20.

주변 사람들에게 부끄러움(shame)을 느끼며 대인관계와 출입이 단절되기도 한다.

이 퇴행적인 혼란에 있는 당사자는 감정적인 수준이 약해지며 모든 감정들을 거부하면서 자기 연민에 빠지게 된다.[19] 그러므로 이 단계에서 벗어나지 못하면 위험한 결심을 할 수 있으므로 주위 사람들의 배려와 수용이 필요하다. 한편 이 과정에서 제 정신이 돌아오면 고통을 느끼기 시작하는데, 내향적인 사람은 깊은 한숨만 내쉬고, 외향적인 사람은 울기 시작한다.

도르티 졸레에 의하면, 아픔의 현실을 실감하는 과정에서는 고통이 '감정을 타고 표현하는 언어'로 나타난다. 그것은 곧 울부짖음, 아우성, 하소연, 통곡, 분노 등이다. 이러한 모습 때문에 자신과 가장 가까이에 있는 사람들에게 할 말 못할 말을 가리지 않고 퍼붓는 경우, 상대방은 영문을 모르기 때문에 오해하기 쉽다. 그러나 이것은 정신기능이 점차 회복되고 있음을 의미하며, 병적인 정신기능이 건전한 정신기능으로 회복되고 있는 감정의 정화(catharsis)라고 볼 수 있다.[20] 이때 주변 사람들은 이들이 엉뚱한 방향으로 폭발하더라도 수용해 주는 절대적인 이해가 필요하다.

성경에 보면, 요셉을 알지 못하던 애굽의 새로운 왕이 정권을 잡으면서 히브리 민족을 동등한 민족이 아닌 노예의 신분으로 전락시키면서 본격적으로 민족적인 탄압을 하기 시작했다. 이러한 탄압에 힘들어했던 히브리 백성들은 하나님께 울부짖기 시작했고, 하나님은 그에 대한 응답으로 애굽 왕궁에 대하여 누구보다 잘 알고 있는 모세를 통해 민족 구원의 장을 열기 시작했다. 이 과정에서 하나님은 모세를 통

19. Ibid., pp. 34-36.
20. Raymond Corsini, ed, *Current Psychotherapies Litasca*(F. E. Peacok, 1973), p. 21.

하여 바로의 학정(虐政)으로부터 히브리 민족을 구원하는 과정 가운데 맨 마지막으로 바로의 완악함을 일깨우기 위해 애굽인들의 장자를 죽음으로 몰아넣는 재앙을 내렸고, 그 결과 애굽의 전역에는 전무후무한 통곡이 넘쳐났었다고 기록한다.

그렇지 않아도 모세가 나타난 이후로 애굽에 심상치 않은 전운이 감돌기 시작하면서 여러 재앙들이 연거푸 몰아쳤을 때 바로 왕의 술객과 신하들은 모세가 요구하는 대로 히브리 백성들을 내주라고 했지만 바로 왕은 이를 거절했다. 그러나 재앙들이 거듭될수록 애굽 전역이 황폐해지기 시작하면서 결국에 가서는 모든 가정들마다 장자들의 떼죽음을 당하는 충격과 그 무엇으로도 감당하기 어려운 경악, 공포, 두려움, 그리고 소름끼치는 불안감이 온 나라를 덮치고 있었으니 이러한 충격 단계에 있는 사람들에게 그 어떤 것이 도움이 되겠는가?

(3) 회복의 단계

갑자기 몰아친 폭풍과 비바람이 지나간 자리에는 커다란 가로수들이 뿌리째 뽑혀 있기도 하고, 졸지에 수재를 만나 대피해 있던 주민들은 각자의 집으로 돌아가 가재도구들을 챙기며 그 후유증을 최소화하려고 노력하는 모습들을 쉽게 볼 수 있다. 마찬가지로, 살을 나누고 피를 나누던 부모 형제 또는 남편이나 아내를 상실한 충격에서 시간의 흐름과 함께 상실의 현실을 서서히 수용하기 시작하고, 그 고통 속에서부터 자신을 발견하려고 하는 과정이 곧 회복 단계이다.

그러므로 회복 단계에 접어들면 혼자 있고 싶어하며(climbing out), 상실한 것을 잊어버리고 싶어하기도 하고, 시간이 지나면서 자신을 발견하고 정리하고자 한다(hopeful). 동시에 무엇이든지 가까워지려고 하는 상태이기 때문에 이들을 돌보는 상담자는 사리판단을 잘하여 올바른 선택을 할 수 있도록 안내해 주어야 한다. 왜냐하면 위기 당사자는 아직까지 불안정한 상태이기 때문에 주변 인물들로부터 영향을 받기 쉽다. 이때에 위기 당사자의 주변에 누가 있어 이들의 마음을 이해하며 지지적인 역할을 해 주는가에 따라 회복의 시간이 연장될 수도 있고 단축될 수도 있다.

도르티 졸레가 말하는 회복기에 이르러서는 '안정된 언어'가 나타난다. 이 단계의 언어는 상황에 끌려가는 것이 아니라 변화를 일으키는 사람으로 성장하고 있음을 보여 주는 것이다.

따라서 목회자는 충격과 퇴행적 혼란기에서는 위기 당사자의 감정을 있는 그대로 수용해 주는 것이 돕는 방법이라면, 이 단계에서는 비로소 그가 당면하고 있는 상실의 고통에 대하여 영적인 통찰을 통한 효과적인 위로와 격려를 할 수 있다.

(4) 화해의 단계

폭풍과 함께 몰아친 비바람이 그치고 오랜 시간이 지나면 그로 인해 참혹했던 수재민들의 가정에도 평소와 같은 생활을 회복해 가듯이 가족을 상실한 지 2~3개월이 지나면 충격 → 퇴행적 혼란 → 회복의 단계를 거쳐 내면적인 상처의 흔적들이 서서히 아물어 가기 시작하면서 현실세계에 대한 적응력이 강화되어 간다. 그래서 이 단계는 자기 자신의 희망을 자연스럽게 표현하며 의심과 자기 연민의 감정이 사라지면서 새로운 환경에 대하여 적응하기 위한 노력이 시작된다.[21)]

이 단계에서 목회자들이 도울 수 있는 방법은 영적인 통찰과 더불어 그가 의지하고 있는 신앙을 더욱 강화시키는 일과 함께 그와 비슷한 환경과 경험을 가진 사람들을 도울 수 있는 자원으로 활동하게 하는 것이다.

21. Ibid., p. 37.

2) 상실로 인한 육체적인 지각들

가족을 상실하는 것은 이유야 어떠하든지 분명 가족들에게 고통스러운 위기상황이다. 이러한 위기에 반응하는 각 개인의 정도에는 나름대로 차이가 있지만 슬픔이 클 때는 감정적인 표현들과 함께 육체적인 지각현상들이 나타난다. 복통, 가슴이 답답하다고 호소하는 흉부긴장, 목구멍이 답답하다는 인후긴장, 주변의 소음에 대한 과민반응, 자기존재에 대한 무감각, 호흡에 곤란증을 느끼는 숨가쁨, 그리고 기력부족과 함께 입이 마르는 등 평소에 약하던 부위에 이상 징조들이 발견되기 시작하는 것이다.[22]

육체적인 증상들	
▪ 두통과 피로	▪ 한숨 또는 숨가쁨
▪ 불면	▪ 식욕상실 또는 과식
▪ 구강건조	▪ 안절부절
▪ 저린 감	▪ 심한 발한
▪ 변비 또는 설사	▪ 어지러움
▪ 성적 장애	▪ 흉부긴장

이러한 징조들은 일반 병원에서 소위 '신경성'이란 질환들로 불리는데 인간으로서 극한 아픔을 경험하던 욥이 "밤이 되면 내 뼈가 쑤시니 나의 몸에 아픔이 쉬지 아니하는구나."(욥 30 : 17)라고 탄식할 만큼 뼈가 쑤시고, 가슴이 두근거리고, 창자들은 요란스럽다고 보고하는 일은 놀랄 만한 것이 아니다.

22. Erich Lindemann, *Beyond Grief*, p. 61.

> 가까이 지내는 동료 목회자가 있다. 남달리 확고한 목회일념으로 전력투구를 하는 목회자이다. 일찍이 어머니를 여의고 홀로 계신 아버지의 소원인 결혼도 마다하고 오로지 남은 삶을 하나님을 위하여 젊음을 헌신하기로 작정한 독자이다. 그러니 독자를 향한 아버지의 마음이 섭섭했으리라는 것은 충분히 짐작이 가고도 남는다. 얼마나 섭섭했으면 "너는 내 자식이 아니다."라고까지 했을까? 그렇게 열심히 목회에 열중을 하던 어느 날 지방에 계신 아버지께서 하늘나라로 부름을 받았다.
> 문제는 이때부터다. 평소에는 건강하던 목사가 아버지의 장례를 은혜 가운데 잘 마친 이후부터 원인 모를 병에 걸려 어려움을 겪기 시작했다. 유명하다는 병원에 가서 정밀검진을 받아도 정확한 병명 없이 병원에 입원하기를 여러 차례, 그리고 목회에 전력하기에도 어려움을 초래할 만큼 심상치 않은 징조들이 주변을 위협하기 시작했다.
> 심지어 주일 설교까지 못할 정도로 심각한 경지까지 이르렀다. 가까이 지내는 교우에게 들은 바로는 장례식을 마친 후 일주일 동안 매일같이 아버지 산소를 찾아 한없이 울고 또 울었다고 한다. 한 분뿐인 아버지의 소원을 거절한 상태에서 아버지를 보내 드렸으니 그 마음이 얼마나 아프고 아버지를 향한 죄의식과 미안함, 그리고 지난날 못해 드린 것에 대한 후회감이 컸을까? 이러한 후유증으로 거의 1년이란 시간을 지냈다.
> 그리고 아버지가 돌아가신 지 1주년을 맞아 추모예배를 드린 후, 또다시 놀라운 사실이 전해 왔다. 언제 아팠는가 싶을 정도로 말끔히 회복되기 시작했기 때문이다.

이러한 상태를 누가 이해할 수 있는가? 잘못 이해하는 사람들은 꾀병이라 할 수도 있을 것이다.

우리의 육체는 일종의 그릇이다. 정신과 영적인 세계를 담고 있는 그릇에 불과하다. 이러한 그릇은 정신과 영의 세계가 심각한 상실을 당하면 평소에 허약한 부위가 심한 스트레스로부터 공격받게 되고, 이 충격을 감당할 수 없을 때는 그 부위가 무너지게 되어 있다. 이러한 현상은 고통의 위력이 얼마나 큰 것인가를 보여 주는 것뿐 아니라 그러한 고통을 잘 다스려야 함을 교훈한다.

> 위에서 소개한 것처럼 사랑하던 형님 일가족을 상실당한 이후 너무 크고 고통스러워 잠을 제대로 이룰 수가 없었고, 가슴이 너무 답답하고 아파서 한 손으로 가슴을 누르고 다녔다. 이러한 고통은 시간이 지나면서 진정되기는커녕 오히려 점점 더 강해지기만 해 고통을 견딜 수 없어 망설이다 병원의 진단을 받았는데 '충격에 의한 부정맥'이란 결과가 나왔다.
> 돌이켜 보면 남몰래 울며 방황하던 지난 3년 동안의 세월이 나로 하여금 그토록 힘들게 몰고 갔던 것이다. 병원의 처방을 받으면서 평소 잘 알고 지내던 목사님으로부터 두 번의 기도를 받고 마음의 안정을 얻어 회복되어 가기 시작했다. 그리고 몇 년의 시간이 지난 다음 심리치료사의 도움을 받아 마음에 담고 있던 한을 풀면서 그야말로 실컷 울고 나서야 나를 찾았고, 정상적인 생활로 돌아올 수 있었다.

그래서 우리 주님께서도 "애통하는 자가 복이 있다."고 하셨다. 애통하는 자만이 가슴 속에 있는 슬픔과 비통함을 씻어 낼 수 있고 그 고통스러운 눈물을 보시고 주님께서 위로의 시간을 주시는 것이다. 이러한 숨겨진 비밀을 알기 시작한 나는 슬퍼하는 자에게 가장 큰 비법은 눈물이라고 말하고 싶고, 목회자들에게는 가족을 잃고 흥분하고 울고불고 소리치는 교우들의 마음을 좀 이해하고 수용해 달라고 애원하고 싶다. 이론적이거나 말로만이 아니라 목회의 한 축을 '슬픔치료'(Grief Therapy)에 대한 관심으로 채워 달라는 것이다.

3) 상실로 인한 인식들

예수님께서는 모진 고난을 당하신 후 운명하셨고, 이를 확인이라도 하듯이 병사들 가운데 한 사람이 창으로 예수님의 옆구리를 찌르기까지 했다. 그리고 당시 안식일 준수에 의한 규례대로 장례까지 마쳤음에도 불구하고 예수님의 부활에 대해 불안했던 지도층은 나름대로 시나리오 제작에 들어갔다.

예수님을 따르던 제자들이 그분의 부활을 확인하면서부터 이 시나리오는 빛을 보기 시작했다. 성경의 기록대로 주변 사람들을 돈으로 매수하면서 만든 시나리오는 예수님께서 죽은 것이 아니라 십자가 위에서 졸도했다는 졸도설, 제자들이 예수님의 시신을 도둑질해 갔다는 도둑설, 제자들이 돌아가신 예수님을 너무나 깊이 생각함으로 헛것을 보았다는 환상설이 그것이다.

상실로 인한 인식들

- 고인에 대한 집착
- 환각
- 환상
- 정신적 혼란

이 가운데 제자들이 죽은 예수님을 너무 깊이 생각한 나머지 헛것을 보았다는 환상설은 오늘날 사랑하는 가족을 상실한 사람들에게서 흔히 볼 수 있는 인식 가운데 하나이다.

> 나 역시 어릴 때 어머니를 상실한 충격으로 한동안 어머니가 돌아가신 것이 아니라 잠시 외출한 것이므로 곧 돌아오실 것이라는 생각에 자다가도 어머니가 들어오시는 모습을 보곤 했던 기억이 난다.
> 뿐만 아니라 최근 형님 일가족을 상실했을 때도 장례식을 지낸 산에서 형님 가족들이 걸어오고 있는 듯한 허상이 자주 보이곤 했다. 아니 어쩌면 그런 허상이라도 자주 보았으면 할 정도로 떠난 사람들에 대한 그리움이란 말로 표현하기 어려울 정도였다.

사람들은 이것을 정신적으로 허약한 상태이기 때문이라 할 수도 있겠지만 그만큼 가족상실은 본인에게 있어서 충격적인 일이다. 위에서 사례로 소개한 것처럼 추석에 막내아들을 상실한 P 집사는 장례식을 마친 이후에도 마치 실성한 사람처럼 아들이 학원에서 귀가하던 시간만 되면 집 밖에 나가서 아들을 기다리곤 했다. 아들이 죽었다는 현실을 수용하기 어려워 언제라도 아들이 돌아올 것 같다는 생각으로 집 문을 걸어 잠그지 못했다고 한다. 사랑하는 가족을 상실한 후유증이 이토록 큰 상처로 남아 있게 된다는 것을 보여 주는 단적인 예이다.

인생의 황혼기에 접어든 어느 시인은 사랑하는 부인을 먼저 보낸 후 떠나간 부인을 그리워하며 다음과 같은 시를 썼다.

> 당신이 먼저 내 곁을 떠난 후 내 마음에 자리 잡기 시작한
> 당신을 향한 그리움과 보고 싶은 마음으로
> 얼마나 견디기 힘든 인고(忍苦)의 세월을 보내고 있는지
> 당신은 아시나요
> 내가 저승에 가면 신(神)께 부탁하고 싶은 것은
> 그곳에서는 당신보다 내가 먼저 죽음으로
> 남아 있는 당신도 지금 내가 당하고 있는
> 고통을 경험하도록 간청하겠소

사랑하는 부인을 먼저 보낸 후 얼마나 고통스럽고 힘들었으면 저승에 가서는 서로 반대되는 경험을 하게 함으로 남아 있는 자의 고통과 서러움을 느끼도록 하나님께 간청하겠다고 하겠는가? 이것이 곧 사랑하는 가족을 먼저 보내야 하는 남은 자들의 고통이며 아픔이고 절규이다.

이처럼 가족을 상실한 사람들의 마음에는 고인을 그리워하는 환각 증세들뿐 아니라 현실과 이상에서 갈피를 못 잡는 정신적 혼란, 그리고 상실한 고인을 다시 찾고자 하는 고인에 대한 몰입 또한 주변 현실들에 대한 생각들이 믿어지지 않는 불신들로 이중삼중의 고통을 당하

고 있는 것이다.

종종 신문에 보도되는 기사들 가운데 죽은 시신을 매장하지 않고 집안에 그대로 방치해 두다가 시신이 부패하여 역겨운 냄새가 나 이웃 주민들에 의하여 신고됐다는 내용들이 있다. 이유인즉 고인은 죽은 것이 아니라 분명 며칠 후 다시 살아날 것이기 때문에 매장할 수 없다는 것이었다. 분명 억지 논리이고 비신앙적이지만 그만큼 남은 가족에게 영향을 미치고 있는 인식들 가운데 비정상적인 요소들이 이처럼 영향을 미치고 있다는 것을 목회자들은 알아야 한다.

4) 상실로 인한 행동들

사랑하는 가족의 상실에는 감정적인 변화에 따른 육체적인 지각현상들과 사고의 인식에도 변화가 오듯이 행동의 변화에도 이상증후군들이 수반된다. 그만큼 가족상실은 절망을 일으키는 계기가 되며 인간의 안전과 복지를 위협하는 세력이다.

그렇다면 상실감에 사로잡힌 사람들의 행동에는 어떠한 징후들이 나타나는지 살펴보자.

상실로 인한 행동들	
▪ 원망	▪ 방황
▪ 사회적인 퇴행	▪ 의식 없는 행동
▪ 불안정한 행동	▪ 한숨과 탄식
▪ 고인의 유품에 대한 집착	▪ 메마르지 않고 흐르는 눈물

추석에 사랑하는 막내아들을 상실한 P 집사는 아들의 장례식을 마친 후에도 아들의 죽음 자체를 인정하려 하지 않았다. 그리고 그 아들

이 평소에 귀가하는 시간만 되면 집 밖으로 나가 아들을 기다린다고 밝혔다. 이뿐만 아니라 정신적인 충격이 얼마나 컸던지 밤마다 수면장애와 고통스럽게 싸워야 했다. 그의 말에 의하면 다음과 같다.

> 나는 아들을 잃고 나서 세상 사는 맛을 잃었습니다. 남편과 큰아들도 교통사고의 후유증으로 병원에 입원하고 있지, 가장 큰 기대를 했던 막내아들은 장파열로 가 버렸지……. 다른 사람들의 말을 들으면 수술만 빨리 했어도 살릴 수가 있다고 하던데 왜 그렇게 병원에서는 아프다고 소리치는 사람을 이리저리 끌고 다니면서 사진만 찍다 기회를 놓쳤는지……. 모두가 원망스럽습니다. 이런저런 생각들 때문에 밤이 돌아오면 잠을 이룰 수가 없습니다. 자려고 하면 할수록 잠은 더 안 오고……. 한번은 약국에 가서 수면제를 사 가지고 와 한꺼번에 12알을 먹었는데도 정신만 멀쩡해질 뿐 뜬눈으로 밤을 지새웠답니다. 그러니 살맛도 없어지고 밥맛도 없어지고……. 눈물은 어디서 그렇게 많이 나오는지 마시는 물이 다 눈물로 변하는가 봅니다.

참으로 안타까운 모습이다. 이 P 집사는 사랑하는 아들을 살릴 수도 있었는데 그렇지 못한 현실을 안타까워하는 어머니의 자식 사랑과 병원을 향한 원망, 그리고 자신의 처지를 스스로 비하시키면서 죄의식에 사로잡혀 있는 모습, 수면장애와 식욕부진이라는 이중삼중의 고통 속에서 눈물샘이 고장이라도 난 듯 쉴 새 없이 흐르는 상실의 후유증을 앓고 있는 것이다.

이러한 예는 나 역시 마찬가지였다. 사랑하는 형님 일가족에 대한 이름들만 보아도 주체할 수 없는 슬픔이 파도처럼 밀려왔고, 다정하게 지내던 가족들의 기념사진이 영안실에 놓여진 것을 보았을 때는 소리치며 발광이라도 하고 싶었지만 이러한 정황 속에서 그래도 신분이 목사인지라 북받쳐 오르는 감정을 누르면서 고인의 영정 앞에 엎드려 기도하기를 "하나님이여, 이곳에 오는 모든 추모객들의 입에서 한 사람이라도 하나님에 대하여 원망하는 사람이 없게 하소서."라고 기도했다. 그러나 정작 장례식을 마친 후 터져 나오는 서러움과 억울함, 끓어오르는 분노와 절규가 나를 얼마나 고통스럽게 했는지 모른다.

이처럼 사랑하는 가족을 상실하면서 몰려드는 행동에는 고인과의 정서적 밀착 정도에 따라 다소의 차이는 있지만 정상인들이 이해하기 힘든 수면장애, 식욕부진, 의식 없이 행하는 행동, 사회적인 퇴행, 고인에 대한 집착으로 꿈을 꾸는 일들, 때로는 고인을 상기시키는 것들을 의도적으로 회피하는 일, 한숨과 탄식, 메마르지 않고 흐르는 눈물, 그리고 고인을 상기하는 유품들에 대한 집착과 고인이 부르는 듯한 착각으로 안절부절하며 안정을 취하지 못하거나 도에 지나친 행동들을 보게 된다.

이 가운데 상실한 대상을 찾아 헤매는 안타까운 행동들도 볼 수 있다. 이러한 행동은 이미 돌이킬 수 없이 지나가 버린 것임에도 불구하고 상실한 것을 되찾고자 하는 슬픔 가운데 있는 공통적인 양식이다. 이처럼 사람들이 경험하는 격렬한 슬픔은 계속적으로 고인(故人)을 대면한다는 감각, 그가 가까이 있다는 감각과 더불어 살게 될 것이다.

상실한 대상을 탐색하는 주목은 마치 상실한 사람이 보이거나 발견되도록 주변에서 기다리는 것과 같이 현재를 기반으로 한다. 슬퍼하는 사람은 상실 이후로 지나가 버린 시간을 어려움 없이 받아들일 수 있다. 하게네드 미첼(Kenneth R. Mitchell)과 허버트 앤더슨(Herbert Anderson)에 의하면, 시간의 흐름이 부정된 가운데 '꽁꽁 얼어붙은 시간'(Time-Freezing)이라고 말하는 현상으로부터 탐색은 구별되거나 슬픔에 사로잡힌 사람이 그 슬픔으로부터 도주하는 가운데 (의미론적이거나 실제적) 시간을 멈추도록 시도해 보는 것이라고 했다.[23] 즉, 지나간 시간을 꼭 붙잡아 두고 상실한 가족이 살아 있을 당시의 시간 이

23. Kenneth R. Mitchell & Herbert Anderson, p. 88.

전으로 돌려놓고 생각하고자 한다. 그러므로 꽁꽁 얼어붙은 시간이란 살기 위하여 시도하는 것이며, 어떤 상태에서 활동적으로 살아 보기 위한 것으로, 그것은 상실에 있어서 중요한 우선순위임을 의미한다. 이런 것은 마치 사랑했던 사람이 아직 살아 있었을 때처럼 방을 보존하거나 집을 분배하는 형태를 취하는데, 때로는 고인이 살아 있던 당시의 마지막 모습을 회고하기도 한다.

이러한 총체적 혼란을 당하고 있는 가족들을 어떻게 도와주고 치유할 것인가는 이어서 소개하겠지만 우선 중요한 것은 가족상실로 인하여 내면세계의 붕괴와 삶을 위협하고 있는 충격적인 모습들에 대하여 우리 목회자들이 이에 대한 예비지식을 갖자고 강조하고 싶다.

지금까지 우리는 사랑하는 가족이 죽어 가고 있음에도 불구하고 그를 위하여 아무것도 해 줄 수 없다는 무능력과 인간의 유한성에 대한 한계, 그리고 거기서 수반되는 강렬한 아픔들이 감정적인 표현들로 어떻게 나타나는가와 그로 인한 육체적인 후유증들, 그리고 슬퍼하는 자들의 사고인식과 행동의 변화에 대하여 살펴보았다.

4. 신학적 논평

우리 인간이란 '관계적인 존재'라는 말이 있듯이 이 관계가 혈육적인 관계요, 사랑과 애정으로 밀착된 관계라면 서로가 주고받는 정서적인 친밀관계는 무엇으로도 대신할 수 없는 끈끈함으로 관계하고 있다. 우리 속담에 "먼 이웃도 가까이하면 친족관계보다도 좋다."라는 말이 있는데 하물며 사랑과 애정 속에서 생사를 함께 나누던 가족은 얼마나 더하겠는가? 그런데 이런 가족 가운데 한 사람이 먼저 우리 곁을 떠난다는 소식보다 더 큰 슬픔과 고통이 또 어디 있을까?

성경을 보면 다윗은 밧세바와 동침하여 낳은 아들이 죽어 간다는 소식을 듣고 식음을 전폐하며 땅에 엎드려 기도했고(삼하 12 : 15-16), 자신의 권위에 도전하여 반란을 일으켰던 아들 압살롬에게 모진 수난을 당하면서도 압살롬이 죽었다는 소식을 듣고는 "내 아들 압살롬아, 내 아들 내 아들 압살롬아, 차라리 내가 너를 대신하여 죽었더면, 압살롬 내 아들아, 내 아들아." 하면서 대성통곡을 했다(삼하 18 : 33). 비록 아들이 아버지의 정통성을 부인하면서 왕궁을 유린하고 아버지의 가슴에 칼을 들이댔음에도 불구하고 아버지는 아들이 죽었다는 소식을 듣고 대성통곡을 한다. 이것이 곧 피와 살을 나눈 가족의 정이며 사랑이고 애착심이며 자식을 아비의 가슴에 묻어야만 하는 상실감의 고통이 아니겠는가?

일찍이 사도 바울은 "평강의 하나님이 친히 너희로 온전히 거룩하게 하시고 또 너희 온 영과 혼과 몸이 우리 주 예수 그리스도 강림하실 때에 흠 없게 보전되기를 원하노라"(살전 5 : 23)라고 했다. 그러나 사랑하는 가족의 상실 이후 남겨진 고통의 흔적들은 건강하고 흠 없이 보전되어야 할 우리들의 영과 혼과 몸을 사정없이 흔들어 견디기 어려운 상처들로 얼룩지게 만든다.

고통당하는 우리의 이웃들을 향하여 우리는 무심코 아직 아물지 않은 상처 위에 또 하나의 상처를 줄 수 있는데, 고통당하는 욥을 위로한답시고 찾아와 더 괴롭게 하는 친구들처럼 우리가 아무 생각 없이 던지는 '번뇌하게 하는 위로들'이 바로 그것이다(욥 16 : 2).

그렇다면 고통당하는 인간을 하나님은 어떻게 대하시는가? 출애굽 이전 애굽에서 종살이하던 이스라엘 백성들의 고통을 대하시는 하나님의 모습을 살펴보자. "여러 해 후에 애굽 왕은 죽었고 이스라엘 자손은 고된 노동으로 말미암아 탄식하며 부르짖으니 그 고된 노동으로 말미암아 부르짖는 소리가 하나님께 상달된지라 하나님이 그들의 고통 소리를 들으시고 하나님이 아브라함과 이삭과 야곱에게 세운 그의 언약을 기억하사 하나님이 이스라엘 자손을 돌보셨고 하나님이 그들을 기억하셨더라"(출 2 : 23-25). 여기서 이스라엘 자손을 권념(眷念)하신 방법으로 하나님은 모세를 부르고 계신 것이다.

또한 사랑하는 오라버니를 상실하고 구슬프게 통곡하는 마리아와 마르다를 대하시는 예수님은 울지 말라거나 믿음이 없다는 등의 어설픈 위로의 말을 하지 않으신다. 뿐만 아니라 이들의 떠들썩하는 행동에 대하여 어떤 제지도 하지 않으시고 오히려 함께 울고 계시는 모습을 볼 수 있다. 이것은 무엇을 말하고 있는가? 인간의 극한 슬픔에 대한 동참과 공감적인 이해를 하고 계심을 말해 준다. 그렇다면 사랑하는 가족을 상실하고 비통해 하는 가족들은 왜 슬퍼하는가? 그 슬픔의 정체성에 대해서는 다음 장에서 소개하고자 한다.

제 3 장

슬픔의 정체성

1. 슬퍼하는 이유

슬픔은 의미 있는 상실에 대한 불가피한 반응이다. 가족상실에 있어서 슬픔이 없는 상실이나 상실이 없는 슬픔이란 있을 수 없다. 어떤 사람은 상실이 수반되는 것을 느낌 없이 표현할지 모르겠다. 그러나 사건이 일어날 때 슬퍼지는 것을 뒤로 미루면 슬픔은 더욱 불행스런 결과들과 더불어 쌓이게 된다.

그렇다면 사람들이 사랑하는 가족이나 이웃(또는 교우), 그리고 가까이하던 친구들을 상실할 때 왜 슬퍼하고 비통해 하는가? 이러한 슬픔이 과연 얼마나 도움이 되는가? 또는 신앙을 가진 사람들이 가족이나 이웃을 상실했을 때 흐느껴 울거나 목 놓아 대성통곡할 때 그 모습을 지켜보는 우리는 어떻게 해야 하는가? 슬퍼하는 것이 그들에게 도움이 되는 것인가 아니면 해가 되는 것인가? 이러한 질문들은 슬퍼하는 이유들을 안다면 자연스럽게 해결되는 문제들이다. 그렇다면 슬퍼하는 이유들은 무엇인가 살펴보자.

1) 슬픔은 상실한 대상을 되찾으려는 안타까운 표현이다

가족이라는 혈연공동체 안에서 생사(生死)를 함께했는데 죽음이란 장벽으로 인하여 돌아올 수 없는 선(線)을 넘어 버린 사랑하는 사람을 되찾으려 하는 안타까움을 눈물과 애통으로 표현하는 것은 지극히 자연스러운 일이다.

이러한 마음은 고인의 영정(影幀)이나 고인이 들어 있는 관(棺)을 쓰다듬으면서 슬퍼하거나 고인과 관련된 유품들을 만지면서 또는 고인과 가깝게 지내던 사람들을 만날 때 슬픔을 표현하는 모습에서 그 의미를 알 수 있다.

앞에서 소개한 대로, 사랑하던 어린 아들이 짐승에게 찢겨 죽었다며 그가 입었던 옷을 부여잡고 몸부림치던 아버지 야곱이나, 왕으로서 국정을 이끌면서 정신적인 자문을 받아 오던 엘리사 선지자가 죽어 간다는 소식을 듣고 달려가 "이스라엘의 아버지여! 이스라엘의 마병이여!" 하면서 슬퍼하던 요아스 왕, 그리고 하나밖에 없는 아들을 죽음에게 빼앗긴 다음 그 아들을 장례하기 위하여 뒤따라가면서 피맺힌 절규와 단장(斷腸)의 아픔을 토하는 나인성 과부의 슬픔이나 사랑하는 오빠의 죽음 앞에서 절규하던 두 누이동생 마르다와 마리아의 애곡은 어찌 보면 이미 돌아올 수 없는 다리를 건너 버린 대상을 다시 찾고자 하는 남은 자들의 몸부림이라 할 수 있지 않겠는가?

그러므로 갑작스런 사고와 재해로 인하여 가족을 상실당할 경우에는 그 충격이 큰 만큼 고인과의 사별의 정(情)을 정리함에 있어 잃어버린 대상을 되찾고자 하는 안타까움은 그 무엇으로도 비교할 수 없다. 이러한 충격과 상처는 아무것도 보이지 않고 아무것도 들리지 않게 한다. 그러므로 고인을 되찾고자 하는 이런 고통스러운 마음을 인위적인 방법으로 가로막아서는 안 된다.

2) 슬픔은 상실로 말미암아 깊이 내재된 여러 감정들이 자극을 받아 한순간에 외부로 표출되는 일종의 '자가치유'의 표현이다

예를 들면, 살아 있는 나뭇가지나 선인장을 자르게 되면 잘라진 가지에서는 생즙이 나온다. 이때 나오는 생즙은 살아 있는 생물들이 갑자기 자신의 신체 일부가 잘려 나가는 엄청난 고통을 표현하는 자기들만의 메커니즘이다. 마찬가지로 여기에서 말하는 감정들이란 상실의 공통된 결과들로, 남아 있는 자들의 고통과 죽음에 대한 분노 그리고 고인에 대한 죄의식으로 이런 감정들을 표현하기 위해서는 자기 속에 내재되고 억압되어진 슬픈 감정들을 외부로 용출시키는 과정이 필요한데, 이것이 곧 눈물이며 울부짖음이다.

이러한 차원에서 예수님의 "애통하는 자는 복이 있나니 저희가 위로를 받을 것임이요"(마 5 : 4)라는 말씀은 어떻게 이해해야 하는가?

본래 '애통'(펜토문테스 : πενθούντες)이란 단어는 70인 역에서 죽은 자에 대한 애도와 타인의 불행, 그리고 죄에 대한 슬픔을 나타내는데 자주 사용되었다.[1] 이에 대하여 신학자 부르스(Bruce)는 "슬픔이 없는 곳에는 위로도 없다."[2]고 하면서 슬픔과 위로를 함께 묶어 사용하고 있다. 뿐만 아니라 '위로'(파라클레오 : παράκληω)라는 단어를 영어성경에서는 '상담자', '도움자', '격려자', '변호사'라는 단어로 사용하고 있다. 이는 성령의 대명사(파라클레토스 : παράκλητος)[3]인데 슬퍼하는 사람에게는 상담자이기도 하고 격려자가 되시는 우리 주께서 직접 그의 마음을 어루만져 주심으로 깊은 상처에서부터 회복과

1. Archibald Thomas Robertson, *Word Pictures in the New Testament*, Vol. 1 (Broadman Press. Nashville, Tennessee, 1930), p. 74. 헬라어 본문 μακάρ ιοι οἱ πενθοῦ ντες, ὅτι αὐτοὶ παρακληθήσονταϊ

2. Ibid.

3. 요한복음 14 : 16.

치유의 복을 준비했다는 것으로 해석된다.

이러한 자가치유의 과정은 창조주 하나님께서 우리에게 허락하신 특별한 은혜인데, 만일 이러한 조건이 여유치 못할 때에는 계속적인 상실의 고통으로 인하여 그 사람은 또 다른 어려움을 당하는 피치 못할 장벽에 부딪힐 것이다.

인간으로 태어나 한때 누구보다 많은 재물과 부를 누리던 욥을 생각해 보기로 하자. 그는 많은 재물을 가지고 있으면서도 늘 겸손했고 하나님을 기뻐하면서 살던 동방의 의인이었다. 그러나 그는 인간으로서는 감당하기 어려운 일들을 한꺼번에 당했다. 사랑하던 자녀들을 하루아침에 모두 잃어버렸고, 자기 집에서 함께 기거하면서 일하던 종들과 모든 재물들, 그리고 심지어는 마지막까지 자기의 고통을 덜어 줄 수 있다고 생각하던 아내마저 하나님을 저주하고 죽으라면서 그의 곁을 떠나 버렸다. 그러니 인간으로 태어나 이보다 강한 충격과 상실감의 깊은 늪에 빠진 사람이 또 어디에 있겠는가? 그것도 모자라 온몸에 악창(惡瘡)이 생겨 기왓장으로 긁어도 시원치 않은 생지옥 같은 생활을 해야만 하는 기구한 운명에 처해진 것이다.

그 역시 순수한 인간으로 자신의 처지를 생각하면서 슬퍼하기를 원했지만 그를 위로한다고 찾아온 친구들은 죄값으로 당한 것이니 회개하라고 다그치면서 '자가치유'의 통로마저 막아 버렸다. 오죽하면 "내 얼굴은 울음으로 붉었고 내 눈꺼풀에는 죽음의 그늘이 있구나…… 나의 친구는 나를 조롱하나 내 눈은 하나님을 향하여 눈물을 흘리고 사람과 하나님 사이에와 인자와 그 이웃 사이에 변백(辨白)하시기를 원하노니 수년이 지나면 나는 돌아오지 못할 길로 갈 것임이니라."(욥 16：16-22)고 한탄했겠는가? 그러니 욥이 얼마나 힘들고 고통스러웠겠는가?

여기에 대한 예비지식으로 '상실감의 표현들'이란 내용에서 상실의 후유증이 감정과 육체, 그리고 인식과 행동의 분야에 미치는 부정적인 결과들에 대하여 소개했듯이 상실한 가족이나 대상에 대하여 충분한 감정적인 표현을 하지 못하고 억압하게 되면 '심신증'(心身症)이란 또 다른 불청객을 만나 더 큰 어려움을 당하게 된다.

여기 우리가 거주하는 실내공간에 안전핀이 제거된 수류탄이 던져졌다고 가정하자. 그 수류탄이 방치된 상태에서 폭발되도록 방치하겠는가? 아니면 밖으로 집어 던져 생존의 위기를 해결하겠는가? 마찬가지로 사랑하는 가족을 상실하고 슬퍼하는 것은 무엇으로도 표현하기 어려운 여러 가지 복합적인 폭발물이 우리의 육체, 정신, 그리고 영의 세계에 던져진 것이다. 이것을 억압하거나 방치하면 우리 속에서 터지게 되면서 전인건강은 크게 손상을 입게 된다. 이런 과정에서 슬픔에 대한 자가치유의 수단으로 하나님은 슬픔이 슬픔 되도록 표현하는 자유를 주셨고, 위로의 손길을 약속하셨다.

그러므로 남은 자들이 자기 감정표현으로써의 슬픔을 표현할 때는 억압이나 제지시키는 물리적인 방법을 동원하지 말고 있는 그대로 지켜보는 것이 현명한 방법이고, 그를 도와주는 최선책이다. 그렇지 않고 추상적이고 허울 좋은 미사여구를 동원하여 감정표현을 제지하는 것은 하나님이 허락하신 은혜의 통로를 막아 버리는 '번뇌하게 하는 위로자'가 된다.

3) 슬픔은 하나의 과정으로 상실의 현실을 인정하면서 그가 처해진 환경에 잘 적응하게 해 주는 역할을 한다[4)]

슬픔은 그 순간이 매우 고통스럽고 비통하지만 상실한 대상을 향한 기억력들을 서서히 지워 버리는 기능을 하며 상실한 대상으로부터 독

4. Kenneth R. Mitchell & Herbert Anderson, p. 96.

립된 자기 생활을 모색하도록 홀로서기의 준비를 도와주는 역할을 한다. 그러나 사람이 슬픔을 당하여 그 슬픔을 표현하고자 하는 것이 자연적인 이치이며 하나님께서 입력하신 자연치유력의 프로그램일진대 이것이 인위적인 방법에 의하여 제지를 당하면 역류현상이 발생하면서 무감각해지고 현실도피의 병리적 현상과 더불어 그가 처한 환경에 대한 적응력을 빼앗기게 된다. 그러므로 슬픔의 감정을 자연스럽게 표현하도록 도와줌으로 가슴속 깊이 내재한 아픔들이 눈물을 통하여 빠져나가게 하는 치유의 관(官)을 막지 말아야 한다.

4) 슬픔을 잘 마무리하면 다른 사람들과 다른 일들에 대하여 또 다른 애정을 가지고 투자할 수 있다.[5)]

슬퍼하는 모든 사람들은 얼마동안 삶으로부터 뒷걸음치도록 되어 있지만, 건강한 슬픔은 우리가 만족하는 관계들과 더불어 세상과 사람들에게 다시 한번 애정을 가지고 열심히 살아가게 한다.

예를 들면, 우리가 잘 알고 있는 시민단체들 가운데 '학교폭력예방'은 사랑하는 아들을 학교폭력에 의하여 희생당한 아버지가 만든 단체이며, 신호등 옆에 점멸시간을 알리는 시간표는 횡단보도에서 희생당한 자녀를 생각하면서 만든 아이디어이다. 전국의 경찰서마다 활동중인 '뺑소니 전담반'은 형님 일가족을 상실한 후 정부 행정기관과 정치인들에게 눈물로 호소하여 경찰청 산하에 만들어진 것이고, 영업용 택시 뒤에 부착된 '뺑소니 감시단' 역시 필자가 설립한 '한국교통시민협회(사)'의 부설 감시단이며, '약물오용상담소'는 남편을 약물중독으로 상실당한 아내가 만든 단체이다. 이 밖에도 여러 시민단체들 가운데는 직접 피해를 당한 당사자들이 다시는 그와 같은 피해자들이 없

---

5. Ibid.

기를 바라는 애정이 건설적으로 행동화된 결과들이다.

그러므로 목회자들은 사랑하는 가족을 상실하고 애통하는 가족들이 그 슬픔을 잘 마무리하도록 배려함으로써 건설적인 방향으로 재정비의 기회가 되도록 도와주어야 한다.

5) 슬픔은 상실의 고통을 회복해 가는 '하나의 과정'이다

우리가 사랑했거나 깊은 관계를 유지하던 사람이 우리를 떠나 버렸을 때 하나님을 향한 우리의 선입견은 바뀌게 되고, 때로는 강하게 소란스러워지기도 한다. 우리가 기대하면서 모든 가치를 부여하고 있는 대상이 상실될 때 하나님의 돌보시는 섭리에 대해서까지 상처를 입게 되기 때문이다.

위에서 소개한 사례들 가운데 사랑하는 아들을 상실한 목사의 경우 가까이 있는 주변 사람들의 "아비가 자식 죽였구먼……." 또는 "하나님께서 당신의 아들을 통해서 영광 받으시려고 데려가셨다."는 이 추상적이고도 무책임한 말들은 위로가 되기는커녕 오히려 반감이 서면서 잘못하면 하나님의 속성을 오해하고 반발하게 만드는 결과를 낳기도 한다. 그러므로 하나님은 슬픔 가운데 능력의 근원이라는 확신이 있을 때일지라도 외견상 상실의 무감각의 면전에서는 하나님을 새롭게 이해하는 것이 아직은 필요한 것이다.

루이스(C. S. Lewis)는 그의 친구 찰스 윌리엄스(Charles Williams)가 죽었을 때 윌리엄스에 대한 그의 생각이 변했을 뿐만 아니라 그의 죽음을 하나님의 섭리에 대한 차원으로 논평했다. 이것은 하나님의 배려에 대한 확신을 짐작하게 하는 진술이다. 그러나 설상가상으로 그의 아내가 죽자, 친구가 죽었을 때 가졌던 죽음에 대한 생각이 산산조각나 버렸다. 이처럼 상실의 경험과 슬픔에 대한 고통은 그 대상에 따라 하나님을 바라보는 우리의 마음 자세와도 관련을 갖는다. 여기서 말하고자 하는 것은 우리에게 가까이 있는 사람을 상실할 경우 우리가 생각하는 것보다 더 많은 영향을 받는다는 사실이다. 즉, 상실의 고통은 객관적이 아닌 주관적인 고통이라는 것이다.

그러므로 우리 주변에 있는 가까운 사람들이 어떤 대상을 상실당할 때 슬퍼하는 것은 회복을 위한 하나의 과정임을 알아야 한다. 이러한 과정 속에서 결국 우리와 더불어 고난당하시는 하나님을 재발견하는 것이다. 그러므로 사랑하는 가족이나 대상들을 상실당할 때 슬퍼하는 이유가 무엇인가를 알 수 있기에 충분하게 슬퍼할 수 있는 기회를 주어야 하고, 방해하지 말아야 한다는 결론에 도달한다.

이것은 곧 찰스 쉘(Charles M. Shell)의 표현대로 "터널과 같이 통과해서 지나가야 할 그 무엇"[6]으로 하나님의 말씀과 여기 임재해 계시는 하나님께서 바로 그 일을 해내실 것이다. 우리가 여기서 발견하는 것은 유일한 출구가 터널 끝에 있기 때문에 날아올라 도망칠 수 없다는 안타까운 현실이다. 다만 우리 목회자들이 슬픔에서 빠져나오도록 도울 수 있는 최상의 방법은 "함정이 어디에 있으며, 그늘이 어디에 있고, 어디에서 돌아야 되며, 어디가 모서리이고, 돌파구가 어디에 있는가?" 하는 등의 터널 안 구조를 잘 살펴 주어 슬픔이란 깊은 늪에 빠진 이웃들이 안전하게 이 터널을 빠져나오도록 도와주는 일이다.

2. 슬픔의 요인들

사람이 같은 상실을 당해도 어떤 사람은 즉각적으로, 또 어떤 사람은 한참 후에 그 슬픔을 표현한다. 이것은 그 슬픔의 충격 정도에 따

6. Charles M. Sell, *Grief's Healing Process*, 김재영 역, 「당신의 슬픔은 이렇게 치료됩니다」(서울 : 나침반사, 1980), p. 11.

라 반응하는 방법이 다르며 고인과의 밀착관계에 따라서도 달라지기 때문이다. 그렇다면 슬픔의 정도를 결정짓는 요인들에는 어떠한 것들이 있는가?

1) 그가 누구였는가?

상실당한 대상이 누구인가는 슬픔을 결정짓는 중요 요인이 된다. 즉, 나를 낳으시고 양육하신 부모인가, 아니면 생사고락을 함께한 형제자매인가, 내가 낳은 자녀들인가, 아니면 나에게 지대한 영향을 준 사회적인 대상인가에 따라 슬픔의 정도가 달라진다.

> Y 집사는 일찍이 남편을 상실한 후 두 아들을 위하여 열심히 뒷바라지를 감당하면서 가정적으로나 신앙적으로 열심히 살려고 노력했다. 이러한 배경에는 같은 동네에 살면서 같은 교회를 섬기고 있는 친정어머니의 배려가 커다란 힘이 되어 주었다. 그러나 어느 날 친정어머니가 당뇨병의 후유증으로 세상을 떠나게 되었다. 며칠 동안 어머니 곁을 지키면서 수고한 보람도 없이 어머니는 아무 말 없이 하늘나라로 가셨다.
> 그녀를 지켜보던 아들들과 친척들은 평생 동안 하나님께서 고인과 함께하심을 감사했지만 누구보다 그의 죽음을 슬퍼하는 것은 Y 집사였다. 그 이유는 어머니 역시 일찍이 혼자되어 재혼을 하고 지금의 자녀들을 위해 헌신적으로 노력한 것이다. 그 결과 돌보고 키우던 자녀들과 Y 집사는 친형제 이상으로 가까이 지낼 수 있었다.
> 이러한 어머니가 운명을 달리하자 장례식을 집례하는 과정에서 유달리 슬퍼하는 Y 집사를 발견할 수 있었다. 그러나 고인이 키운 자녀들은 Y 집사가 슬피 우는 것을 제지하는 것이었다. 명분은 "우리는 다 신앙인들이므로 경건하게 장례를 치르자."는 것 때문이었다. 그렇다고 자신의 처지와 비슷한 환경에 있었던 자신의 유일한 지지대가 쓰러지고 말았는데 이 슬픔을 누가, 무엇으로, 어떻게 억압할 수 있겠는가?

이처럼 고인이 나와 어떠한 관계인가에 따라 슬픔의 정도가 달라지고 특별히 자녀를 먼저 앞세우는 경우에는 "자식은 부모를 땅속에 묻지만, 부모는 자식을 가슴에 묻는다."라는 말이 있듯이 엄청난 아픔과 고통이 따라오게 된다.

위에서 이미 소개한 바 있는 모 대학의 교수 부부가 미국여행 중 불행하게도 교통사고로 세상을 떠남으로 그분으로부터 많은 지도와 사랑을 받은 학생은 잠을 이룰 수 없을 만큼의 큰 충격을 받았다. 이유인즉 종종 교수 연구실을 찾노라면 시간이 없어 자장면으로 점심을 대신하면서까지 연구에 몰두하면서 제자들을 사랑하는 열의가 대단했기 때문이다. 또한 언젠가 교수님께 맛있는 점심을 대접해 드려야지 했던 계획이 수포가 되어 버린 것에 대한 미안함과 죄의식, 그리고 국내가 아닌 외국에서 돌아가셨다는 데서 오는 안타까움이 더욱 그를 사로잡아 잠을 이룰 수 없을 정도였다고 한다.

또한 많은 사람들은 나의 고통스러워하던 모습을 보고 부모도 아닌 형님 가족인데 그처럼 격렬한 슬픔의 감정을 오랫동안 가지고 있는가 하는 의구심을 나타내곤 했다. 그러나 우리가 어려서 일찍 어머니를 여의고 가정이 어려움을 당할 때 나와 열 살 차이가 났던 형님과 형수께서 대리부모 역할을 해 주셨다. 또한 나와 동생들이 성장하여 어엿한 가정을 이루어서도 끊임없이 걱정해 주고 기도해 주던 관계였기에 이들의 죽음은 애간장을 끊게 했고, 그 슬픔이 하늘을 치솟게 했다.

이처럼 같은 죽음이라도 고인이 남은 가족들과 어떤 관계였는가에 따라 그 슬픔의 깊이나 정도에 차이가 있기 마련이다.

2) 밀착관계의 정도

같은 부모가 돌아가신 경우에도 그 부모와 자녀들 간의 애정과 감정의 밀착 정도에 따라 슬픔의 정도에 차이가 있다. 내가 어려서 사랑하던 어머니를 잃어버렸을 때의 일이다.

> 초등학교 시절부터 어머니가 밥을 지으려고 부엌에서 일을 하면 불을 지피면서 어머니와 이야기를 주고받았다. 제삿날이 돌아올 때마다 어머니와 함께 맷돌을 돌리면서 오늘이 누구의 제삿날이며 그분이 누구였는가에 대하여 정다운 이야기도 주고받았다. 그러다가 어머니가 안 보는 것 같아서 손에 콩가루나 쌀가루를 찍어 먹다가 들키기라도 하면 "선조들에게 드릴 것인데 정성이 없으면 안 된다."라고 야단을 맞던 일들, 그리고 무슨 일인지는 잘 모르지만 어머니가 야단을 치는 날이면 큰어머니께서 중간역할을 잘해 주시던 지난날의 아름다운 정감들이 아직도 많은 사랑을 받아야 할 중학교 1학년 시절을 눈물과 한숨, 그리고 이미 고인이 된 어머니를 보고 싶은 그리움의 노예가 되게 했다.
>
> 그래서 "어머니 손을 놓고 돌아설 때는"이라는 노래를 부르며 많은 시간 동안 방황을 거듭했다. 그래서인지 그 당시 온 국민들을 울게 만들었던 "저 하늘의 슬픔"이라는 영화를 보면서 얼마나 울고 또 울었는지 모른다. 생활환경은 다르지만 어머니를 너무 일찍 잃어버리고 두 남매가 하루하루를 너무 힘들게 살아가는 모습이 나를 닮았구나 하는 생각에 온몸 속에 흐르는 수분들이 눈물로 변했을 만큼 울고 또 울었다.

나는 어머니와 정서적으로 강하게 밀착되어 있었다. 감수성이 예민한 사춘기 시절에 상상도 할 수 없던 일이 현실로 닥쳐왔을 때 어린 나는 고인이 되신 어머니와의 정서적 밀착관계를 정리하는 데 많은 시간과 정신적 에너지를 소요했다.

여기에 반하여 아들이 정신지체아가 되어 부모형제들의 무거운 짐이 되어 가정을 공개하지 못하는 안타까운 가정이 있다.

> K 집사는 어려서부터 정신지체아가 된 아들을 양육하는 데 평생 동안 무거운 십자가를 감당해야 했다. 이로 인하여 가정의 분위기는 언제나 침울했고

> 이웃과의 관계도 원만하지 못했다. 그러던 어느 날 무슨 연고인지는 모르지만 그 아들이 세상을 떠났다. 그 후 이 가정의 장례식을 위하여 정성을 다했던 목사는 어안이 벙벙했다. 이유인즉 장례를 집례하는 자신은 너무나 안타깝고 슬픈데도 불구하고 이 가정의 분위기는 슬퍼하기보다는 그저 그렇다는 식의 표정이었기 때문이다.

이처럼 같은 사별이라 할지라도 정서적인 밀착의 정도에 따라 그 상실의 충격에도 차이가 있음을 알 수 있다. 이러한 밀착의 정도는 같은 부모의 장례식을 치르는 현장에서도 발견된다. 어떤 자녀는 유달리 슬피 울며 자신의 마음을 표현하는가 하면, 어떤 자녀는 무감각하면서 태연한 마음으로 장례식에 임하기도 하고, 또 어떤 자녀는 아예 그 모습마저 보이지 않는 경우도 있다. 심지어 어떤 경우에는 장례를 치르기도 전에 부모가 남긴 유산에 민감한 반응을 보이는 사람들도 있다. 이 모두가 고인과의 밀착의 정도를 나타내는 것이 아니겠는가? 그러니 슬픔의 깊이 역시 다를 수밖에 없다.

3) 죽음의 양태(자연사, 사고, 자살, 살해)

고인이 어떻게 죽었는가 하는 것은 슬픔의 또 다른 변수로 작용한다. 사람이 무병장수하다가 자연의 이치에 따라 세상을 떠나는 경우와 그렇지 못하는 경우는 슬픔의 정도가 판이하게 다를 수밖에 없다.

> J의 가정은 언제나 행복하고 웃음이 넘치는 가정이었다. 모두가 믿음 안에서 모범적인 생활을 하는 가정이었다. 그런데 어느 날 이 가정에도 죽음의 불청객이 찾아온 것이다. 80세가 가까워지는 아버지에게 위암이라는 반갑지 않은 손님이 찾은 것이다. 이러한 불행 가운데서도 다행스러운 것은 고통스럽다는 위암이었지만 아버지의 경우 고통이 없었다는 것이다. 몇 달 동안의 투병생활 끝에 결국 이 가정의 구심점이 되던 아버지께서 운명하실 것 같다는

연락을 받게 되었고 온 가족이 한밤중에 달려갔다. 이미 모든 가족들이 둘러 앉아 마지막 시간을 기다리고 있었다. 상태가 긴박했다. 그래서 "운명하시기 전에 아버지를 위하고 남편을 위하여 할 수 있는 마지막 선물은 기도하는 것이다."라면서 한 사람씩 돌아가며 기도를 하도록 제안했다. 감사하게도 아내와 자손들의 기도를 들으면서 이 가정의 가장은 조용히 하늘나라를 향하여 새로운 출발을 하셨다. 그리고 모두들 슬픔과 아쉬움 속에서 하나님께 감사의 기도를 드렸다.

남들의 표현대로 하면 살 만큼 사셨지만 그래도 남편을 보내야 하는 아내나 아버지를 보내야 하는 자녀들은 슬픔과 허전한 마음에 사로잡혔을 것이다. 이러한 슬픔과 허전함이란 사랑하는 가족을 떠나보내야 하는 가족들이라면 너나할것없이 모든 가족들의 마음에 스며든 공통된 감정이겠지만 J의 가정은 그 가운데서도 침착하게 마무리를 잘했다. 가족들이 떠나고 있는 대상을 마음으로 정리를 할 수 있는 시간이 충분하게 주어졌기 때문이다.

그러나 인간의 자연사라 하는 생로병사(生老病死)가 아니고 사고나 자살, 그리고 물리적인 살해에 의하여 가족들이 우리 곁을 떠나면 그 슬픔의 정도나 폭은 깊고 넓어질 수밖에 없다. 고인과의 결별이 너무나 뜻밖이고 충격적이기 때문이다.

지난 3월 서울에서 있었던 일이다. 30년 된 2층 주택에서 화재가 나, 진화 후 낡은 건물이 물을 흡수하면 무게 때문에 붕괴 가능성이 크다는 것을 알면서도 집안에 있을 수 있는 사람들을 구하기 위하여 위험을 무릅쓰고 뛰어든 소방관 6명이 무너진 건물더미에 매몰되어 순직하는 사건이 발생했다. 이 가운데는 지난해 뇌출혈로 쓰러져 병원에 입원한 어머니의 병원비 때문에 근무지까지 옮기다가 순직한 소방관도 있었고, 결혼을 불과 1주일 남긴 예비 신랑 등 안타까운 사연들이 많았다. 여러 관계 기관들에서 찾아와 위로하며 조문을 했지만 아들을 잃고 남편을 잃은 유족들의 비통함을 그 무엇으로 대

> 신할 수 있겠는가? 77세 된 아버지는 아들의 이름을 부르다 실신해 응급실로 옮겨지는 일도 일어났다.[7)]

한순간의 화재가 단란했던 여러 가정들의 행복과 생명을 앗아 갔다. 순직한 당사자들은 철저한 봉사와 희생정신으로 위험을 무릅쓰고 또 다른 생명을 구하기 위하여 죽음의 건물 속으로 달려갔지만 결국 다시 돌아오지 못한 불행을 당한 것이다.

창세기 37장을 보면, 야곱은 느즈막한 때에 얻은 아들 요셉에게 유달리 많은 관심과 애착을 가지고 있어 다른 아들들보다 요셉을 편애(偏愛)했다. 어느 날 야곱은 집을 떠나 먼 지방에서 목축을 하던 다른 아들들의 안부가 궁금하여 요셉을 보내어 형들이 잘 있는지의 여부를 물어 오라고 했다. 아버지의 심부름 차 형들을 찾아갔던 요셉은 그곳에서 예상 밖의 위기를 맞았다. 요셉을 죽이자고 말하는 형들이 있는가 하면 애굽에 팔아 버리자는 형들도 있었다. 결국 아버지의 사랑을 독차지하던 요셉은 구덩이에 갇혔고, 입고 있던 채색옷은 갈기갈기 찢겨져 염소의 피로 범벅이 되었다. 형들은 요셉만 편애하던 아버지에게 요셉이 입었던 옷을 보내어 요셉이 짐승에게 잡아먹혔다고 거짓말을 했다.

지금도 군에 입대한 아들로부터 소포를 받아 든 어머니들은 아들의 옷가지들을 보면서 슬퍼한다. 마치 죽은 아들을 대하듯 알 수 없는 그리움과 슬픔이 모성애를 자극하는 것이다. 그런데 하물며 아들의 죽음을 사실로 받아들여야 하는 야곱의 마음은 어떠했을까? 사랑하던 아들이 짐승에게 잡아먹혔다는 말에 아버지 야곱은 죽은 아들을 위하여 오랫동안 애통해 했다. 병에 걸려 죽는 것도 애통한데 하물며 짐승에게 잡아먹혔다는 것은 생각하기도 싫은 잔인한 죽음이며, 나이 어

7. 「중앙일보」, "소방관 6명 순직," 2001. 3. 5(월). 42판.

린 아들이 사나운 짐승에게 찢길 때 얼마나 고통스러웠을까를 생각하면 아버지의 슬픔은 배로 증가된다. 그러니 아들을 잃은 아버지의 마음이 무엇으로 위로를 받을 것이며, 그 빈 자리는 무엇으로 채울 수 있겠는가? 이처럼 같은 죽음일지라도 어떻게 죽었는가 하는 죽음의 양태는 남은 자에게 또 다른 영향을 준다.

4) 선조들은 어떻게 슬픔을 표현했는가?

성경에 보면 이런 말씀이 있다. "천하에 범사가 기한이 있고 모든 목적이 이룰 때가 있나니"(전 3 : 1). 즉, 날 때가 있으면 죽을 때가 있는 법인데, 이러한 가족의 죽음에 대하여 우리의 선조들은 어떤 자세를 가졌는가 하는 것도 슬픔을 표현하는 방법에 영향을 미친다.

사람에게는 가족이라는 공동체 안에서 배우는 내용들이 사회나 학교에서 배우는 것보다 더 많은 영향과 다양한 경험들로 각인되고 학습되어 삶에 다양하게 영향을 행사한다. 그만큼 가족공동체가 원시적인 학습장이기는 하지만 이보다 강하고 많은 일들을 다양하게 접할 수 있는 학습장은 없다.

> K는 남달리 어머니의 사랑을 많이 받으면서 자랐기 때문에 주변의 친구들로부터 부러움과 동시에 '마마보이'라는 별명이 있을 정도였다. 그 역시 성숙하여 어엿한 사회인으로 독립해 가고 있던 어느 날 반갑지 않은 소식을 들었다. 자신을 가장 사랑해 주던 어머니가 원인 모를 병으로 쓰러졌다는 소식이었다. 그 뒤로 그는 아들로서 할 수 있는 모든 최선을 다했지만 "가는 사람 붙잡을 수 없다."는 말이 있듯이 자기 앞에서 죽어 가는 어머니를 보면서 발만 동동 구를 뿐 어떻게 할 수 없다. 그럴 수밖에 없는 것이 현대의학으로도 어찌할 수 없는 것을 유한한 인간이 어찌할 수 있겠는가? 결국 그렇게 인자하고 자상하고 항상 말벗이 되어 주던 어머니가 아무 말도 남기지 못하고 아들

결을 떠나고 말았다. 참으로 야속한 죽음이었기에 질병과 죽음 그 자체를 향한 원망과 분노가 치밀어 올랐다. 그럼에도 불구하고 자신의 끓어오르는 슬픔을 밖으로 토해 내지 못했다.

왜 그랬을까? 사람이 자기 슬픔의 감정이 북받쳐 오르고 있음에도 불구하고 무슨 이유로 그 슬픔을 토해 내지 못하고 얼굴만 붉게 타오르고 있었을까? 그 이유는 간단하고도 분명했다. K는 어려서부터 모든 감정을 억제하는 엄격한 아버지에게 교육을 받아 왔다. 즉, 그는 남자다워지려면 자기 감정표현을 해서는 안 된다는 가정 분위기에서 자랐기 때문에 사랑하는 어머니를 보내면서도 속에서부터 끓어오르는 슬픔과 동시에 억제시키라는 또 다른 자신의 감정 사이에서 많은 갈등을 경험한 것이다. 물론 이러한 교육을 시킨 당사자인 K의 아버지 역시 아내의 죽음을 덤덤하게 받아들이고 있었다.

그러나 만일 이와 정반대로 자신의 감정을 자유롭게 표현하는 가정 분위기에서 성장한 사람들 같았으면 슬픔을 있는 그대로 표현하는 것에 대하여 갈등할 필요가 없었을 것이다.

5) 개성의 차이로 인한 변수들(성, 나이, 외향적, 내향적)

사람은 감정적인 존재이므로 누구나 나름대로 자신의 감정을 표현하는 방식이 있다. 다만 여기서 말하고자 하는 것은 남성인가 여성인가 아니면 나이에 따라, 그리고 외향적인 성격인가 내향적인 성격인가에 따라 감정표현이 다르기 때문에 슬픔을 표현하는 방법 역시 다를 수밖에 없다는 것이다.

이처럼 슬픔을 표현하는 데도 개성(個性)이 있는데, 이러한 점은 장례식장에서 여러 종류로 나타난다. 소리 내어 우는 사람, 땅바닥을 치면서 우는 사람, 고래고래 악을 쓰면서 우는 사람, 울다가 자신의 슬픔을 못 이겨 뒤로 넘어지는 사람, 조용히 눈물만 흘리며 우는 사람, 슬픔을 억누르는 사람 등 그 표현방법은 다양하다.

일반적으로 남성들과 여성들의 감정적인 차이를 비교하면, 남성은 이성을 중시하면서 감정을 억제하고 무시한다. 또 감정을 표현한다고 해도 거칠고 쉽게 망각하는 편이다. 이에 비해 여성은 감성적이고 표현을 잘하며 부드러우면서 오래 간직하는 생리적 차이점을 가지고 있다.

그렇기 때문에 장례식장에서 떠들썩하게 우는 사람들 가운데 남성들을 찾아보기란 쉬운 일이 아니다. 반면 여성들이 없으면 장례를 치르는 데 분위기상 뭔가 빠진 느낌이 들 정도이다. 또한 나이에 따라 슬픔을 표현하는 방법이 다른데 일반적인 경험으로 보면 나이가 들수록 여성들은 짧게 울고 자주 우는 모습들을, 그리고 남성들의 경우에는 눈물만 훔치는 정도에서 멈춘다.

또 내향적인 사람들은 울어도 그 소리가 작은 편이고, 주로 소리 없이 눈물을 많이 흘리는 반면 외향적인 사람들은 소리와 눈물이 함께 범벅되는 모습을 보인다. 그렇다고 외향적인 사람들이 내향적인 사람들보다 더 많은 슬픔을 간직하고 있다거나 내향적인 사람들이 외향적인 사람들에 비하여 덜 슬퍼한다는 의미는 아니다. 다만 슬픔을 표현하는 방법이 서로 다르다는 것을 말할 뿐이다.

이처럼 동일한 죽음에도 불구하고 그 죽음을 대하는 사람들과 고인과의 관계, 죽음의 종류, 그리고 가족의 분위기와 개성에 따라 슬픔을 표현하는 변수가 작용한다는 것을 안다면 유가족들을 대하는 우리 목회자들이 어떻게 이들과 깊은 교감을 가지면서 효율적인 위로와 치유책을 사용해야 할지 알 수 있을 것이다.

3. 슬픔을 방해하는 장애물들

어떤 사람은 슬퍼하는 일을 애써 미룬 결과 우울증이 찾아오게 된다고 했다. 이는 슬픈 감정 대신에 무관심과 무감각이 나타난 것이다. 일반적으로 교회는 교우들을 대상으로 슬픔과 낙망된 일을 당할 때도 긍정적으로 생각하고 절제하면서 자신의 삶을 주님께 의탁하라고 가르치고 있다. 그러나 이와 같은 가르침은 가족을 상실한 사람에게는 별다른 도움이 되지 못한다. 왜냐하면 사람이 슬픔과 비통한 일을 당할 때 그 슬픔을 표현하지 못하는 것은 불행스러운 결과를 가져오기 때문이다. 즉, 그 사람은 위기상담자 노먼 라이트(Norman Wright)의 지적대로 "자기 자신의 작은 죽음의 골짜기를 지나도록 격려 받거나 허락받지 못한"[8] 사람이 되어 상처받기를 스스로 거부함에 따라 본인의 의도와는 상관없이 더 큰 불행과 상처에 노출되기 때문이다.

가족을 상실한 사람에 대하여 관심 있게 지켜보는 목회자라면 상실당한 가족의 심리 저변에 참고 있는 슬픔 안에 잠재된 분노가 있음을 발견하게 될 것이다. 이 잠재된 분노는 인정되고 표현되도록 도와주어야 하고, 또한 목회자는 극심한 슬픔 가운데 있는 가족들의 이러한 심리를 비판 없이 정상적인 것으로 받아들이도록 도와주어야 한다. 그렇지 않으면 그는 또 다른 죄의식에 사로잡히게 될 뿐 아니라 슬픔에 사로잡힌 사람들은 우거진 숲을 빠져나갈 수 있는 자신을 발견하지 못한다. 슬픔들에 대한 원론적인 장애물들은 자기 자신의 느낌을 인정하고 깊은 감정들을 표현하는 데 있어서 분명히 문제가 된다. 이러한 문제점들은 다음과 같이 나타난다.

8. H. Norman Wright, p. 155.

1) 고통에 대한 편협된 생각

사람들은 슬픔이나 고통의 감정들, 그리고 의식적으로 인식하고 있는 슬픔에 대하여 쉽게 인정하려고 하지 않는다. 비록 사람들이 지식적으로는 상실이 발생하고, 유가족이 되는 것을 인정할지라도 그들 자신의 고통에 대해서는 인정하기를 꺼려한다. 이는 고립이라고 부르는 심리적 방어를 사용하는 경우이다. 그러나 이런 방어기제는 시간의 흐름과 함께 정상적인 슬픔의 과정으로 서서히 빠져 간다. 즉, 억압된 감정들은 마치 억눌린 스프링이 다시 튕겨 오르듯 반드시 되돌아오기 때문에 어떤 간접적인 방법을 통해서라도 그 고통은 표현될 것이다.

2) 조절의 욕구

자기 자신이 느끼는 감정들을 인정하지 않는 것은 그 감정들을 표현하기 위한 무능력과 구분된다. 우리의 문화는 사람의 감정이 보기에 유치하거나 신경증적인 관념을 규칙적으로 스며들게 하여 사람의 슬픔을 감정이 아닌 말(언어)로 인정한다. 이것은 감정을 억압시키는 전통문화의 유산 때문인데 이런 조절의 욕구는 슬픔을 성공적으로 해결하려는 데 있어서 큰 장애물이 된다. 이러한 조절의 욕구는 체면을 중시하는 사람일수록 다양한 꼬리표들로 붙게 된다.

예를 들어, "내가 한번 울기 시작하면 나는 결코 우는 것을 멈추지 못할 것이다."라거나 "내 마음이 한번 폭발하면 나도 감당 못하니까 알아서 해라."라는 표현에는 두려움이 잠재하고 있는 것이다. 이런 두려움은 일반적으로 충격 조절에 대한 큰 결핍을 반영한다. 어떤 명분일지라도 감정의 표현을 억누르고자 하는 이러한 욕구는 유교문화의 영향을 받은 가정 분위기에서 유아기 때 학습된 것으로 우리 가운데 깊이 스며든 제동장치이다.

위에서 소개한 P 집사는 추석에 사랑하던 막내아들을 상실당함으로 대성통곡을 해도 시원치 않은 터에 주변 사람들은 "조용히 해라.", "믿는 사람들이 그렇게 요란스럽게 울어서야 되겠는가?" 하면서 격렬한 슬픔 표현을 자제하고 억제하라는 요구를 받았다. 그러나 그것은 그때뿐, 수문을 연 댐의 물줄기처럼 계속적으로 터져 나오는 비통함을 어찌 물리적인 방법으로 억압할 수 있겠는가?

이뿐 아니라 감정표현을 억압시키는 가정 분위기에서 성장한 K의 경우에도 사랑하는 어머니의 죽음을 보면서 자신의 슬픈 감정을 표현하지 못하고 갈등을 느끼고 있는 현실은 참으로 안타깝지 않을 수 없다.

3) 외적인 격려의 부족

사랑하는 가족을 상실하고 격렬하게 슬퍼하는 사람들을 이상하게 여기는 주변 사람들은 때로 정신안정제를 투여함으로써 슬퍼하는 것을 억제시킨다. 그러나 이런 틀에 박힌 방법은 슬퍼하는 데 심각한 장애물이 되어 유가족들은 사회적으로 고립된다. 슬픔의 고통이 예민하게 느껴질 때, 슬픔이 개인적으로 일하는 데 영향을 미치리라고 예상했던 사람들은 사회적으로 초대받는 자리에 슬픔당한 사람들이 포함되어 있는 것을 달갑지 않게 여긴다.

나 역시 이러한 경험을 가지고 있다. 혼자 견디기에 너무나 벅찬 아픔과 분노, 그리고 비통함이 외부로 표출되기 시작할 때 누군가 지지해 주고 두서없는 말들이지만 기꺼이 들어 줄 수 있는 가까운 친구들이 있었으면 했지만 모두가 외면하고 말았다. 그리고 나서 많은 시간이 지난 후 친구들을 만났을 때 할 말 못할 말을 퍼부어 댔다. "너희들이 내 친구요, 동역자들이냐?" 그 말에 내게 돌아온 답은 "너무 큰 충격이라서 만나 뭐라고 해야 할지, 어떻게 해야 할지 몰라서 그랬다."는 궁색한 변명 아닌 변명들이었다.

우리는 많은 경우 슬픔에 대하여 부정적인 언어를 사용할 때가 많지만 이 사회로부터 동떨어져 있기를 원하는 사람은 아무도 없다. 그런데 어떤 사람은 장례식 때 기가 죽어 비통함을 조절할 수 없게 된다. 이런 모습은 근본적으로 좀더 적극적으로 묘사된 감정들을 표현하지 못해서 슬픔에 대한 부정적인 태도들을 반영한 것이다.

뿐만 아니라 가족들 가운데 장례식에 대한 모든 책임을 진 사람은 슬퍼할 기회가 주어지지 않아 스트레스가 가중된다고 한다. 그럴 수밖에 없는 것이 모든 가족들을 대표하여 장례절차에 대한 책임을 지고 있기 때문에 무의식적으로, 그리고 효율적으로 슬픔을 표현하는 행위로부터 방해를 받을 수밖에 없다. 우리의 경험으로 그 책임 있는 사람은 장례식을 위한 준비뿐 아니라 모든 가족 구성원들에게 전화를 해야 하고 연약한 사람들을 지지해 주어야 하기 때문에 슬퍼할 시간이 없다. 아니 슬퍼할 시간을 뺏긴 것이다. 그 결과 후일에 이런 사람들은 슬퍼하도록 놔두지 않았던 다른 가족 구성원들이나 그 당시의 환경에 대하여 분노하기도 한다.

상실에 대하여 공개적이고 건설적으로 반응하는 것에 대한 가족의 무능력은 오랫동안의 경험에 의한 소산이라는 연구가 있다. 정신과 의사인 노만 폴(Norman Paul)은 긴장된 감정들을 억누르고 있는 상호작용의 유형들은 가족 발달이 경직되었을 때라는 사실을 발견했다. 이런 사실은 일반적으로 가족의 역사 가운데 어느 때인가 슬픔을 해결하지 못하고 저장해 두었기 때문이다. 최초의 상실은 가족의 스타일이 형성되기 두 세대 전에 발생될 수도 있는데, 이것은 거부와 상실, 그리고 실망을 예방하기 위한 묘책들의 다양한 정도와 더불어 서서히 스며든다. 그래서 폴(Paul)은 가족 발달을 "가족의 평정을 교정하는 것"(fixed family equilibrium)[9]이라고 불렀다. 그러나 메이저(Major)는 이 의견에 반대했다. 슬픔에 대한 가족의 무능력이란 고통이 세대를 가로질러 전수될 정도로 매우 강해 어떤 사람은 침묵 가운데 그 고통을 차단하게 된다는 것이다.

아무튼 슬픔의 장애물들을 만나 충분히 슬퍼하지 못하고, 그 슬픔이 뒤로 미루어지면 로이 페어칠드(Roy Fairchild)의 보고서처럼 병적인 슬픔이 발병하게 된다.

> 애통하기를 거부하는 것은 사랑하는 사람, 장소, 놓쳐 버린 기회, 생명력 또는 빼앗긴 것이 무엇이든지 간에 이들과 작별하기를 거부하는 것으로, 많은 종교인들에게서 이러한 상실을 관찰할 수 있다. 우리가 초기의 좌절을 슬퍼하지 않으려는 것이 우리로 하여금 죄의식을 만들고, 우리를 엄격하게 만든다. 진실된 슬픔은 심연의 슬픔이며 우리의 상실에 대해 아무것도 할 수 없다는 무력감을 인정하는 울음이다. 이것은 그가 떠나도록 놔두는 것이며 포기한다는 선언이다. 그것은 부활에 앞서 일어나는 죽음이다. 우리의 슬픔은 우리가 무엇에 투자해 왔는가를 밝히고 있다. 왜냐하면 그것은 깨져 버린 언약의 대가이기 때문이다.[10]

4. 신학적 논평

교회는 여러 가지 형편상 슬픔을 당한 사람을 위한 위로나 치유의

---

9. Norman L. Paul and George H. Grosser, "Operational Mourning and Its Role in Conjoint Family Therapy," *Community Mental Health Journal*, Vol. 1(Winter 1965). 이런 비슷한 방법 가운데 Charles Gerkin은 사별(死別)과 가족의 패턴들에 대한 상호작용을 연결시키고 있다(*Crisis Experience in Modern Life*〈Abingdon Press, 1979〉), pp. 110-161.
10. Roy W. Fairchild, *Finding Hope Agin : A Pastor's Guide to Counseling Depressed Persons*(San Francisco : Harper and Row, 1980), p. 117.

공간을 준비하는 데까지 손이 미치지 못한다. 그렇다면 우리의 현실 가운데 사랑하는 가족을 잃고 비통해 하는 사람들을 어떻게 접근하고 도울 수 있을 것인가?

우리가 살고 있는 이 시대에 있어서 하나의 질문은 '도가 넘게' 슬퍼하는 사람들에 대하여 우리 크리스천은 어떤 눈으로 보아야 할 것인가 하는 점이다. 종종 장례식을 치르는 과정에서 "이건 너무한다."고 생각할 정도로 슬퍼하면서 대성통곡을 하는 가족들을 쉽게 만날 수 있다. 물론 여기에는 그 나름대로의 변수가 있다. 예를 들어, 고인과의 정서적인 밀착의 정도도 한 요인이 되지만 고인이 너무 불쌍하게 살다가 돌아가셨기 때문이기도 하고, 때로는 남아 있는 사람들에게 다음 세상에 대한 소망이 없기 때문에 지금 이 시간을 영원한 단절로 보며 구슬피 우는 사람들도 있고, 때로는 고인이 살아 계실 때 다하지 못한 불효가 죄의식으로 변해 민망할 정도로 슬퍼하는 사람들도 있다. 즉, 고인과의 사별에 대한 자기 슬픔에 대한 슬픔이기도 하고, 한편으로는 고인이 불쌍해서 표현하는 슬픔이라는 것이다.

그렇다면 성경에서는 이러한 슬픔에 대하여 무엇이라고 하는가? 다음의 논쟁은 종종 이런 관점에서 사용되었다. "형제들아 자는 자들에 관하여는 너희가 알지 못함을 우리가 원치 아니하노니 이는 소망 없는 다른 이와 같이 슬퍼하지 않게 하려 함이라"(살전 4 : 13). 이 말씀의 배경으로 보아 당시 데살로니가인들은 가족을 상실하면 고인을 두고 무절제하게 통곡을 했던 것 같다. 그 이유를 "소망 없는 다른 이와 같이 슬퍼하지 말라."라는 표현에서 볼 수 있다.[11]

이 구절에 대해 칼빈이 해석하기를 "바울은 단순히 극단적인 슬픔을 억제한 것을 의미한다. …… 그는 우리 모두에게 비탄에 빠지는 것

11. 존 · 칼빈주석출판번역위원회, 「신약성경주석 : 데살로니가전서」(서울 : 신교출판사, 1983), p. 453.

을 금지했을 뿐만 아니라 우리가 비탄 가운데서 잘 적응하기를 요구했던 것"[12]이며, "경건한 자의 슬픔은 위로와 함께 조화를 이루는 것이 옳다."고 첨가하였다.[13] 슬픔에 대한 이러한 대조는 부활의 희망과 더불어 슬퍼하는 것과 이교도들로서 슬퍼하는 것 사이에서 나타날 것이다. 이런 것은 성도나 친구가 비참하게 죽음으로 슬픔을 당했던 초대교회의 역사인 사도행전에 되풀이되고 있는 증언이며, 예수 자신이 사랑했던 나사로가 죽음으로 슬픔을 당했던 이야기가 복음서 안에서 비슷하게 증거되고 있다.

큰 상실로 고생을 한 후 비통을 깊이 느낄 수 없다거나 느끼지 못하는 사람은 감정적으로 산만해지거나 분명히 비정상적 인간이 된다는 것은 사실이다. 그러나 크리스천의 경우 다른 사람들이 슬퍼하는 것과 동일하게 슬퍼하지 않지만 하나님을 향한 접근은 분명히 처절하고 비통스런 탄식이 포함된다. 사람들이 자신의 상실들에 대하여 슬퍼하고, 그 상실들과 더불어 하나님을 비난한다 할지라도 시편기자들뿐만 아니라 예언자들의 경험으로부터 특별히 예레미야에게서 강력한 지지를 받는 입장된다.

우리가 상실의 늪에 빠졌을 때 속에서 아우성치는 분노가 일어나는 그 필연성이란 전통이 새로워진 만큼 구약성서의 충분한 지지와 더불어 온당하게 입증된다.

다른 차원에서, 우리가 세례를 받도록 부르심을 받는 것은 상실로부터 자연스럽게 일어나는 감정들의 충분한 변화의 경험을 의미하는 전인(全人)으로서의 부르심이다.[14] 즉, 우리가 세례를 받기 위한 결심을 할 때 우리는 많은 것들을 포기해야 한다. 이 포기의 대상들은 세

12. Ibid.
13. Ibid., p. 454.
14. Walter Brueggeman, "Covenanting as Human Vocation," *Interpretation*, Vol. 23(1979).

례를 받는 사람들 입장에서 볼 때 분명 상실의 대상들로 아쉬움과 함께 고통이 따른다.

그러나 이와는 달리 희망이 없는 사람들은 슬픔을 다른 방법으로, 때로는 병리학적인 촉진 방법으로 처리해야만 한다. 역사적으로 볼 때 스토아 철학은 상실을 부정하면서 상실이란 시간을 멈추게 하도록 시도한 것이며, 그것을 안쪽으로 향하게 한다고 본다. 그래서 상실당한 사람을 사랑하고 돌보는 일들이 어려울 수 있다. 또한 스토아 철학은 상실된 자아 조절이 자신의 생명에 대하여 상실하고 있다는 입장에 서 있다. 슬픔에 대한 정의가 내려진 후 슬픔은 비이성적이고 종종 조절이 불가능하므로 슬퍼하지 않는다는 것은 스토아 철학에 대하여 믿음직한 징조가 된다는 것이다.[15)]

그러나 크리스천의 경우는 이와 다르다. 우리는 슬픔에 대하여 더 자유롭다. 성경과 크리스천 믿음의 역사(history)라는 두 증언에 따라 살아 계신 하나님과 더불어 살아 있는 관계를 가진 사람들은 하나님을 의지하고 하나님과 더불어 논쟁할 수 있고 하나님을 부추기며 하나님께 그들의 분노와 고통을 소리칠 수 있다. 크리스천들은 이렇게 할 수 있다. 왜냐하면 그들을 위한 하나님은 살아 계신 위격(位格)이기 때문이다. 하나님의 존재를 부르는 것은 고통스럽고 때로는 공포스런 상실로 말미암아 그들이 확증한 희망에 근거하고 있는 것이다. 이 희망은 "하나님의 사랑으로부터 우리를 분리시킬 수 있는 것은 아무것도 없다."라는 것이다. 이 희망은 은혜의 왕좌인 우리 자신에게 찾아온 분노, 부르짖음, 상처, 그리고 죄의식에 대하여 우리를 격려하는 희망이다. 그렇기 때문에 이 희망은 우리로 하여금 슬픔에 대하여 보다 더 많이 자유롭게 해 준다.[16)] 이것은 슬퍼하는 것이 가능하도록

15. Kenneth R. Mitchell & Herbert Anderson, p. 102.
16. Ibid., p. 103.

만들어 주는 희망이다. 어느 책 가운데 다음과 같은 내용이 있다.

> 성도 수가 많은 교회를 목회하던 목사가 역설적이지만 심한 우울증에 빠졌다. 그 결과 목사는 정신병원에 입원을 했지만 그 병세는 호전되지 않아 주치의는 치유가 어렵다고 결론을 내리면서 당신이 믿고 의지하는 하나님을 직접 만나 보라고 권면했다. 이 얼마나 고통스러운 진단인가? 결국 목사는 기도하면서 실컷 울었다. 그는 이 글에서 표현하기를, "내 몸의 세포들 속에 있는 물이 다 빠져 나올 정도로 울었다. 더 이상 울 수 있는 힘조차 없어질 정도로 울고 난 이후 내가 발견한 것은 나 혼자 운 것이 아니라 주님도 나와 함께 울고 계셨다는 것이다. 곧 내가 운 것이 아니라 내 안의 주님이 우신 것이다."라고 고백했다. 그런데 이후 그에게 놀라운 변화가 일어났다. 목사의 얼굴에 변화가 나타나기 시작했고, 다음날 만난 의사는 어찌 된 일인지 반문했다. 이에 대하여 목사는 이렇게 답변했다. "내가 한 일은 아무것도 없다. 오로지 엎드려 많이 울었을 뿐이다. 울고 또 울었다." 의사는 어안이 벙벙했다.
>
> 이러한 일이 있은 후 그는 새로운 목회를 꿈꾸며 기도 중에 이전처럼 성도가 많이 모이는 교회의 초청설교에서 자신 있는 설교를 하기보다는 그 반대로 자신의 병력과 정신병원 입원생활을 말하는 간증을 했다. 그런데 놀라운 소식이 그를 기다리고 있었다. 설교를 했던 그 교회에 우울증으로 고통당하고 있던 환자들이 치유 받았다는 소식과 함께 그 교회로부터 부임을 요청 받은 것이다. 무엇이 우울증으로 고통당하던 목사로 하여금 새롭게 출발할 수 있게 한 것일까?

성도의 수가 많은 교회를 목회하는 목사는 그만큼 심적인 부담이 크고, 남모르는 고통도 많다. 얼마나 이런 고통이 컸으면 심한 우울증으로 병원에 입원할 정도였을까? 그러나 의사의 권면대로 목사가 믿고 의지하는 하나님을 향해 기도하며 마음껏 울어서 의사도 치료할 수 없던 심한 우울증으로부터 벗어날 수 있었다. 바꾸어 말하면 목사라는 직위가 그 자신에게 올무가 되어 진실된 자아(True Self)보다는 거짓자아(False Self)로 기능하도록 강요했기에 목회현장에서 당하는 아픔과 고통을 표현하지 못했다. 그러나 하나님 앞에서 울고 또 울었다는 것은 거짓자아로부터 진실된 자아를 발견했음을 말한다. 슬픔을 슬픔답게 표현하는 용기와 진실함이 우울증으로 고통당하던 목사로 하여금 새롭게 출발하도록 한 것이다. 그러므로 나는 이렇게 말하고 싶다. 슬픔을 당할 때 마음 놓고 그 슬픔을 표현하라고, 그러나 희망은 잃지 말라고…….

제 2 부

슬퍼하는 사람들을 위한 위기상담

슬픔 가득한 이에게

친구여,
그대 슬픔 가득한 곳으로 들어가
그대 손을 잡게 해 다오
그대 슬픔 나도 겪었기에
나 이해할 수 있다오
들어가게 해 다오
슬퍼하는 그대 곁에 조용히
앉아 있고 싶으니

친구여,
눈물을 거두라고 하지는 않으리
그것은 위안을 가져다 주는 것이니
들어가게 해 다오
한마디 기도 후에
그대 손을 잡고 싶을 뿐이오
그대 슬픔 나도 겪었기에
나 이해할 수 있다오

– G. N. 클로웰

제 1 장

위기상담의 원리

1. 위기의 개념

> "사울이 주의 제자들에 대하여 여전히 위협(威脅)과 살기가 등등하여 대제사장에게 가서 다메섹 여러 회당에 가져갈 공문을 청하니 이는 만일 그 도를 따르는 사람을 만나면 남녀를 막론하고 결박하여 예루살렘으로 잡아오려 함이라 사울이 길을 가다가 다메섹에 가까이 이르더니 홀연히 하늘로부터 빛이 그를 둘러 비추는지라 땅에 엎드러져 들으매 소리가 있어 이르시되 사울아 사울아 네가 어찌하여 나를 박해하느냐 하시거늘 대답하되 주여 누구시니이까 이르시되 나는 네가 박해하는 예수라 너는 일어나 시내로 들어가라 네가 행할 것을 네게 이를 자가 있느니라 하시니 같이 가던 사람들은 소리만 듣고 아무도 보지 못하여 말을 못하고 서 있더라 사울이 땅에서 일어나 눈은 떴으나 아무것도 보지 못하고 사람의 손에 끌려 다메섹으로 들어가서 사흘 동안 보지 못하고 먹지도 마시지도 아니하니라"(행 9 : 1–9).

이 사건은 우리에게 위기의 본질을 알려 주는 귀중한 자료이다. 첫째, 이 위기는 사울에게 '육체적인 영향'[1]을 주었다. 그는 위풍당당하게 하나님을 위한 충성의 명분을 내세워 대제사장으로부터 체포 허가

1. H. Norman, Wright, *Crisis Counseling*, p. 20.

증을 가지고 교우들이 모여 있는 다메섹으로 가고 있던 중이었다. 그러나 갑작스런 사건으로 눈은 떴으나 보지 못하고 전혀 알지도 못하는 장소로 이끌려 도시 안에서 누워 있어야만 했다. 생각해 보면 사울은 얼마나 답답하고 고통스러웠을까? 활동적이며 야심 찬 젊은이가 갑작스런 신체적 위기로 당하는 고통은 무엇보다 더 컸을 것이다.

둘째, 그는 이 위기로 '정신과 감정적인 영향'[2]을 받았다. 보지 못하는 충격과 함께 삼 일 동안 먹지도 못하고, 마시지도 못하면서 그의 옛 신념과 행동들에 대하여 많은 의문을 가졌을 것이다. 도대체 왜 이런 일이 생겼을까? 내가 잘못한 것이 무엇인가? 그는 불안과 초조, 그리고 두려움의 강한 포로가 되었다. 이처럼 사람은 본래 뜻밖의 충격과 위기를 당하면 자기가 가진 종교와 신념에 대하여 회의를 갖게 된다.

셋째, 그는 이런 일련의 위기를 통하여 마침내 잔혹한 박해자의 위치에서부터 '영적인 전환'[3]을 하게 되었다. 사울은 지금까지 신봉하고 연구하며 간직했던 나름대로의 종교적 신념과 가치에 대한 검토과정을 통하여 회심이라는 대전환을 하기에 이른다. 이러한 사례는 우리 주변에서도 쉽게 접할 수 있다.

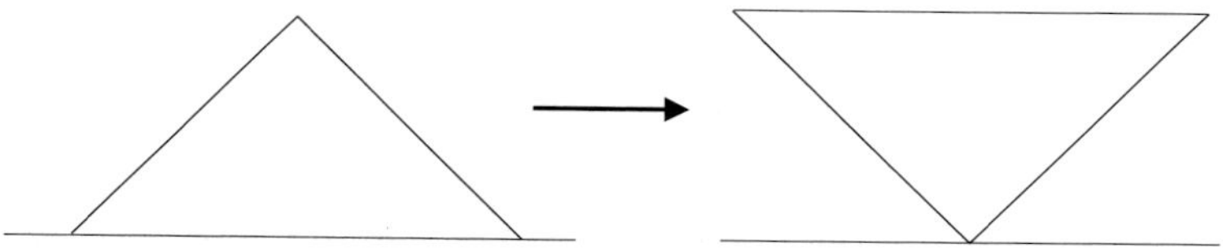

정상적인 마음 위기를 당한 마음

위기는 위의 사례에서 보듯이 외적인 사건에 대한 내적인 반응에 따라서 그 강도가 달라질 수 있다. 또한 위의 그림에서 보듯이 안정적

2. Ibid.
3. Howard W. Stone, *Crisis Counseling*, p. 18.

인 상태에서부터 넘어질 듯한 불안한 모습이 된다.

삼각형이 거꾸로 서 있는 짧은 기간은 정서적인 집중, 인식의 부조화, 그리고 고조된 수용성 때문에 매우 중요한 기간이다. 그러므로 성공적인 위기상담은 위기 가운데 있는 사람의 고조된 심리적 접근 가능성을 최대한으로 이용하여 정상적인 마음의 상태로 전환시켜야 한다. 왜냐하면 사람의 태도에는 긍정적인 역가(Positive Valence)와 부정적인 역가(Negative Valence)가 있기 때문이다. 이러한 두 태도 가운데 균형이 이루어져 있으면 그 태도는 변화에 저항하지만 일단 균형이 깨어지면 다시 균형 상태로 복귀하려는 경향이 있다. 즉, 모든 사람에게 '균형을 위한 욕구'가 존재함을 의미한다.

그러나 외부의 자극에 충격을 당하면 균형을 이루는 감각이 상실되는데 이러한 반응에는 크게 상황적 위기, 발달적 위기, 그리고 사회·문화적 위기로 나눌 수 있다. 그 가운데 가족상실은 상황적 위기이므로 여기에 대한 사전 이해를 돕고자 한다.

상황적 위기(Situational Crisis)는 예외적이고 추측이 불가능한 사건으로 여기에는 천재지변의 영향과 갑작스런 사고와 질병, 그리고 인간관계적 차원으로써 사랑하는 사람의 죽음, 부부의 이혼 등이 속한다. 또한 한국적인 상황에서 보면 얼마든지 사전 예방이 가능하지만 속수무책으로 당하는 위기를 흔히 인재(人災), 관재(官災), 천재(天災)라 하는데, 이것도 상황적 위기에 속한다. 그래서 게리 콜린스(Gary R. Collins)는 상황적 위기를 '존재론적 위기'(Existential Crisis)라고 부른다.[4)]

이런 상황적 위기에 처해진 사람들의 일반적인 특징에 대하여 노먼 라이트(N. Wright)는 다음과 같이 소개한다.[5)]

---

4. Gary R. Collins, *Christian Counseling*(Dallas : Word Publishing, 1988), p. 64.

- 정서적으로 허약하다.
- 신체적으로 약하다.
- 현실을 도피하거나 부정한다.
- 구강기 고착증을 보인다.
- 시간을 비현실적으로 사용한다.
- 지나친 죄의식에 사로잡힌다.
- 잘못을 다른 사람에게 돌린다.
- 지나치게 독립적이거나 의존적이다.

그렇기 때문에 이런 상황적 위기에 처해진 사람은 다음과 같은 증상을 가진다.[6)]

첫째, 스트레스의 징후(정신적으로, 생리적으로 또는 둘 다 포함될 수 있다.)이다. 이런 영향으로 우울증, 두통, 분노, 각종 종양에 시달리기도 하며, 어떤 사람은 극도의 불안에 시달리기도 한다.

둘째, 당황하거나 좌절하는 태도이다. 이런 사람은 모든 것을 시도해 보려고 하면서도 아무것도 하지 않는다. 그래서 그는 좌절과 감당할 수 없는 슬픔에 빠지고, 도와줄 사람이 없는 실패자로 느끼며, 희망이 없기 때문에 흥분하거나 비생산적인 행동을 취하기도 한다. 그래서 술을 마시거나 마약을 복용하고, 자동차를 타고 질주하거나 싸움에 가담하기도 한다. 또다른 방법으로는 이웃에 대하여 냉담한 반응을 취하는 것으로 예를 들면, 지나치게 잠을 자는 것이 그중의 한 사례이다.

셋째, 현재의 상황을 제거해 달라는 호소이다. "나를 이 상황에서부터 끄집어내 주세요!"라는 것은 관심과 울부짖음이다. 위기를 당한 사람은 압박의 고통으로부터 제거해 주기를 원한다. 왜냐하면 그는 이

5. H. Norman, Wright, pp. 28-29.
6. Ibid., p. 22.

성적인 방법으로 이 환경을 다스릴 만한 조건이 안 되기 때문이다. 이런 사람은 때때로 멍한 상태나 색다른 방법으로 반응하기도 하는데, 이것은 그들의 궁지로부터 벗어나고 싶은 욕망이 크기 때문이다.

넷째, 능률이 극도로 저하된다. 위기를 당한 사람은 비정상적인 기능을 계속 유지하게 된다. 그래서 정상적인 사람의 기능(100%)보다 훨씬 못 미치는 60% 정도밖에 안 된다. 이것은 그 사람의 상황에서 보면 대단히 크게 우려되는 일이다. 왜냐하면 어떤 상황적 위기는 연속적으로 위기를 일으키기 때문이다. 그래서 이런 사람은 일을 '저지르는' 행동을 할 수밖에 없다.

이처럼 상황적인 위기는 대단히 중요한 상황으로 몰고 간다. 사람은 갑작스런 위기를 만나면 대체로 정신적인 혼란으로 무기력, 피곤, 기진맥진, 혼동감으로 정상적인 사리판단이 불가능해진다. 그러나 이것은 정신질환과는 달라서 시간이 지나면 없어진다. 문제는 위기를 당한 사람의 그 위기에 대한 생각과 대처능력에 따라 문제의 심각성의 정도가 나타난다. 대처능력이란 과거의 경험(자신감, 안전한 양육, 역할훈련, 정체성 확립), 사회적 지지, 적응능력, 위기감을 느낄 정도, 인생관, 위기의 목적에 대한 이해, 창조적인 해결에 따라서 달라질 수 있다.

2. 슬픔치유의 목표

사람이 한평생을 사는 동안 사랑과 정을 나누던 혈육들을 떠나보내야 하는 것보다 더한 슬픔이나 비통은 없을 것이다. 이러한 슬픔과 고통이 얼마나 큰 것인지는 사별로 인한 비통을 경험하는 사람들의 표현을 귀담아 들어 보면 곧 알 수 있다. 예를 들어, '하늘이 무너졌다', '완전히 절망이다', '죽고 싶다', '미치겠다', '앞으로 살아갈 일이 막막하다', '눈앞이 캄캄하다' 등 마치 궤도를 이탈한 열차와 같아 당장 닥

쳐오고 있는 일들에 대하여 마땅한 대책이 없는 긴급 상황이다.

이러한 모습이 옆에서 지켜보는 사람들의 눈에는 마치 '정신 나간 사람'처럼 보이고 느껴질 수밖에 없다. 형님 일가족의 이름이 적혀 있는 영안실에 처음 들어갔을 때 힘없이 주저앉아 버려 아무런 생각도, 느낌도 없었다. 그래서 처음 달려온 교회 목사님이 나에게 무슨 말을 하는 것 같은데 전혀 귀에 들어오지 않았다. 그러자 내 손을 잡고 기도하기를 "혼이 나가 버린 윤 목사를……." 하면서 뭐라고 기도했는데, 그 다음에는 전혀 기억나지 않는다. 이것이 바로 충격의 첫 단계에서 흔히 볼 수 있는 모습들이다. 마치 묵직한 둔기로 뒷머리를 얻어맞은 것처럼 말이다.

그렇다면 이와 같이 충격을 받아 무감각하고 무표정한 단계에서부터 평소의 모습으로 돌아오는 과정에 이르는 동안 우리 목회자들은 어떻게 해야 하며 구체적으로 어떤 도움을 줄 수 있는가? 상담에는 내담자들이 처해진 상태와 문제의 사안별로 접근하는 방법이나 해결하는 방법에 많은 차이가 있다. 이는 마치 환자가 병원에 가면 "어디가 편찮아서 왔습니까?"라고 묻는 질문에서부터 의사의 진단과 처방의 방향이 결정되는 것과 같이 우리가 접하는 교우들이 가진 문제의 성향에 따라 접근방식과 해결방식이 달라져야 한다는 것을 의미한다. 즉, 이것을 다른 비유적인 예로 든다면 KBS의 프로그램을 시청하기 위해서는 KBS의 채널을 맞추어야 함에도 불구하고 다른 채널을 선택해 놓고 "이 텔레비전이 고장이 났구먼……."이라고 한다면 누가 보아도 웃을 일이다. 이는 분명 텔레비전의 고장이 아니라 텔레비전을 다루는 사람의 잘못이라는 것을 우리는 쉽게 알 수 있기 때문이다.

이런 차원에서 강조하고 싶은 것은 우리 인간은 신체와 정신, 그리고 영의 세계를 포함하고 있는 전인적인 존재이기 때문에 진단과 치유를 위해서는 이 삼차원의 세계에 대한 정확한 이해가 필요하다. 다시 말하자면, 신학적인 인간이해에 대하여 좀더 전문적인 연구가 선행된 상태에서 심리학과 상담에 대한 도움을 받아야 위기상담의 전문의가 될 수 있다는 것이다. 그렇지 않고서는 위에서 예를 든 텔레비전의 채널 맞추기와 같이 웃음거리가 되기 쉽다.

이 전문적인 사실을 좀더 구체적으로 말하자면 신체적인 문제는 신체적인 차원에서, 정신적인 문제는 정신적인 차원에서, 그리고 영적인 문제는 영적인 차원에서 올바르게 접근해야 한다. 그럼에도 불구하고 모든 것을 영적인 차원에서만 접근하려고 시도하다가 문제를 더 어렵게 만드는 사례들을 접할 수 있다.

> G라는 사람은 사랑하는 어머니를 상실하여 남보다 더 많은 슬픔으로 비통해하는 모습을 볼 수 있었다. 본인 역시 자신의 슬픔을 표현하는 데 주위 사람들을 의식하지 않고 자신의 슬픔에 충실하고 있었다. 그러자 제법 가까이 지낸다고 하던 친구가 그에게 다가서서 하는 말이 "이보게, 자네 왜 이러는가? 자네 어머니는 이미 천국에 가셨지 않은가? 그렇게 슬픔을 표현한다고 가신 어머니가 다시 돌아온다고 보는가? 그만 울게나. 믿음을 가진 사람이 절제를 하고 경건한 분위기에서 장례를 치러야 하지 않겠는가?" 하면서 위로 겸 조언을 하고 있었다. 이 말을 듣던 G가 마음속에 자신이 슬퍼하는 것이 마치 믿음이 없어서인 것처럼 생각하는 주위 사람들을 의식해서인지 그 뒤부터는 자신의 슬픔을 억제하는 모습이 역력하게 느껴졌다.

과연 G가 사랑하는 어머니를 상실하고서 슬픔을 표현하는 것이 믿음이 없어서인가 아니면 믿음이 부족해서인가? G의 친구의 말이 옳다면 슬픔을 표현하는 것이 죄인가? 아니면 믿음이 없는 사람들만이 슬픔을 나타내는 것인가? 우리는 우리 자신도 모르는 사이 모든 것을 믿음이란 족쇄를 가지고 적용하려는 자신을 한번쯤 보았으면 한다.

그렇다면 이처럼 가족을 상실하고 고통스러워하는 우리의 이웃들에게 우리가 어떻게 도움을 줄 수 있겠는가? 우선 이러한 방법론에 대한 언급 이전에 사랑하는 가족을 상실하고 슬퍼하며 비통해 하는 이웃들을 돕는 목표부터 생각해 보기로 하자.

모든 상담의 공통된 목표는 도움이 필요한 내담자들이 상담자를 통하여 문제를 해결받을 뿐 아니라 앞으로도 유사한 문제들을 만날 때 내담자 스스로 문제를 해결할 수 있도록 버팀목이 되어 주는 것이다. 특별히 가족을 상실한 위기상담의 경우에는 더욱 그러하여 일시적인 응급조치로 종결되어서는 안 된다.[7)]

하지만 우리들의 현실을 돌아보면 그렇지 못하다. 경험한 바에 의하면, 장례가 발생하여 마치고 귀가할 때까지 약 7~8회 정도 예배를 드린다. 이렇게 함으로써 그 가정을 위해 할 수 있는 일은 다 했다고 자족한다. 물론 이러한 예배는 당연히 필요하지만 가족을 상실당한 당사자의 심중을 어루만져 주거나 그가 간직하고 있는 절실한 문제해결에는 미흡하다. 문제는 지금부터이다. 여기에 대한 좀더 적극적인 방법을 권하고자 한다.

교회에서 주업무로 행하고 있는 '심방'이 도대체 무엇이며 누구를 위한 것인가? 하루에 정해진 수를 채워야 심방이라 할 수 있는가? 아니면 하루에 한두 가정이라도 그 가정이 안고 있는 현실적인 문제를 함께 공감하면서 그 문제에 대한 말씀을 통하여 문제해결을 하는 것이 심방인가? 왜 오늘날 교우들은 교회를 다니고 예수님을 믿으면서도 허탈한 마음을 해결하지 못하여 자기 마음을 이해해 줄 사람들을 찾아 헤매고 있는가?

특별히 사랑하는 가족을 상실하여 마음 한구석에 우울하고 슬퍼하는 마음을 해결하지 못함으로 속에서부터 울고 있는 또 다른 자기를 달랠 길이 없어 힘없이 어깨가 축 늘어져 있는 교우들을 교회는 어떻게 할 것인가? 흔히 사용하는 말로 믿음이 없어서라고 단죄함으로 책

7. Howard W. Stone, *Crisis Counseling*, p. 14.

임을 전가할 것인가? 아니면 그 사람의 성격이 원래 그래서 그런다고 할 것인가? 아니면 시간이 약이니까 조금 더 기다리면 된다고 말할 것인가? 그러다 정작 이렇게 말하는 사람이 사랑하는 가족을 상실당하고 비통해 할 때 주변 사람들로부터 이와 같은 말을 들을 때는 어떤 반응을 할 것인가?

이처럼 동일한 사건이나 문제를 직면할 때도 그 사건의 당사자의 마음과 객관적인 입장에서 보는 것과는 현실적으로 너무나 많은 차이가 있음을 쉽게 느낄 수 있음에도 불구하고 그 거리는 여전히 좁혀지지 않고 있는 우리의 현실을 안타깝게 여길 뿐이다.

그렇다면 슬픔치유를 목적으로 하는 상담의 목표가 무엇인가는 자명한 일이다. 사람이 기쁜 소식을 접할 때는 저절로 웃음이 나오고, 분노가 끓어오를 때는 피가 역류하므로 얼굴이 불그스레하게 되며, 마음이 슬플 때는 눈물이 나오면서 그 슬픔을 표현하도록 되어 있는 것이 자연의 이치이며, 창조주 하나님께서 입력해 주신 자연스러운 생리적인 프로그램이다. 이러한 생리적인 현상들을 인위적으로 억제하면 마치 홍수에 강둑이 붕괴되는 것처럼 심각한 후유증이 따라 온다는 사실을 위에서 지적한 바가 있다.

그렇기 때문에 사랑하는 가족을 잃고 고통스러워하며 비통해 하는 가족들이 자연스럽게 그 슬픔과 비통함을 풀어낼 수 있도록 지켜봐 주어야 한다. 이 일을 위한 목회자의 임무는 슬픔을 당한 당사자들의 감정을 읽을 줄 아는 공감력과 수용력을 발휘하여 충분한 시간을 가지고 지지해 주는 역할이 필요하다.

> Y 집사는 같은 동네에 살면서 언제나 자기를 돌보아 주고 격려해 주는 친정어머니의 죽음을 지켜보면서 누구보다 더 슬퍼했다. 일찍이 혼자된 몸으로 두 아들들을 양육할 때 친정어머니의 크고 작은 도움과 정신적인 지지가 큰 힘이 되었고, 친정어머니가 돌아가실 때까지도 역시 어머니와 딸의 관계는

> 나이가 많아도 지속되었다.
> 그러나 같은 어머니의 죽음이라 해도 아버지와 재혼해서 모신 어머니인지라 상대적으로 슬픔이 덜한 아들들은 슬퍼하는 누이에게 경건하게 장례를 치르자고 제의했다. 이러한 분위기를 파악한 나는 고인을 염할 때와 입관할 때 그리고 발인예배를 드릴 때와 하관예배를 마치고 취토(取土)할 때 Y 집사를 불러 맨 앞에 있게 하면서 "울고 싶으면 실컷 울라."고 배려해 주었다. 이러한 배려에서 Y 집사는 자신의 슬픔을 자연스럽게 토해 내면서 장례식을 마치게 되었다.

그 결과 어떤 현상이 일어났을까? 장례식을 마친 첫 주일예배 후 Y 집사는 교우들 앞에서 예상했던 효과를 소개했다. 그녀는 "나는 목사님 덕분에 살았습니다. 어머니를 여의고 나서 속으로는 실컷 울고 싶었지만, 경건하게 장례를 치르자고 하는 분위기 때문에 울 수 없게 되어 걱정을 많이 했었습니다. 그런데 목사님이 중요한 시간마다 마음껏 울 수 있도록 나를 챙겨 주셔서 돌아가신 어머니에 대한 슬픔과 그리움의 정이 많이 정리된 것 같습니다. 목사님, 감사합니다. 우리 목사님이 나를 살려 주셨습니다."라고 감사의 인사를 하는 것이었다. 여러분은 이 말에 무엇을 느끼는가?

Y 집사는 상당히 내성적인 성격이었다. 경건하게 치르자는 동생들의 제의에 따라 울고 싶은 충동을 억제시키면서 장례를 마쳤다면 어떻게 되었을까? 장례식은 경건하게 진행되었겠지만 Y 집사의 정신체계에 이상 반응이 초래되어 신앙생활에는 침체된 모습으로, 신체적인 건강에는 적신호가 나타나 고통스러운 자신의 한계를 벗어나지 못하는 침체의 늪에 빠지지 않았겠는가?

그러므로 슬픔치유의 목표는 간직하고 있는 슬픔과 비통스러운 감정을 솔직하게, 그리고 자연스럽게 표출시키도록 도와주는 것이다. 이런 과정에서 현실을 있는 그대로 인정하며 수용하도록 도와줌으로 유사한 슬픔을 만나도 이전의 슬픔과 연결되면서 깊은 우울증에 빠지는 일을 예방할 수 있고, 빠른 시간 내에 건강한 모습으로 일상생활에 복귀할 수 있다. 이것이 '슬픔치유'의 목표이다.

3. 위기상담의 원리

위기당한 사람들을 돕는 데는 일정한 원리가 있다. 캘리포니아 파사데나에 있는 지역사회 위기센터에서 일하던 정신병 학자 와렌 존스(Warren L. Jones)가 '위기상담의 A-B-C원리'[8]를 개발했는데 하워드 클라인벨(Howard Clinebell), 데이비드 스위저(David Switzer), 로버트 카크후프(Robert Carkhuff), 알렌 아이비(Allen Ivey), 그리고 윌리엄 글래서(William Glasser) 등의 이론가들에 의해서 발전되었다.

여기에서 A는 위기 당사자를 직접 접촉하는 것(관계형성)이며 → B는 문제의 핵심을 파악하는 것이며 → C는 문제에 대해서 적극 대처하는 것이다. 그러나 여기에 하워드 클라인벨(H. Clinebell)이 주장하는 D(발전단계)를 첨가하여 상황적인 위기 가운데 가족상실을 중심으로 'A-B-C-D 원리'를 설명하고, 다음 장에서 그 구체적인 방법에 접근하고자 한다.

1) 관계형성(Active Contact)

위기상담의 성패는 첫 번째 단계인 관계형성(A원리)에 있다. 관계형성을 위해서는 올바른 경청과 공감형성이 중요한 과제이다.

경청(Listening)은 위기 당사자를 찾아가 가장 먼저 할 수 있는 봉

8. Warren L. Jones, "The A-B-C Method of Crisis Management," in cited, Howard W. Stone, *Crisis Counseling*, p. 37.

사이다. 경청할 때는 주어진 문제에 대한 초점을 맞추면서 중요한 주제에 대하여 특별한 관심을 가지고, 문제에 대한 우선순위를 생각하면서 들어야 한다.

그러나 우리 주변에는 종종 상대방과의 대화에 경청 장애자들이 있다. 이들은 들을 때와 조용할 때를 모르는 문제 상담자들이다. 이들 대부분은 상담을 성경을 인용하며 충고하고 권고하는 것으로 잘못 알고 있다. 그러나 알아야 한다. 듣는 것(경청)은 상담의 결정적인 부분이다.[9] 이런 중요한 경청을 성경에서도 얼마든지 찾아볼 수 있다. 대표적인 예는 다음과 같다.

> "여호와의 눈은 의인을 향하시고 그의 귀는 그들의 부르짖음에 기울이시는도다 여호와의 얼굴은 악을 행하는 자를 향하사 그들의 자취를 땅에서 끊으려 하시는도다 의인이 부르짖으매 여호와께서 들으시고 그들의 모든 환난에서 건지셨도다 여호와는 마음이 상한 자를 가까이하시고 충심으로 통회하는 자를 구원하시는도다"(시 34 : 15–18).
> "여호와께서 내 음성과 내 간구를 들으시므로 내가 그를 사랑하는도다 그의 귀를 내게 기울이셨으므로 내가 평생에 기도하리로다"(시 116 : 1–2).
> "너는 내게 부르짖으라 내가 네게 응답하겠고 네가 알지 못하는 크고 은밀한 일을 네게 보이리라"(렘 33 : 3).

성경은 우리에게 경청의 중요성을 많은 곳에서 강조하고 있다. "……사람마다 듣기는 속히 하고 말하기는 더디 하며……"(약 1 : 19 / cf. 잠 10 : 19, 17 : 28, 15 : 31, 18 : 13, 15, 21 : 28). 여기서 우리는 상담과 관련하여 "듣는 사람을 준비하라."는 의미로도 볼 수 있다. 일반적으로 '듣는다'라는 의미를 가진 'hearing'과 'listening'[10]에는 다른

9. H. Norman, Wright, p. 54.
10. Donald Peel은 Listening을 active listening과 passive listening으로 구분하고 여기에 대한 차이점과 창조적인 경청자가 되는 방법들을 제시하고 있다.

의미가 있다.

Hearing은 자신을 위하여 정보를 얻는 데 목적이 있는 반면 Listening은 다른 사람을 향하여 감정이입(Empathetic)이 되는 것이며 돌봄을 위한 것이다. Listening 안에서 우리는 다른 사람의 감정을 이해할 수 있고, 또 그를 위하여 듣는 것이다.

Hearing은 좌담의 결과로써 내가 소유할 결과와 내 안의 그 무엇인가에 의하여 결정짓게 되는 것이다. Listening은 그를 위하여 무엇을 할 것인지 세심하게 관찰하는 동시에 내면세계에 할 수 있는 것이 무엇인지에 의하여 결정짓게 되는 것이다. 그러므로 이 listening 안에서 우리는 무엇을 들었는지(heard)에 대하여 해석과 이해를 시도하는 것이다. 이처럼 hearing과 listening은 많은 차이가 있다.[11)]

폴 위작크(Paul Wikzak)는 여기에 대하여 "Listening은 다양한 인식이 포함되어 있고, 개인적인 접촉이나 오늘날 우리에게 필요한 전체적인 감정의 반응으로써 가슴(Heart)을 의미한다. 우리는 머리로 들을 수 있다. 우리는 메시지의 핵심들을 이해할 수 있고, 의사 소통되어진 것이 무엇인지 조직적으로 분석할 수 있다. 이것은 인식적인 감정이입으로써 쉽게 배울 수 있다. 그러나 인식적인 감정이입은 몇 가지 제한성이 있다. 그것은 명백하게 말한 내용이 무엇인지 무시되어지고, 의미의 차원을 잊어버리게 된다. 또한 인식적인 감정이입은 일반적으로 말없이 나타나고 표현이나 감정을 빠뜨리게 된다. 이처럼 인식적인 감정이입은 경험의 중심인 가슴에서부터 다른 메시지가 된다."[12)]고 한다.

위에서 폴 위작크가 지적한 대로 상담에서의 Listening은 Hearing

The Ministry of Listening(Toronto : Anglican Book Centre, 1980), 4-5장.

11. H. Norman, Wright, p. 55.
12. Paul F. Wikzak, "Listening as Ministry," *Marriage and Family Living XII*, 3(March, 1980), p. 4.

의 차원을 넘어서 대단히 중요한 의미를 가진다. 그러므로 Listening은 내담자, 친구, 또는 가족을 위해서 줄 수 있는 최고의 사랑의 선물이다.[13)]

이러한 내용과 관련하여 하워드 클라인벨(H. Clinebell)이 주장하는 상담자의 중요한 자세 몇 가지를 소개한다.[14)]

첫째, 사랑의 경청을 하는 것이다. 비판적인 태도가 아닌 상대방이 당하고 있는 아픔을 보살피는 마음으로 들어주라. 나 자신이 이 위기를 만났다면 어떤 심정이 될 것인가를 생각해 보라.

둘째, 상대의 아픔에 동참하고 공감하여서 상대로 하여금 상담자의 따뜻한 마음을 경험할 수 있도록 하라.

셋째, 상대방이 위기상황을 대처하려고 애쓰는데 나도 그와 함께 동참하면서 위기해결을 위해 노력하고 싶다는 마음을 상대방으로 하여금 알게 하라.

넷째, 가능하면 상대방에게 자주 확신감을 불어넣어 주라. 위기를 대처할 능력이 위기 당사자에게 있음을 깨닫게 하라.

이를 위해서 듣는 사람은 평가 없이 있는 그대로의 사실 위주로 들어 주어야 하며, 상대방의 말에 "음.", "그렇군요.", "저런.", "예." 같은 반응을 보여야 한다. 또한 경우에 따라서는 이해를 점검하기 위하여 짧은 질문도 하면서 대화의 초점을 맞추는 것이 필요하다.

그리고 충고는 가르침의 한 형식으로서 자주 사용하면 비효과적이다. 때로 우리는 내담자를 도우려고 친구나 부모가 되기도 하면서 상담자의 역할을 떠나기도 한다. 만일 내담자가 독립적이고 성숙함을 향하여 움직이기 시작한다면 그를 돕기 위한 가르침은 효과적인 도구

13. H. Norman, Wright, p. 55.
14. H. Clinebell, *Basic Types of Pastoral Care and Counseling*, 박근원 역, 「목회상담신론」(서울 : 한국장로교출판사, 1987), p. 315.

가 된다. 이런 면에서 가르침은 위기의 호전단계에 있는 동안 가장 큰 도움이 될 수 있다. 그러나 이 가르침이 충격 단계나 마지막 단계(희망적 단계)에서는 필요하지 않다.

감정이입(Empathy)은 효과적인 상담을 위하여 가장 중요한 것으로 위기 당사자의 감정을 자유롭게 표출하도록 도우며, 지금, 여기에 초점을 맞추어야 한다.[15] 그러나 불행하게도 '감정이입'이란 단어를 많은 사람들이 다른 의미로 사용하고 있다. 원래 감정이입(Empathy)이란 단어는 독일어의 'Einfühlung'이다. 이것을 영어로 표현하면 '느낌과 함께한다'는 'To feel unto'나 'To feel with'라는 의미이다.[16]

이 의미는 마치 우리가 다른 사람과 함께 운전석에 앉아서 서로를 감지하고 느끼는(feeling and sensing) 것과 같다. 이것은 눈과 촉감을 통하여 내담자의 상황을 관찰하는 것이다. 갈라디아서 6 : 2에 보면 "너희가 짐을 서로 지라" 하였고, 로마서 12 : 15에서는 "즐거워하는 자들과 함께 즐거워하고 우는 자들과 함께 울라"고 했는데 이것이 곧 성경에서 말하는 감정이입이다.

예부터 전해 오는 이야기를 통해서 공감의 효력에 대하여 설명하고자 한다.

> 한 왕자가 정신이 이상해져서 자신을 수탉이라고 생각하기 시작했다. 닭처럼 날개를 벌리고 꼬꼬댁 소리를 내기도 하고 밥을 주면 숟가락으로 떠먹지 않고 직접 입으로 쪼아 먹기도 하였다. 그러더니 식탁 밑으로 들어가 거기가 집인 양 살아가는 것이었다. 걱정이 된 임금은 온 나라에 방을 내려 명의(名醫)를 불러 치료하고자 노력했지만 소용이 없었다. 불려 온 의사마다 왕자에게 말도 붙이지 못하고 물러나곤 했다. 왕자는 점점 이상해져 갔고, 임금은

15. Judson J. Swihart & Gerald C. Richardson, *Counseling in Times of Crisis*, 정태기 역, 「위기상담」(서울 : 두란노서원, 1995), p. 178.
16. H. Norman, Wright, p. 61.

속이 타 들어갔다.
하루는 한 허름한 현자(賢者)가 찾아왔다. 자신이 한번 치료해 보겠다는 것이다. 임금은 지푸라기라도 잡는 심정으로 허락했다. 이 현자는 다짜고짜 왕자가 웅크리고 있는 식탁 밑으로 들어갔다. 그리고는 자신도 닭인 양 왕자와 똑같은 모습으로 살기 시작했다. 밥이 나오면 입으로 쪼아 먹고 가끔은 양팔을 벌려 홰를 치기도 했다. 이런 현자를 왕자는 멀뚱멀뚱 쳐다보다가 서서히 친구처럼 함께 살게 되었다.
어느 날 식탁 밑으로 밥이 들어왔을 때 현자는 입 대신 손으로 밥을 퍼먹었다. "닭이 입으로 밥을 쪼아 먹어야지, 손으로 퍼먹는단 말이요?" 왕자는 놀라서 물었다. "손으로 먹을 수도 있답니다. 한번 해 보시오." 왕자는 현자를 따라 해 보았다. 편리한 것이었다. 조금씩 현자는 왕자를 사람처럼 사는 방식으로 인도했다. 마침내 왕자는 식탁 밑에서 기어 나와 의자에 앉아 밥을 먹게 되었다. 왕자는 결국 자신이 수탉이 아니라 사람이라는 것을 알게 되어 사람처럼 살게 되었고, 현자는 자기가 살던 고향으로 기쁘게 돌아갔다.

치유는 이렇게 고통당하는 이들의 심정과 그 상태에 들어가 그를 이해하고 아는 데서 비로소 시작된다.

2) 문제의 핵심파악(Boiling Down)

위기상담을 위한 제2단계는 문제의 핵심을 파악(B원리)하는 것이다. 예를 들어, 환자가 의사를 만나면 일반적으로 "어떻게 오셨습니까?"라고 묻는다. 이 의미는 환자 자신이 누구보다 자신의 질병을 잘 알고 있다는 것이고, 의사는 그 환자의 도움을 기초로 하여 진료를 한다. 그리고 재진료를 위하여 다시 찾을 때는 "어떠셨습니까?"라고 묻는다. 즉, 진단과 처방이 얼마나 도움이 되었는가에 대한 자체 진단검증이다.

이와 같이 위기 당사자를 향한 문제의 핵심파악은 느낌과 생각에 대해서 반응해 주고 초점을 맞추어 주는 것이 필요하다. 그 결과로 위기 당사자뿐만 아니라 도움을 주려고 하는 사람은 그에게 무슨 일이 일어났는가? 실제로 무엇을 느끼고 있는가? 그리고 그 이유는 무엇인가에 대하여 분명한 정의를 내릴 수 있다. 이와 같이 문제의 핵심파악 단계에서는 위기 당사자에게 반응하고 초점을 맞추는 기술이 요구된다.

반응이란 모든 일에 상호관계가 지니는 근본적인 요인들 중의 하나이다. 그러므로 의사소통은 언어적이든지 비언어적(신체언어)이든지 반응이 있어야 하는데, 특별히 위기 당사자의 신체언어에 대한 이해력이 있어야 한다. 여기서 말하는 신체언어란 의사소통의 한 형식으로 음성을 통한 직접적인 의사전달보다 더 많고 더 강한 메시지를 전달하는 신호체계이다. 찰리 채플린(Charlie Chaplin)과 많은 무성영화 배우들은 비음성적인 의사전달 기술의 선구자들이었다. 그들의 몸짓이 스크린 의사전달의 유일한 수단이었다. 배우들은 의사전달을 위하여 제스처와 몸짓을 얼마나 효과적으로 사용할 수 있느냐에 따라 연기를 잘 하느냐 못하느냐의 등급이 결정되었다.

신체언어의 기술적인 연구에 관한 20세기 이전의 가장 영향력 있는 연구서는 1872년에 출판된 찰스 다윈(Charles Darwin)의 「인간과 동물의 감정 표현」이다. 이 책은 얼굴 표정과 몸짓, 말에 관한 많은 내용을 포함하고 있으며, 다윈의 많은 의견과 관찰 결과들은 오늘날 많은 연구가들에 의해서 확인, 증명되고 있다.

알버트 메라비언(Albert Mehrabian)은 한 보고서를 통해 타인에게 영향력을 미칠 수 있는 요소를 언어요인 7%, 음성요인 38%, 얼굴표정 55%라고 보고했고,[17] 버드휘스텔(Birdwhistell)은 인간 사이에 발

17. Allan Pease, *Body Language*, 정현숙 역, 「바디랭귀지」(서울 : 을지서적, 1992), p. 7.

생하는 비음성적인 의사전달의 양에 관해 비슷한 추정을 했는데 얼굴을 맞대고 하는 대화 가운데 음성적 요인은 35% 미만이며, 의사전달의 65% 이상이 비음성적으로 이루어진다[18]고 했다.

이처럼 대부분의 연구가들은 정보전달을 위해서 우선적으로 음성적 매개체가 사용되고, 비음성적 매개체도 사람과 사람 사이의 태도를 변화시키며, 어떤 경우에는 음성적 메시지의 대체로써 비음성적 매개체가 사용된다는 데 동의한다.

의사소통의 표현방법

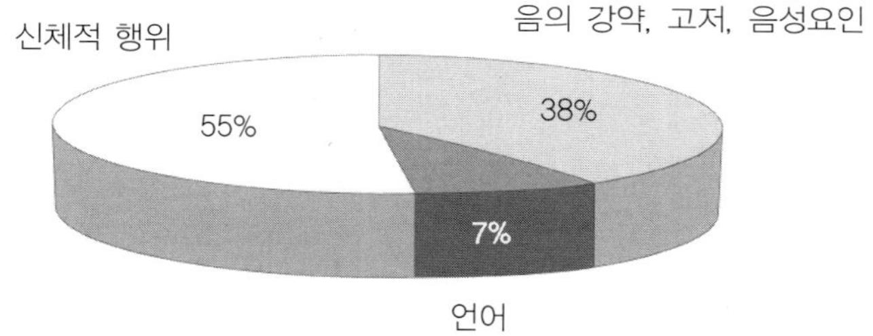

버드휘스텔에 의하면, 비음성적 언어에 숙달된 사람은 문화와는 무관하게 상대방의 음성만 듣고도 그 사람이 어떠한 몸짓을 쓰고 있는지 말할 수 있어야 하고, 단순히 제스처만 바라보고 그 사람이 무슨 말을 하고 있는지 알 수 있어야 한다고 했다. 흥미 있는 것은 인간이라는 동물은 그의 음성으로 말하고 있으면서도 그의 자세나 동작, 그리고 제스처는 말과는 다른 또 다른 이야기를 말할 수 있다는 것을 거의 인식하지 못한다는 것이다.

그러므로 상담자가 내담자의 정확한 의사전달을 파악하기 위해서는 신체언어에 대한 지식이 있어야 한다.

18. Ibid.

일반적인 견해에서 볼 때 정확한 진단이 나오면 해결책은 쉽게 이끌어 낼 수 있다. 이를 위해서는 적극적인 경청을 통한 초점 맞추기가 관건인데 하워드 스톤(Howard W. Stone)은 여기에 해서는 안 되는 부정적인 반응과 긍정적인 반응을 구별한다.[19]

부정적인 반응(하지 말아야 할 것)으로는 상대방의 말에 즉각적인 충고나 인위적인 확신(괜찮을 것이다.), 추상적인 제안(하나님이 도울 것이다.), 상대방에게 "예."나 "아니오."만 요구하는 폐쇄적인 질문(Closed-ended), 그리고 심리평가나 심리분석과 상반된 의견으로의 논쟁이다. 이런 반응은 도움을 주려고 하는 목적에서 크게 빗나간다.

이와는 반대로 관계형성을 통한 문제핵심파악을 위해서는 반드시 필요한 긍정적인 반응(해야 할 것)을 소개하면 다음과 같다.

위기 당사자의 가슴에 요동치고 있는 지금 여기의 감정을 있는 그대로 들으면서 내담자가 당면하고 있는 위기를 현실적으로 생각하도록 용기를 주고 편안한 분위기에서 속에 있는 것을 부담 없이 털어 놓을 수 있는 개방적인 질문(Open-ended)을 비롯하여 평가 없이 있는 사실 대로 들어 주어야 한다.

이런 분위기에서 "상호 동일한 이해의 일치된 진술" 단계의 발전은 위기 당사자의 불안을 감소시키고, 그의 자부심을 높여 줄 수 있다. 그 결과 사건의 진상을 파악하여 위기 당사자가 개인적으로 해결할 수 있는 방법으로 주변 사람들 가운데 이 사람을 도울 수 있도록 하는 해결 단계에 들어갈 수 있다.

3) 문제 해결책 강구(Coping Actively)

경청과 공감을 통한 관계형성이 이루어진 다음 문제의 핵심을 파악

19. Howard W. Stone, pp. 42-45.

하게 되면 곧바로 구체적인 대안(C원리)을 행동으로 옮겨야 한다. 이를 위해서는 목표수립, 자원조사, 대안확정, 행동착수, 그리고 반성과 재검토의 과정[20]이 이루어져야 한다.

위기상담의 목표는 위기의 징후를 제거하는 것과 위기 이전과 같은 수준 또는 더 높은 수준의 기능을 성취하는 것이다. 따라서 위기상담의 진행 방향과 목표는 가능한 구체적이고, 그 성취가 측정될 수 있도록 관찰이 가능해야 한다.

목표가 수립된 후에는 위기 당사자를 도울 수 있는 자원조사에 들어간다. 여기에는 외적인 자원과 내적인 자원으로 구분된다. 외적인 자원이란 위기 당사자와 가까이 지내면서 그를 도울 수 있는 친구들, 가족, 교회, 정신적 자원, 소속단체, 이와 동일한 경험을 가진 사람들, 그리고 재정능력 등을 포함한다. 이러한 외적인 자원들은 위기 당사자들이 중요한 대인관계로부터 단절되고 혼자뿐이라고 느끼는 고독감과 절망감에서부터 벗어나게 하는 중요한 자원이다. 내적인 자원으로는 자기 안에 지니고 있는 대처방법들로 과거의 경험도 중요한 자원이다.

자원조사를 마친 후에는 대안확정에 들어간다. 위기 당사자를 도울 수 있는 여러 가지 대안들에 대하여 목록을 작성하거나 좋은 방법들에 대하여 의논을 한 후 행동으로 옮길 만한 한두 가지를 선택한다. 그 후 이 대안을 가지고 위기 당사자와 협의하여 곧바로 행동에 옮긴다.

행동착수는 위기 가운데 얽혀 있는 무기력과 마비를 물리치고 사람들에게 기운을 북돋아 주어 그들의 기분에 관계없이 문제해결을 위해서 무엇인가를 하도록 한다. 그러나 때때로 위기 당사자들은 불안 때문에 행동하는 것에 어려움을 느끼므로 인내가 요구된다.

반성과 재검토는 목표수립에 대한 평가단계이다. 지금까지의 개입

20. Ibid., pp. 46-50.

을 통해서 어느 정도의 효과가 있으며 목표나 대안확정에 재검토의 내용이 있다면 어떤 것인가에 대한 자체 점검단계이다. 여기서 중요한 것은 지금까지의 상담을 통해서 알게 된 것을 정리하여 설명해 주고 장차 발생하게 될 문제들과 위기들에 대해서는 새로 발견한 힘과 대응책들을 활용할 것을 격려해 주는 일이다.

4) 발전단계(Develop an ongoing growth-action plan)

하워드 클라인벨(Howard Clinebell)은 이 발전단계를 "건설적인 행동을 통하여 개인이 성장할 수 있도록 발전하는 단계"[21]라고 하는데 하워드 스톤(Howard W. Stone)은 이를 '사후배려'(Follow-up)[22]라고 정의한다.

클라인벨은 위기는 해결로만 끝나는 것이 아니기 때문에 성공적으로 대처한 후에 그의 위기 경험이 다른 위기 당사자들의 회복에 도움이 되어서 서로가 성장해 갈 수 있는 데까지 돕는 것을 목표로 하고 있다. 이런 면에서 하워드 스톤의 이론도 맥을 같이 하고 있는데 그에 의하면, 이 사후배려는 '점검'이 아니라 위기 당사자들의 계속적인 행복에 대한 관심의 표현이다.[23] 이 마지막 단계가 본 서에서 강조하고 있는 '경험자 그룹을 통한 치유사역'에 해당된다.

21. H. Clinebell, *Basic Types of Pastoral Care and Counseling*, pp. 206-207.
22. Howard W. Stone, *Crisis Counseling*, p. 51.
23. Ibid., p. 51.

제2장

위기상담의 방법들

목회자이면서 동시에 교우들의 상담가로 사역하는 우리 목회자들이 사랑하는 가족을 상실하고 슬퍼하는 교우들을 돕는 방법이야 다양하겠지만 여기에서는 공식적인 예배와 설교, 그리고 교회 내의 경험자 그룹을 통한 목회 차원의 사역들을 중심으로 소개한다.

크리스천의 장례식은 예배와 설교가 의식(儀式)으로 거행되는 하나의 형식 가운데 결합되지만 여기에서는 이것을 둘로 나누어 시도해 보고자 한다.

1. 예 배

예배란 무엇인가? 예배는 예수 그리스도 안에서 자기를 나타내신 하나님의 은총을 깨달은 하나님의 자녀들이 마음과 뜻과 정성을 다하여 하나님과 만나 교제하는 것이다. 이 만남과 교제는 단순한 만남이 아니라 '변화'가 일어나는 일종의 '사건'이다.

그렇다면 사랑하는 가족을 상실하고 애통하며 슬퍼하는 사람들을 위하여 드리는 예배가 누구를 위한 예배인지는 자명한 일이다. 즉, 예배에 참여하는 대상과 목적에 따라 예배의 순서 구성이 달라질 수 있음을 말하는데 유가족을 중심으로 할 것인가 아니면 전도의 목적으로 하여 주변 사람들을 중심으로 할 것인가에 따라 상처 입은 가족들의 감정을 격려하는 표현(Expression)을 사용하든지 아니면 억압(Repression)하는 것으로 처리(Manage)될 것이다. 그러나 일반적으로 크리스천의 의식들은 비탄(Mourning)과 슬픔(Sorrow)에 대하여 솔직하게 인식하거나 슬퍼하는 것을(Grieving) 격려하기보다는[1] 믿음을 강조하면서 억압하는 편이다.

이러한 이유는 장례식을 위한 예배가 유가족들에게만 관련되는 것이 아니라 그 장례식에 참여한 사람들을 포함하기 때문이다. 그러나 엄밀히 생각하면 장례를 위한 예배는 주변 사람들보다 유가족을 중심으로 하는 예배로 구성되어야 하고, 따라서 가족들의 마음을 이해하는 배려가 우선되어야 한다. 이러한 배경에서 두 가지를 강조한다.

1) 슬퍼하는 과정으로써의 종결예배를 계획하라

믿는 사람들의 장례는 무조건 엄숙해야 하고, 고인이 믿는 사람이었다면 이미 천국에 입성했기 때문에 슬픔보다는 기쁨과 감사를 먼저 생각해야 한다는 논리는 교과서적인 정답이다. 이러한 이유로 장례식은 슬퍼하는 과정이 필요 없는 것처럼 보여질지 모른다. 그래서인지 어떤 장례식은 이러한 감정을 아예 무시하거나 슬퍼하는 것을 방해하기도 한다. 여기에는 죽음에 대한 언급이 거의 없고 직접적으로 비통해 하는 사람들에 대한 특별한 배려도 거의 없다. 왜냐하면 고인은 이미 하나님의 나라에 입성했기 때문이다. 이에 대한 신학적인 반론을 제기하고 싶지는 않다. 그러나 고인을 떠나보내고 남은 자들의 마음속 깊이 자리하고 있는 깊은 상실감과 슬픔, 그리고 고인에 대한 추억

1. Kenneth R. Mitchell and Herbert Anderson, p. 140.

의 고통들은 어떻게 해결하도록 할 것인가? 문제는 고인이 아니라 살아남은 자들에 대한 목회적인 배려이다.

필자는 이러한 전통적인 장례식보다 유가족들의 마음속에 끓어오르고 있는 비통함과 슬픔, 그리고 여러 가지 폭발하고자 하는 감정들에 대한 목회적인 배려가 우선시되는 장례식을 강조하고 싶다. 이런 장례는 슬픔의 속성과 비통이 적용된다. 장례식은 상실의 한복판에서 깊은 상실감에 사로잡혀 비통해 하고 슬퍼하는 유가족들과 친족들, 그리고 주변 사람들에게 믿는 자들의 죽음에 대한 하나님의 약속을 알리는 것뿐만 아니라 지지적인 공동체에서 슬픔의 표현을 격려하고 강화해야 한다.

이와 관련하여 예수님께서 하신 말씀 가운데 "이 세대를 무엇으로 비유할까 비유하건대 아이들이 장터에 앉아 제 동무를 불러 이르되 우리가 너희를 향하여 피리를 불어도 너희가 춤추지 않고 우리가 슬피 울어도 너희가 가슴을 치지 아니하였다 함과 같도다"(마 11 : 16-17)라면서 우리의 무감각하고 무관심한 심성들을 지적하셨다. 동시에 "애통하는 자가 복이 있다."고 선포하셨다. 어찌하여 애통하는 자가 복이 있다고 하셨을까? 이유인즉 애통하는 자는 위로를 받기 때문이다. 물론 여기에서 사용된 애통이란 단어는 종말론적인 개념도 있지만 비통과 눈물 가운데 표현된 슬픔으로 때로는 죽음과 관련된 특별한 감각(마 9 : 15, 계 18 : 7)을 가지고 있다.[2] 다시 말하면 애통하지 않으면 위로가 없다는 것이며, 위로를 받기 원하는 자는 비통함과 슬픔을 당할 때 애통하라는 역설적인 의미가 있다.

2. Gerhard Friedrich, ed., *Theological Dictionary of the New Testament*(vol. vi), (WM. B. Eerdmans Publishing Company, Grand Rapids, Michigan, 1973), p. 42. Raymond L. Cramer, *The Psychology of Jesus and Mental Health*, 정동섭 역, 「예수님의 심리학과 정신건강」(서울 : 생명의 말씀사, 1993), 제3장을 참고할 것.

유가족의 이러한 마음을 외면하는 장례식이 오히려 또 하나의 상처로 작용하고 있는 경우를 소개하고자 한다.

> 유난히 아버지와 정서적으로 강한 친밀감을 가졌던 요셉 씨는 아버지의 장례식을 거행할 때 마치 예배가 어떤 무의미한 의식의 한 종류인 것처럼 진행되는 것에 얼마나 고통스러웠는지 말했다. 그는 아버지를 상실한 고통에 사로잡혀 절규하기를 원했다. 그러나 장례식을 집행하는 예식은 현재 고통을 경험하고 있는 유가족들과는 너무나 거리가 멀게 느껴졌다. 그래서 그는 예배를 진행하는 목사에게 소리치고 싶었지만 억눌렀다. 한참 동안을 참고 견디던 그는 더 이상 무의미한 예배의식이 아버지를 잃고 슬퍼하는 자기 가정과는 너무 거리가 있음을 느끼고 마침내 외쳤다. "이 예배가 우리하고 무슨 관계가 있는가? 나의 아버지의 죽음은 여기에서도 계속되고 있다!"[3)]

요셉 씨는 왜 자기 아버지의 장례를 집행하는 예배 시간을 참지 못하고 소리쳤을까? 무엇이 그로 하여금 더 분통이 터지게 했을까? 그것은 유가족들과는 전혀 관계없는 의식을 행하고 있었기 때문이다.

이런 일도 있었다. 지방에 어느 목회자가 새벽예배를 인도하러 오토바이를 타고 교회로 오던 중 버스와의 추돌로 현장에서 유명을 달리했다. 이러한 비통한 분위기에서 주변 사람들의 도움으로 장례식을 종결하는 하관예배를 마치고 취토(取土)하는 과정에서 남편을 비명 가운데 보내야 하는 부인은 더 이상 그 슬픔과 고통을 참을 수 없었다.

> "여보, 나를 두고 먼저 가면 나는 어떻게 살아요?" 하면서 대성통곡을 하기 시작했다. 얼마나 비통하고 가슴이 찢어지는 아픔이었을까? 그런데 이상한 일이 벌어졌다. 옆에 있던 어느 목사가 울부짖는 사모를 향해서 "왜 믿음이 없이 우느냐, 목사님은 이미 낙원에 가셨는데 기뻐해야지, 왜 재수 없이 세상 사람과 똑같이 슬퍼하느냐."고 마치 자신은 믿음이 있고 사모는 믿음이 없어

3. Joseph Matthews, "The Time My Father Died," *Motive*, Jan. 1964.

> 우는 것처럼 윽박지르듯이 야단을 쳤다.
> 그러자 사모가 입을 열었다. "이놈들아, 너희는 마누라가 살아 있어서 그렇게 말할 수 있을런지 몰라도 너희도 마누라가 죽어 봐라, 너희도 이렇게 울지 않을 수 있는지 내가 지켜보겠다." 하면서 대성통곡을 했다.
> 이 광경을 지켜보던 목회자들이 돌아가면서 한마디씩 주고받는다. "저러니 남편이 죽었지……", "사모의 믿음이 형편없군……." 참으로 기가 막히는 장면이었다.

믿는 사람들에게는 인정도, 눈물도, 사랑과 감정도 메말랐단 말인가? 아니면 천국이란 것 때문에 모든 아픔과 눈물, 그리고 그동안 함께 하던 인간의 모든 정(情)도 단칼에 베어 버려야 하는 것인가? 사모의 말처럼 야단치던 목사들은 자신의 부인이나 가족이 떠난다면 그들의 말처럼 할 수 있을 것이라 생각하는가? 남의 아픔과 고통은 언제나 객관적인 감정이지만 자신의 감정은 그렇지 않다는 데 생각의 차이가 있다. 이것이 우리의 현실이 아니던가?

그러나 이와는 달리 장례식이 슬퍼하는 과정의 일부로서 이해되었을 때 장례식은 슬픔의 표현을 방해하는 것보다는 오히려 강조될 것이고 감정들의 표현을 개방하면 낙심되기보다는 격려가 된다.[4] 그러므로 우리 목회자들은 장례식에 대한 새로운 패러다임을 요한다. 왜냐하면 장례식은 고인을 위한 예식이 아니라 살아 있는 유가족들을 위한 예배이기 때문이다.

사람이 슬픈 일을 당하여 슬퍼하는 것은 매우 정상적인 반응이지만 이 정상적인 반응을 주변의 환경이나 물리적인 힘으로 억제하면 지금까지 살펴본 대로 그 후유증이 너무나 크다는 것을 알 수 있다. 그렇다면 유가족들이 고인의 장례를 진행하는 모든 과정에서 마음놓고 그 슬픔을 표현하도록 돕는 것이 목회적인 배려라 했다. 이러한 배려를

4. Kenneth R. Mitchell and Herbert Anderson, p. 143.

위해서는 교회의 형편에 따라 '예식부' 또는 '가정사역팀'을 설치하여 이 부서를 전담할 교역자를 중심으로 교회 내 각종 예식에 대한 전문적인 운영이 필요하다.

예를 들어, 결혼식 예배에 대해서 많은 연구와 변화를 시도하듯이 인생의 종결예배라 할 수 있는 장례예배에 대해서도 많은 연구와 변화가 있어야 한다. 이러한 연구 가운데 이 부서의 활동은 교우들에 대한 자료수집과 편집을 지속적으로 행하는 일이다. 이는 마치 우리 주변의 노인들 가운데 본인이 살아 있을 때 수의(壽衣)나 가묘(假墓), 그리고 영정(影幀)을 기쁨으로 준비하는 분들을 쉽게 볼 수 있듯이 예식부의 사전 홍보활동을 통하여 이러한 자료수집은 교우들의 도움을 받을 수 있다. 앞으로 이 예배에 대한 연구가 본격화되기를 바라는 차원에서 아직은 부족하지만 종결예배로서의 방법을 몇 가지 소개하고자 한다.

첫째, 조건이 허락된다면 장례식장을 출발하기 전에 드리는 예배에서 고인의 생전의 음성을 들려주는 방법이다. 여기에는 고인이 생전에 행하던 여러 활동과 관련된 자료를 중심으로 교회에서의 기도나 사회생활에서의 강연 또는 가정에서 서로 주고받던 기록들과 자녀들에게 남기는 유언록을 중심으로 준비할 수 있다. 또는 영상매체의 도움을 입어 고인의 일생을 보여 줄 수 있도록 전자 앨범으로 편집한 화상(畵像)을 소개할 수도 있다. 둘째, 유가족들과 가까운 친지들, 그리고 고인과 평소에 가깝게 지내던 주변 인사들이 고인에게 하고 싶은 이야기를 직접 할 수 있는 기회를 제공한다. 셋째, 고인과 가장 가까이 지내면서 잘 아는 친구나 이웃을 통해서 평소에 고인에 대한 아름다운 추억과 미담에 대하여 소개를 하는 것이다. 음향이 준비된다면 이러한 과정에 장례식과 관련된 배경 음악을 사용하면 더욱 효과적이다. 우리가 이러한 과정을 진행하는 동안 가족들은 고인과 심적인 작별을 준비하게 되고, 고인과 함께 생활하던 주변 사람들은 고인에 대한 아름다운 추억을 마음에 기록하게 될 것이다. 동시에 남은 인생을 어떻게 살아야 할 것인가에 대한 강한 교훈도 받게 될 것이다.

2) 유가족이 참여함으로 희망을 주는 종결예배가 되게 하라

장례를 거행하는 종결예배가 유가족들과 친족들, 그리고 고인과 관련된 사람들에게 슬픔을 표현하는 기회로만 끝나서는 안 된다. 기독교는 희망을 주는 종교이기 때문에 모든 슬픔의 마지막은 희망으로 연결되어야 한다. 우리 주 예수 그리스도도 고난과 죽음으로 종결된 것이 아니라 그 뒤에 부활이란 새로운 시작이 있었다. 마찬가지로 사랑하는 가족을 잃고 상실의 깊은 늪에 빠져 비통해 하고 슬퍼하는 가족들에게 새로운 희망을 줄 수 있는 예배의 구성을 위해서는 천편일률적으로 어느 가정에서나 동일하게 적용되는 일방적이고 획일적이며 틀에 박힌 일상적인 예배가 아니라 그 가정의 상황에 맞도록 유가족이 함께 참여하는 예배순서를 만들어 진행하는 개방적인 자세가 필요하다. 이처럼 유가족이 함께 참여하여 진행하는 종결예배를 통하여 슬픔 뒤에 찾아오는 안도감으로 영원한 하나님의 나라에서 재회의 약속을 희망할 수 있다.

여기에 한 사례를 소개하고자 한다.

> 믿음으로 살려고 그처럼 혼신의 노력을 다하던 형님의 가족을 한순간에 잃었지만 그 가운데서도 유일한 희망은 재회의 희망이었다. 이분들이 하나님의 나라에 가셨다는 확신을 가지는 순간 하나님 나라는 멀리 있는 것이 아니라 나에게는 더욱 가까이 느껴지기 시작했다. 동시에 장례식장에서 드리는 마지막 예배에 형님 가족에 대한 감사의 기도(네 분 모두 예수 믿고 구원받은 것, 놀러 가는 길이 아닌 기도회에 참석하러 가다가 변을 당한 것, 네 분의 시신

> 을 수습할 수 있었던 것, 그리고 그 많던 조문객들 가운데 한 사람도 하나님을 원망하지 않은 것, 훌륭한 가족들을 만날 수 있었던 것)를 드리고 싶은 강한 충동에 사로잡혔고, 나는 이것이 곧 하나님께서 주신 감동이라고 확신했다. 그래서 장례를 집행하는 교회 측에 내가 기도하고 싶다고 했더니 담임목사께서 가라사대 "상주(喪主)는 기도하는 것이 아니다. 가만히 있어라."는 책망 비슷한 응답뿐이었다. 나 같으면 그런 이유 정도는 물어보았을 텐데……. 그리고는 그분께서 설교하시는 말씀 가운데 다른 장례식에 참석하여 은혜 받은 이야기를 하시면서 그 슬픈 와중에 고인을 인하여 감사기도를 하는 유가족의 기도에 깊은 감명을 받았다고 소개했다. 상주가 기도하는 것이 아니라는데 왜 그 예배에서는 상주가 드리는 감사기도에 은혜까지 받았다고 소개하는가? 나로 하여금 그 기도를 하고 싶은 강한 감동을 주신 하나님의 섭리를 뿌리치고서 말이다. 이 얼마나 모순된 일인가?

그렇다면 가족을 잃고 슬픔에 젖어 있는 사람들에게 어떻게 희망을 전달할 수 있는가? 여러 가지 방법들이 있겠지만 무엇보다 슬퍼하는 가족들과 함께 나누는 스킨십은 효과가 빠른 희망의 약이다. 가족을 잃은 사람이 동성일 경우에는 가슴과 가슴을 맞대어 껴안으면서 등을 가볍게 두드려 주거나 간단하면서도 감동적인 말 한마디가 강한 안정감을 갖게 한다.

성경에 이르기를 "경우에 합당한 말은 아로새긴 은 쟁반에 금 사과니라"(잠 25 : 11)고 했듯이 짧으면서도 감동이 될 만한 희망의 메시지들을 스킨십과 더불어 전할 수 있다면 유가족들에게는 얼마나 큰 힘과 위안이 되는지 모른다. 경우에 따라 이러한 스킨십은 "당신의 슬픔과 고통스러운 심정을 충분히 이해한다. 당신의 슬픔에 나도 함께 할 것이다."라는 무언의 메시지를 전달한다.

2. 설 교

설교란 무엇인가? 설교는 주어진 말씀을 오늘날 우리가 살고 있는 현 상황에 재조명하는 것이다. 그렇다면 사랑하는 가족을 상실하고 고통 가운데 슬퍼하는 유가족들을 대상으로 하는 설교는 종결예배에서 지적했듯이 누구를 그 대상으로 하는가에 따라 설교의 내용과 방향이 달라질 수 있으며 또한 어떻게 해야 할 것인가 하는 것은 무거운 부담이라 할 수 있다.

어느 장례식장에서 있었던 일이다. 장지(葬地)로 떠나기 직전 드리는 발인예배에서 사랑하는 남편을 잃고 슬퍼하는 아내와 가족을 대상으로 하는 설교에서 어느 목회자는 나름대로 준비를 했다 하지만 위로와 희망을 위한 설교보다는 죽음을 논하는 철학을 강의하고 있었다.

그 설교를 듣고 있던 시간 동안 얼마나 안타깝고 답답했는지 모른다. 그 귀중한 시간에 성경적인 메시지를 전하기보다는 자신의 철학적인 사고를 강론하는 시간이 되고 말았다. 만일 설교자의 가정이 이와 같은 처지에 있을 때 그 강론을 들려준다면 그는 어떤 반응을 했을까? 아무리 생각해도 상실의 속성과 그에 따른 유가족들의 마음을 읽지 못한 참으로 안타까운 마음이 들었다.

목회자들은 설교에 한하여 전문가가 되어야 한다. 전문가는 설교의 대상에 대한 사전정보를 기반으로 심층적인 파악과 깊은 연구, 그리고 말씀에 대한 깊은 명상이 전제되어야 함에도 불구하고 초등학문에 의지한다면 슬퍼하는 유가족과는 거리가 먼 목회자로 낙인될 것이다.

우리는 여기에 합당한 사례로 예수께서 베드로를 제자로 선택하고 부르시는 과정을 통하여 분명한 목적을 어디에 둘 것인가에 대한 답을 얻는다.[5)]

예수께서 베드로를 처음 만난 것은 그가 밤새도록 빈 그물만 던지고 별다른 수확을 얻지 못함으로 온 기력이 빠지고 별로 기분이 좋지 않은 이른 아침이었다. 그럼에도 불구하고 성경에서는 많은 사람들이 예수님을 알아보고 그 뒤를 따랐다고 했지만 예수님의 최대 관심사는 대중들이 아니라 오직 한 사람 베드로였다. 베드로의 배를 빌려 탄 예수께서는 비록 대중들을 향하여 말씀을 전하셨지만 그분의 관심은 언제나 발밑에서 그물을 깁고 있던 베드로였고, 종종 서로 마주치던 눈을 통하여 베드로는 처음 만난 예수님의 감동과 가슴속을 파고드는 말씀에 사로잡히기 시작하면서 종국에는 자신을 발견하고 예수님의 발밑에 납작하게 엎드려 "나는 죄인이라."는 자기 선언을 하게 된다. 이러한 과정을 통하여 베드로는 예수님의 초청을 받아 그 사명을 다한 것이다. 이는 예수님께서 주 대상을 누구로 할 것인가에 대한 분명한 선택과 결정이 있었다는 것을 암시한다. 그러므로 설교는 주 대상을 선택하고 결정하는 일이 매우 중요하다. 가족을 상실하고 비통해 하는 사람들을 대상으로 행해지는 설교는 주 대상이 유가족들이다. 그러므로 무엇보다 상실의 현실과 상실에 대한 성서적인 조명이 필요하다.

1) 상실의 현실들

상실이 일어난 상황 가운데서 행해지는 설교는 상실에 대한 솔직한 인식이 포함될 것을 요구한다. 이런 솔직함에 대하여 어떤 사람들은 매우 인색하게 보인다. 한 가지 예를 들어 보자. 젊은 나이에 남편을 상실하여 슬픔을 당한 미망인에게 일상적으로 들을 수 있는 위로의 말 가운데 "당신의 남편은 보다 좋은 곳으로 갔으니 염려하지 말라.", "슬퍼하지 말라." 혹은 "당신의 남편은 이미 천국에 갔으니 울지 말

5. 누가복음 5 : 1~11.

라."는 등의 위로들은 미망인이 느끼는 슬픔의 핵심을 놓친 말들이다. 이것은 마치 외로움과 우울증에 빠진 아내에게 "당신 남편은 사업차 여행을 떠나 따뜻하고 편안한 곳에서 다른 사람들과 골프를 즐기고 있으니 그렇게 외로워하거나 힘들어하지 말라."고 하는 것과 무엇이 다르겠는가? 사랑하는 남편이 좋은 곳으로 가서 평안하며 복되다는 사실은 큰 위로가 되겠지만 그 사람이 자기를 떠났다는 사실 때문에 고통스러워하고 슬퍼하는 사람에게 남겨진 감정은 그리 쉽게 해결되지 않는다.

그러므로 상실 가운데서 행해지는 설교는 죽음의 현실을 회피하거나 부인하는 것으로 고통을 부드럽게 하기보다는 그 반대로 상실을 분명하게 확인하면서 고통스러워하는 유가족들과 함께 교회가 그 고통에 함께 동참하고 있음을 알리며 고통 속에 새로운 희망을 제시하는 것이 중요하다. 왜냐하면 아무리 아름다운 포장을 한다 할지라도 상실이란 고통은 피해 갈 수 없을 뿐 아니라 오히려 그럴수록 상실의 고통과 슬픔은 극대화되면서 심각한 후유증을 동반하기 때문이다. 만일 설교 가운데 상실의 고통을 억제시키면서 일방적인 희망만을 제시하게 되면 어떤 경우 유가족들은 자신의 고통과 상실의 비통함에 대한 죄의식과 더불어 복합적인 감정들을 해소하지 못한 데서 오는 우울증까지 앓게 되는 이중삼중의 어려움을 당하게 된다. 이런 경우는 설교를 담당하는 목회자가 상실에 대한 무관심과 무지 때문에 초래되는 현실이다. 그러므로 상실과 관련된 설교를 하는 목회자는 상실에 대한 예비지식이 필요하다.

2) 상실에 대한 성서적 조명

미국에 잠시 체류하고 있을 때의 일이다. 마침 가까이 있던 교회에서 부흥집회가 있었다. 몇 년 전 일본 오사카 기도원에서 실시된 '한·미 국제목회자세미나'에 참석한 일이 있었는데 그 당시 많은 감동을 끼쳤던 목사님께서 강사로 초청되었기에 더욱 반가웠다. 많은 한인들과 미국인들이 그 집회에 참석하며 은혜를 사모했다. 그러나 부흥사의 입에서 도저히 믿어지지 않는 망언(妄言)이 터져 나오기 시작했다.

> 이곳에 오기 얼마 전 우리 교회에 다니는 교우 가운데 남편이 교통사고로 세상을 떠난 사람이 있는데, 여러분! 왜 그가 교통사고를 당했는지 압니까? 하나님을 제대로 안 믿고 죄를 지어 저주받아 죽은 것입니다.

물론 어쩌면 그럴지도 모른다. 그렇다면 우리가 믿는 하나님이 얼마나 무서운 공포의 대상인가?

매년 우리 나라는 각종 교통사고와 재난으로 목숨을 잃어버리는 사람의 수가 급증하고 있다. 그렇다면 예수님을 잘 믿는 사람은 이런 각종 재난으로부터 완벽하게 자유로울 수가 있는가? 그렇지 않다. 그렇다면 우리의 이러한 현실은 모두가 저주받은 사람들인가? 참으로 안타까운 억지논리이다. 그러다가 자신의 가족이 이러한 사고를 당한다면 어떻게 말할까? 대중에게 많은 영향을 끼치는 부흥사들이 짧은 생각과 자기 논리에 빠져 이런 자아도취적이고 유아적인 망언들을 함으로 순진한 교우들이 얼마나 많은 상처를 받고 방황을 할까?

성경은 "상실은 가장 믿음직스런 하나님의 사람일지라도 그 시기를 알 수 없으며, 저주나 창조의 질서에 위배되는 것이 아니다."라고 강조한다. 예레미야 12장에서, 선지자는 자신의 상실에 대한 감정을 포함하고 있는 많은 불평들을 가지고 하나님께로 나왔다. 그 유명한 5절의 내용이다. "만일 네가 보행자와 함께 달려도 피곤하면 어찌 능히 말과 경주하겠느냐 네가 평안한 땅에서는 무사하려니와 요단 강 물이

창일한 중에서는 어찌하겠느냐." 여기에서 하나님은 오히려 예레미야에게 더 악한 것이 아직도 오고 있노라고 말씀하고 계신다. 비슷하게 예수님께서는 그의 제자들에게 시련이 있을 것을 예고했지만 제자들은 그렇지 않다고 보았다.

이와 같은 시련은 요한계시록 7장에도 반영되고 있는데, 이런 사건과 연루되어 왕 주변에서 승리의 노래를 부르고 있는 사람들은 시련을 건너뛰기보다는 오히려 큰 시련을 통하여 승리한 사람들이다. 이런 일들은 우리에게 남겨진 고통, 상실, 그리고 슬픔이 크리스천들과 비크리스천 모두를 향하여 '그날의 질서'를 위한 일부분이라는 것을 말해 준다.

목회자가 비록 상실을 구조적으로 다루면서 슬퍼하는 사람들을 도우려는 목적으로 설교를 한다 할지라도 성서의 의미와 상실이란 현실과의 관계를 외면해서는 안 된다. 예를 들어, "만일 우리가 충분한 믿음만을 가졌더라면……." 하나님은 우리에게 상실이 일어나는 것을 허락하지 않았을 것이라는 주장은 신학적으로 옳지 못하다.

상실의 현장에서 행해지는 설교의 두 번째 임무는 사랑하는 가족을 상실한 유가족들의 고통과 불안, 그리고 고인을 향한 섭섭함과 죄의식 등에 관한 감정들을 허용할 뿐 아니라 이러한 감정에 대한 성서적인 조명을 하는 것이다.

3) 감정의 허용

슬픔 가운데 있는 사람들은 일반적으로 크고 작은 많은 감정들을 가지고 있다. 그러나 이런 감정들은 종종 큰 불편함과 더불어 경험된다. 설교는 그들의 모든 복잡성 가운데 그들의 감정들을 허용하는 것으로 그 의미를 둔다.

> 얼마 전 십대의 아들을 죽음으로 상실한 한 아버지가 있었다. 아들이 살아 있을 때에는 팽팽한 긴장 속에서 아들에 대한 비통함, 분노, 실망, 솟구쳐 오르는 분노로 착잡한 세월을 보냈다. 그러나 막상 아들이 죽고나자 아버지의 생각은 달라졌다. 아들이 가 버리고 말았으니 아들과 화해할 길을 더 이상 찾을 수 없게 된 것이다. 그 슬픔은 너무나 복합적이어서 아버지는 더 큰 슬픔에 잠기게 되었다. 이 경우 그가 가지고 있던 것만 잃어버린 것이 아니라 그가 앞으로 가질 수 있었고 가질 것이라 기대했던 것마저 상실해 버린 것이다. 즉, 그 사람은 아들을 통한 자신의 장래를 잃어버린 것이다. 아들을 상실한 아버지는 여기에 머무르지 않고 자신의 과거에 대하여 깊은 후회와 죄의식을 가질 것이다. 그 이유는 '왜 기회가 있을 때 아들과 좀더 좋은 관계로 개선하지 못했던가' 하는 생각으로 스스로에 대하여 화가 치밀어 오를 수도 있기 때문이다.

아들이 살아 있을 때는 늘 아버지의 부담이 되었음에도 불구하고 아들이 죽고 나면 그 부담이 줄어드는 것이 아니라 도리어 반대적인 현상으로 급변하는 것이 부자간의 사랑이며 정이다. 이러한 부자간의 관계가 평소 깊은 애증관계(愛憎關係)에서 이제는 아들을 향한 미안함과 죄의식으로 강하게 자리 잡고 있는 현상을 그 아무도 부인할 수 없는 상황이 아닌가? 이러한 상실 뒤에 따라오는 슬픔은 이성적 차원과 정서적 차원 간의 조정을 포함한다. 즉, 우리는 상실당했다는 사실에 내포된 모든 것을 이성적이며 합리적으로 처리해야 한다.[6)]

생활은 다시 시작되어야 하고 재건되어야 한다. 그와 동시에 상실이라는 사실에 반응하여 일어난 복잡한 정서적 감정들도 잘 다스려야 한다. 그러나 이 시기에는 정서적 차원과 이성적 차원이 우리들의 마음에서 자리다툼을 하고 있으며, 서로 훼방을 하고 분노하는 마음이 하나님을 원망하는 생각을 갖게 한다. 그러다가 마침내 상실한 안타

6. Charles M. Sell, *Grief's Healing Process*, p. 20.

까운 마음이 깊어지면서 우울증이라는 깊은 늪에 빠진다.

위의 많은 사례들 가운데서 보듯이 사랑하는 가족을 상실한 이후에 찾아오는 크고 작은 많은 감정들에 대하여 설교자는 깊은 관심을 가져야 한다. 그리고 이러한 관심의 표현으로 지금 현재 당신들이 느끼고 있는 "감정들을 이해한다."라고 상한 마음을 공감하고 읽어 줌으로 유가족의 마음에 안정된 마음을 전할 수 있다.

이 일을 위하여 필요하면 "울고 싶으면 실컷 울라."고 배려하거나 "유가족 여러분이 슬퍼하는 그 마음을 충분히 공감한다."라고 표현한다. 이런 표현을 통하여 그들만이 가지고 있는 감정들을 허용하는 일은 매우 중요하다. 이처럼 대인 관계적인 상황이나 설교단으로부터 나오는 세심한 목회적 배려는 관리하기 어려운 감정들을 돕는 데 사용할 수 있다.

3. 경험자 그룹을 통한 치유사역

사랑하는 가족을 상실한 가족으로서는 이보다 더 큰 삶의 위기가 없다. 위기는 스스로 극복할 수 있을 때까지 지속적인 도움이 필요하다. 우리가 여기에서 생각해 볼 문제는 장례식을 마친 다음이다. 모든 장례절차가 종결되면 각기 자기의 생활전선으로 돌아간다. 일반적으로 교회가 하관예배까지에 이르는 모든 과정에서 보여 주는 정성이나 관심은 매우 좋은 반응을 나타낸다. 경우에 따라서는 하관예배를 마치고 귀가해서 온 가족들이 모인 가운데 도착예배를 드리기도 한다. 여기까지는 어느 교회에서나 쉽게 경험하는 과정이지만 그 다음부터는 그다지 큰 관심을 가지지 않는 듯하다.

장례식을 마칠 때까지는 많은 사람들의 도움이 있기 때문에 슬퍼할 시간이나 자신의 감정을 정리할 만한 여유가 없다. 그러나 모두가 돌아가고 나면 상황은 이와 반대가 된다. 남은 가족들에게 찾아오는 것은 바닷가에 가득했던 물이 썰물처럼 빠져나가듯이 한꺼번에 밀려오는 허전함과 허탈감, 그리고 도저히 믿어지지 않은 현실로 무기력해지며 또 한번 고통을 당한다. 각자의 성향이나 고인과의 관계에 따라 다소 차이는 있지만 고인과 함께 생활하던 처소인지라 보이는 유품마다 고인의 손길이 묻어 있고 지금이라도 돌아올 것만 같은 환상 속에서 떠오르는 고인의 얼굴과 살아생전의 모습들, 그리고 뼛속 깊이 젖어들기 시작하는 고독과 그리움이란 상상을 초월한다. 문제는 이때 누가 이들 곁에 있어 주는가 하는 것이다.

유가족들에게 있어서 가장 힘들고 고통스러운 긴 터널을 혼자의 힘으로 걸어가야 하는 어려움이 도사리고 있다. 여기에는 아직 해결해야 할 몇 가지 커다란 슬픔의 덩어리들이 있는데, 이는 혼자의 힘으로는 감당하기 벅찬 앞날에 대한 근심, 죽음에 대한 분노, 고인에 대한 그리움과 함께 찾아오는 죄의식, 그리고 이 모든 것이 복합적으로 밀려오는 슬픔과 우울증이 그 대표적이다. 이처럼 미해결된 감정들은 공식적인 예배나 설교만으로는 부족하다. 여기에는 이러한 상한 감정들을 치유해 줌과 동시에 그가 처해진 환경을 비롯하여 법적인 문제까지 전반적인 도움을 줄 수 있는 자상함과 세밀한 배려가 본격적으로 필요하다. 물론 이들의 도움이 장례에 관한 모든 시작과 종결에 이르기까지 밀착된 도움을 제공할 수 있다면 유가족에게는 훨씬 더 큰 힘이 될 것이고, 후일에 이들 또한 이 치유그룹에 가입하여 어려움을 당한 가족들을 돕는 봉사자가 될 것이다.

그렇다면 사랑하는 가족을 잃고 비통해 하며 고통스러워하는 이들이 건강한 모습으로 일상생활에 복귀할 수 있도록 돕는 데는 어떤 방법들이 있을까?

교회 내에는 다양한 계층의 다양한 경험자들이 많이 있다. 이러한 경험자들 가운데는 일찍이 사랑하는 가족을 상실하고 오랜 세월을 슬픔과 고통 가운데 혹은 깊은 우울증에 시달린 경험자들도 있을 것이다. 이들 중에는 가족을 상실한 배경도 다양하여 어떤 가족은 질병으로, 어떤 가족은 갑작스런 사고로, 어떤 가족은 자살이나 타살로 인한 상실 등 여러 종류의 가족상실이 있을 것이다. 이러한 경험자들을 중심으로 교회 내의 재활그룹을 구성하여 이와 유사한 가족상실을 당한 교우들을 지지해 주고 도울 수 있는 소그룹을 활성화하는 것이 사랑하는 가족을 상실하고 슬퍼하는 사람들을 위한 효과적인 목회사역이 될 것이다.

다음은 가족을 상실당한 사람들의 심리적인 충격과 변화에 이르는 단계별 특징들에 대한 예비지식을 중심으로 어떤 도움의 방법론들이 있는가에 대하여 소개하고자 한다.

1) 유가족이 상실의 감정을 인지하고 표현할 수 있도록 도우라

가족을 상실한 사람이 겪는 첫 번째 단계는 충격이다. 이로 인하여 사고능력이 무력화되면서 호흡에도 이상이 생기고 자기 눈에 보인 고인에 대해서도 부정적인 반응을 보인다. 동시에 잊어버린 대상을 찾으려고 방황하는 모습을 보게 되면서 도르티 졸레(Dorothy Sölle)가 지적한 대로 무감각하고, 평소에는 볼 수 없고 들을 수 없는 언어들을 쉽게 들을 수 있다. 그만큼 충격이 크다는 것을 말한다.

우리가 평소에 경험하는 일들 가운데 설사가 나서 배가 더부룩하거나, 굶고 있거나, 배가 너무 고파 허기진 상태에 있으면 아무리 좋은 강의나 아름다운 관광일지라도 이것은 관심 밖의 일로 미루어진다. 사람의 본능은 자기 신체의 메시지에 우선하기 때문이다. 마찬가지로 가족상실로 슬픔에 사로잡혀 있는데, 그 무엇이 이보다 더 우선적인 메시지로 선행되겠는가?

그러므로 이때 우리는 섣부른 위로를 하려고 해서는 안 된다. 충격을 받고 멍해진 그에게 무슨 말이 들리겠으며, 무엇이 정상적으로 느껴지겠는가? 어설픈 위로나 충고는 하면 할수록 상실감의 여러 감정들이 내면화되면서 예기치 못한 어려운 일들이 발생한다. 다만 그를 위하여 해 줄 수 있는 것은 그가 받은 충격이 감정을 타고 나오는 과정에서 거친 말들을 비판이나 편견 없이 지금-현재(here- now)의 심정을 있는 그대로 들어주는 것이다. 이러한 측면에서 사랑이란 상대방의 말에 귀를 기울여 주는 것이다. 말을 하는 전문직에 종사하는 사람들일수록 자기의 말은 억제하고 논리에 맞지 않는 상대방의 말에 귀를 기울이는 것은 쉬우면서도 대단히 어려운 자기와의 싸움이다.

그러나 가족상실이라는 위기에 직면해 있는 사람에게 절실한 것은 말에 있는 것이 아니라 그 옆에 함께 있어 주는 것만으로도 커다란 힘이 될 수 있다는 것이다.

> D라는 여인은 젊어서 남편을 잃었다. 남들 못지않은 행복한 꿈과 사랑스러운 가정을 만들어 가던 이 여인에게 있어 남편의 돌연사는 누가 봐도 이해하기 어려운 충격이며, 스스로의 힘만으로는 버틸 수 없는 극한 상황이었다. 그러니 이 격한 감정이나 충격적인 감정을 어떻게 해소해야 하며 자기 자신을 어떻게 찾아야 할지 도저히 감당할 수 없었다.
>
> 결국 이 여인은 날이면 날마다 사랑하는 남편이 잠들어 있는 묘소에 찾아가 남편의 이름을 불러 가면서 한없이 울고 또 울 수밖에 없었다. 참으로 비정한 남편이 아니던가? 가 버린 사람이야 모든 고통을 잊어버리고 편히 쉴 수 있다고 하지만 남아 있는 사람의 고통은 어떻게 할 것인가? 오죽하면 어느 나이 많은 시인은 먼저 가 버린 부인을 그리워하면서 저 세상에 가서는 반대로 내가 먼저 죽고 당신이 남아 있으면서 나의 이 한 맺힌 그리움과 보고픈 마음을 이해할 수 있도록 해 주겠다고 글을 남기었겠는가?
>
> D 여인도 이러한 심정이었을 것이다. 이러한 기가 막힌 소식을 들은 교회 목사는 이 여인이 남편의 묘소를 찾아가는 날 조용히 그 뒤를 동행했다. 그리고

> 먼발치에서 남편을 부르며 구슬피 울고 있는 여인을 바라보며 그의 마음에 평안을 빌며 함께 울었다. 그런데 한참을 울고 있던 여인이 정신을 가다듬고 나서는 무언가 느껴지는 듯 뒤를 바라보았다. 사람의 온기가 느껴졌던 것이다. 거기에는 어떻게 알고 왔는지 자신의 처량한 모습을 보면서 말없이 서서 울고 있는 담임목사가 있었다.

그 순간 "지금까지는 나 혼자라는 쓸쓸함과 고독이 주체할 수 없는 슬픔으로 변하여 울고 또 울었지만 말없이 나를 지켜보며 기도하고 있던 사람이 있다니……. 이게 정말인가?" 하는 현실을 인지하면서부터 이 여인은 정상적인 생활로 복귀하는 데 그리 많은 시간을 보내지 않고 자신을 의탁할 수 있었다. 목사의 그 어떤 행동이 이 여인에게 이처럼 큰 힘이 되었겠는가? 상실의 감정을 인지하고 표현할 수 있도록 말없이 지켜 주었던 것이 그 무엇으로도 대신할 수 없는 큰 지지대가 되어 준 것이다.

의사인 폴 브랜드(Paul Brand)는 「신묘막측하게 지어진 존재」라는 자신의 책에서 "내가 환자들과 가족들에게 고통을 당할 때 누가 도움이 되었느냐고 물어보면 좀 이상하고 불확실한 대답들을 듣게 됩니다. 도움을 주었다는 사람은 대개 말을 잘하거나 설득력이 있거나 말을 해 주려 하는 사람이기보다는 들어주며, 판단하거나 조언하려 하지 않는 그런 사람들입니다. 그러나 도움을 준 그 사람들은 참아 줄 줄 아는 사람, 필요할 때 있어 주는 사람, 손을 잡을 수 있는 사람, 어찌할 줄 몰라 하는 마음을 드러내며 안아 주는 사람, 자기도 함께 목이 메이는 사람들입니다."라고 말했다. 때때로 우리는 무엇인가 적절한 말을 해 주려고 너무 애쓰다 보면 느낌으로 전달되는 것이 말로 하는 것보다 더 효과적이라는 사실을 잊게 된다.

이것과 관련하여 성경은 가족을 상실하고 슬퍼하는 사람들을 어떻게 지지해 주었는가를 나사로의 죽음(요 11장)과 관련하여 살펴보기로 한다. 예수님께서는 나사로가 죽은 지 나흘이 지나서 그 가정에 도착하셨다. 장례까지 다 마친 후의 일이다. 그러나 오빠가 그토록 좋아하고 친근히 지내던 예수님께서 찾아오셨을 때 마르다와 마리아는 죽은 오빠가 보고 싶어졌다. 그래서 두 자매는 이미 고인이 된 오빠를 그리워하는 인간의 애정이 화산처럼 폭발되면서 통곡했다. 고인과 가까이 지내던 사람을 만나게 되면 이처럼 고인을 향한 그리움과 잃어버린 대상을 찾고자 하는 강한 애착이 비통(悲痛)으로 표현되는 것이다. 그렇기 때문에 예수님도 자매들의 이 통곡을 듣고 보시면서도 어떤 위로나 격려를 통해서 이들의 애통을 만류하거나 억압하지 않았다. 오히려 예수님께서도 함께 우셨다는 표현을 강조한다. 이것은 예수님께서도 오빠를 잃어버리고 비통해 하는 동생들의 마음을 그대로 인정하면서 표현하도록 공감하고 있음을 대변한다.

그러나 이와 반대되는 예도 있다(삼하 19장). 압살롬이 아버지 다윗을 대상으로 군사반란을 일으켰다가 전사했다는 소식을 전해 듣고 다윗은 아들의 죽음을 슬퍼했다. 이러한 사실에 당황한 장군들과 백성들이 다윗에게 항의를 했다. 그 이유가 무엇일까? 반역자 압살롬을 제거한 충신들과 주변 사람들은 아들을 상실한 아버지의 슬픔을 이해하기 어려웠던 것이다. 그래서 주변 사람들은 아들을 상실한 아버지의 슬픔을 저항하고 부정하려고 했다. 여기에 지도자의 번민이 있다. 만일 다윗이 주변 사람들의 강압에 못 이겨 아들의 죽음을 슬퍼하지 않고 가슴에 묻어 두었다면 어찌 되었을 것인가?

여기에 적절한 표현이 될지 모르지만 농촌의 풍경 가운데 어린아이들이 아침이면 소를 몰고 동네 밖 냇가의 둑에 쇠말뚝을 박아 놓고 하루 종일 소가 풀을 뜯어 먹도록 배려한다. 그런데 계절이 여름철인지라 쇠파리들이 소의 등을 집중적으로 공격하면서 피를 빨아먹는다. 그때 소를 지키던 아이들이 있을 때에는 파리채로 쇠파리들을 잡아 주거나 쫓아 주기 때문에 별 걱정이 안 되지만 그러하지 못할 때는 소에게 위기상황이 벌어진다. 소는 스스로 이 문제를 해결하고자 꼬리를 흔들어 보기도 하지만 역부족일 경우에는 언덕에 비스듬히 누워 가려운 등을 비벼 대는 것이다.

위기를 만난 이웃들이 비벼 댈 수 있는 언덕은 무엇일까? 그것은 자신의 어려움과 고통스러운 마음들을 비판하거나 주석을 달지 않고 있는 그대로 들어 주는 사람이 이들에게는 언덕이다. 이것은 조금만 관심을 가지면 누구나 할 수 있는 것으로 상실감에 젖어 있는 사람을 고통의 늪에서부터 구출하는 첫 번째 도움의 방법이다.

2) 유가족으로 하여금 상실의 사실을 현실화할 수 있도록 도우라

고인과 정서적으로 밀접한 관계를 유지하던 가족일수록 그 충격이 강하기 때문에 사랑하는 가족을 상실했다는 현실을 거부하거나 인정하려 하지 않고 오히려 잃어버린 대상을 자기 눈으로 확인하면서도 그 대상을 찾으려 한다. 그러므로 비판 없이 그의 말에 귀를 기울여 주면서 상실의 당사자로 하여금 현실을 수용할 수 있도록 도와주어야 한다.

장례식에서는 종종 생각하지 못한 변수를 만날 때가 있다. 연세가 다소 많은 부모가 돌아가시면 남아 있는 가족들을 위로한다고 해서 "살 만큼 오래 사셨는데…….", "당신 ○○○는 복 받아서 오래 살다 가셨네, 그러니 호상일세."라는 말을 쉽게 한다. 물론 오래 살다 가셨기에 호상이라 하겠지만 이런 말을 듣는 가족들의 마음은 섭섭하게 들리고 자신의 슬픔이 무시되는 기분을 갖게 한다. 그들은 아무도 자신의 슬픔을 이해하지 못한다고 생각하기 때문이다.

그들은 병을 앓다가 돌아가시는 어른을 위로하기 위하여 "오래 살면서 병으로 고생하다가 죽는 것보다 일찍 죽는 것이 차라리 낫다."는 말도 듣고 싶어하지 않는다. 남아 있는 가족이 원하는 것은 그냥 옆에 있어 주는 것이다. 설사 이것이 사실이라 할지라도 그런 말로 위로받고 싶어하지 않는다. 이러한 섣부른 위로들은 상실을 현실화하는 데 아무런 도움이 되지 못하고 오히려 슬픔을 내면화시키는 부작용을 만든다.

그러므로 유가족들을 위로한다고 섣부르게 말을 하는 것보다는 손을 잡아 주던지 어깨를 감싸 주면서 가볍게 두들겨 주거나 "내가 당신의 슬픔을 이해한다.", "얼마나 슬픔이 크겠는가?" 또는 "힘을 내게나!"라는 무언의 격려와 힘을 보내 주어야 한다.

때로 유가족들 중에는 고인에 대한 추억에 깊이 빠지고 환상을 보며, 심지어는 고인이 아직 살아 있기라도 하듯이 말을 거는 사람도 있다. 살아 있는 사람들에게서 스스로 고립되는 것은 사랑하는 가족의 죽음을 사실로 받아들이는 것을 더욱 어렵게 만든다. 그렇지만 어떤 사람에게는 이 길만이 사람을 상실한 슬픔을 감당하는 유일한 수단이 된다. 따라서 이런 사람을 비웃거나 "그 사람은 죽었소."라고 다그치는 일은 너무도 잔인한 일이다. 오히려 그 사람의 요구를 깊이 이해하고 그를 고립에서 서서히 끌어냄으로써 현실에 눈뜨게 만드는 것이 도움이 된다.[7)]

우리 인간은 스스로의 생존을 위하여 방어기제를 활용하는 명수들이다. 이 방어기제는 외부의 힘이 나보다 강하게 느껴지면 자동적으로 활동을 개시하게 되어 있다. 그러므로 부정하고 대응하는 감정의 껍질에서부터 깨어 나오도록 하기 위해서는 상실의 현실을 인정하는 외부의 도움이 필요하다. 가족상실로 인하여 슬픔과 우울의 깊은 늪

7. Elisabeth Kü bler-Ross, *On death and dying*, 성염 역, 「인간의 죽음」(경북 : 분도출판사, 1994), p. 257.

에 빠진 사람을 건져 내기 위해 이솝의 우화에 나오는 내용처럼 길 가던 나그네의 외투를 따뜻한 햇빛이 벗겨 내었듯이 비논리적이고 비이성적인 감정과 생각일지라도 그대로 이해하고 수용하는 것이 필요하다. 그러면서 사별의 고통을 인정하도록 지지해 주면 자신의 마음을 헤아려 주는 사람이 있음을 인지하면서 상실, 그 자체를 현실화시키는 속도가 빨라진다.

K 집사 부부는 잘 다져진 신앙인이라 할 수 있을 만큼 모범적인 삶을 살고 있었다. K 집사는 대학교수이지만 막내아들로 태어나 부모로부터 절대적인 사랑과 지지를 받으며 자라서인지 주는 것보다 받는 것에 익숙해 있었다. 거기에 비하여 아내는 대범하게 일을 처리해 갔다. 남편을 설득하여 대형 식당을 운영해 갈 정도로 사업의 수완도 탁월했다.

그런데 어느 날 이 부부가 나의 집을 방문하여 서로 대화를 나누던 가운데 K 집사의 아내가 "몇 달 전에 친정어머니를 상실한 이후부터 깊은 우울증세가 나타난다."고 말을 하자 남편은 대수롭지 않게 받아넘기곤 했다. 그러나 아내에게 뭔가 심상치 않은 징조가 보이자 남편이 있는 가운데 그 고통스러운 심정을 털어놓도록 분위기를 조성하고, 남편에게는 아내가 하는 말에 귀를 기울여 달라고 부탁했다. 그러면서 친정어머니에 대한 그리움을 회상하도록 하면서 하고 싶은 말이 있으면 하고 울고 싶으면 마음껏 울라고 하자 한참 동안을 마음속에 담아 놓았던 상실의 고통과 그리움뿐만 아니라 남편이 이러한 자기의 마음을 몰라주는 데 대한 섭섭함을 주저 없이 털어놓기 시작했다.

남편은 막내로 자라면서 사랑만 받았기 때문에 자신의 이러한 비통함을 몰라준다는 불평과 더불어 얼마나 구슬피 우는지 민망할 정도였다. 한참을 울고 나서 "이제는 속이 시원합니다. 이제는 살 것 같아요."라고 말을 하자 그 과정을 옆에서 지켜보던 K 집사는 미안한 표정을 짓고 있었다. 그래서 "아내에게 해 주고 싶은 말이 있으면 지금 하면서 깊이 안아 주라."고 주문했다. 잠시 후 이 부부의 얼굴은 평온을 되찾는 모습이었다.

왜 K 집사의 아내는 친정어머니를 상실한 이후 우울증세가 찾아왔을까? 물론 자신의 슬픔과 고통을 발산할 수 있는 기회가 없었던 이유도 있지만 가장 가까이에 있으면서 자신의 아픔을 배려할 줄 모르는 남편의 무관심이 근본적인 이유였다.

성경은 믿음의 조상 아브라함도 그의 아내 사라가 죽었을 때(창 23 : 1-2) 사라를 위하여 슬퍼하며 애통하다가 죽은 아내를 장사하기 위한 과정을 밟았다고 강조한다. 물론 사라는 127세를 살았으니 우리에 비해 오래 살았다. 하지만 평생을 함께 살던 아내가 먼저 갈 때 남아 있는 아브라함의 마음은 그 무엇으로 대신할 수 있었겠는가? 만일 아브라함이 아내의 상실에만 몰두하고 있었다면 장례는 어떻게 치를 수가 있었겠는가? 외롭고 쓸쓸한 이국 땅에서 수많은 어려움들을 이겨 내면서 지내던 일들, 때로는 아내를 누이라고 해야 하던 자신의 무기력한 처지를 생각하면서 주마등처럼 스쳐 지나가는 일들로 인한 죄의식 등 헤아리기 어려운 숱한 감정들이 복잡하게 얽히고설키면서 아브라함의 마음을 힘들게 했을 것이다. 그러나 이러한 와중에서도 아브라함은 상실을 현실로 인정했기 때문에 아내를 위하여 적당한 매장지를 준비할 수 있었다.

이처럼 가족을 상실하고 고통과 슬픔을 느끼는 것은 자연스러운 반응이다. 문제는 여기에 대한 주변인물의 관심과 배려이다.

3) 유가족으로 하여금 고인 없이 살아갈 수 있도록 도우라

사랑하는 가족과의 사별은 무엇으로도 표현하기 어려운 고통이지만 특별히 고인이 가정의 경제권을 가졌었던 경우라면 그 고통이나 후유증은 심각한 지경에 이른다. 경제권을 가진 가장(家長)이 어떤 지병을 앓고 있다가 사별을 하는 경우에는 심적으로 준비할 수 있는 시간적인 여유라도 있지만 오늘날처럼 예고 없이 들이닥치는 여러 가지 사고로 인한 돌연사는 그 고통의 깊이와 폭을 무엇으로 비교할 수 없을 정도로 폭발적이다. 그러니 "하늘이 무너졌다.", "살길이 막막하다.", "이젠 모든 것이 끝장이다.", "참으로 큰일이다."라는 말들은 긴 한숨과 더불어 앞으로 헤쳐 나갈 일에 대한 절망감을 토해 내는 말들이다.

이와 반대로 자녀들이 아직 어린데 사랑하는 아내와 사별을 하는 경우는 어떻게 해야 하는가? 가정살림은 어떻게 하고 어린 자녀들의 양육은 어떻게 해야 할까? 이 문제들에 대한 대처 방안은 아내가 모두 알아서 처리하던 가사(家事)들과 갑작스럽게 몰아닥친 비통과 함께 살아 있는 남편에게 말로 표현하기 어려운 짐으로 남게 된다. 그렇다고 시간을 과거로 되돌려 놓을 수도 없는데 마냥 고인을 생각하면서 슬픔에만 사로잡혀 있을 수 있겠는가?

> K 집사는 직장생활과 교회생활에 충실하게 봉사하던 사람이었는데 밤중에 험한 산길을 운전하고 오다가 그만 미끄러져 교통사고로 우리 곁을 떠났다. 슬하에 초등학생인 어린 딸과 그 동생을 두고서 말이다. 고통과 비통함이 가정을 엄습했다. 교인들이 함께 슬퍼하면서 장례식을 마쳤지만 문제는 앞으로 살아갈 길을 마련하는 것이었다. 다행히도 교회에서는 K 집사가 교회학교를 위하여 열심히 봉사하던 정신을 기념하는 차원에서 그의 어린 자녀들이 고등학교를 졸업할 때까지 장학금을 수여하기로 했고, 부인이 속한 구역과 교구에서는 십시일반으로 성금을 모아 주었다. 또한 부인은 시댁의 도움을 입어 어린이집을 운영할 수 있게 되었다.

물론 이 경우는 극히 드문 사례이지만 가정의 경제권을 가진 가장이 교통사고로 세상을 떠나게 되어 대단히 어렵고 힘들어진 가정을 일으켜 세운 모범적인 사례이다. 문제는 그렇지 못한 경우 교회는 어떻게 이들에게 도움을 줄 수 있을까 하는 것이다. 물론 교회가 도울 수 있는 한계가 있음을 모르는 바 아니지만 가장 먼저 이들에게 도움을 줄 수 있는 것은 정신적인 도움이다. 어떻게 하면 이러한 절망적인 상황에서 마음을 다시 가다듬고 남은 삶을 희망 속에서 살아가도록 격려해 줄 수 있는가이다.

한 가지 사례를 들어 보자. 사랑하는 가족을 상실당한 가족들은 마음에 깊은 근심의 짐을 가진다. 사람의 정서적 자아를 고요한 수면(水面)에 비유한다면 이 근심은 마치 믹서기 안에 던져진 기분과 같아[8] 온갖 감정들이 뒤섞여 그 속에서 몸부림치는 것과 같다. 아내를 사별한 루이스(C. S. Lewis)는 이러한 감정에 대하여 다음과 같이 쓰고 있다.

> 슬픔이 공포와 같이 그렇게 느껴진 적이 있다고 내게 얘기해 준 사람은 한 사람도 없었다. 나는 두려워하지는 않았으나 두려움과 비슷한 감정을 느꼈다. 두려울 때와 같이 속은 탈진했으며 안정할 수 없었고, 입은 다물어지지 않았다. 나는 계속 침을 삼키고 있었다.[9]

8. Charles M. Sell, *Grief's Healing Process*, p. 25.
9. C. S. Lewis, *A Grief Observed*(New York : Bantam Books, 1976), p. 1. 이 책은 그의 아내 조이(Joy)가 죽은 해 1960년부터 쓰기 시작하여 거의 1년도 안 되는 다음 해 1961년에 익명으로 출판되었는데 흔히 20세기의 기독교를 대표하는 인물을 손꼽을 때 C. S. 루이스는 단연 빼놓을 수 없다. 그는 당대의 저명한 학자요, 저술가요, 사상가로 기독교인들에게나 비기독교인들에게까지 대단한 영향력을 끼친 인물이다. 60세에 가까운 황혼의 나이까지 독신으로 지내 온 그에게 어느 날 조이 데이비드먼 그래셤(Joy Davidman Gresham)이라는 여성이 등장한다. 상호간에 서로에 대한 존경심을 바탕으로 두 사람의 우정이 피어나면서 사랑으로 이어져 결혼을 하기에 이른다. 그러나 이들의 결혼은 시작부터 골수암(bone cancer)이라는 고통을 안고 이어져 조이의 죽음으로 3년가량 되는 짧은 결혼생활을 마감하지만, 그들의 결혼생활은 루이스가 "그것은 지속되기에 너무나 완전했다."고 말할 만큼 행복했었다. 그러기에 조이의 죽음 이후에 주어지는 대가는 그만큼 극도의 슬픔으로 이어졌다.

때때로 슬픔과 비통함이 두려움과 공포 그 자체가 될 때도 있다. 어떻게 처리해야 할지 모르는 두려움, 그 여타의 깨달음이 두려움을 몰고 온다. 이처럼 인간이 얼마나 연약한 존재인가 하는 것은 죽음이나 갑작스런 재난을 당할 때 그 실상이 드러난다. 우리가 아는 성경의 인물 가운데 욥은 갑작스런 재난을 당한 뒤 "내가 두려워하는 그것이 내게 임하고 내가 무서워하는 그것이 내 몸에 미쳤구나"(욥 3 : 25)라고 한탄했다. 이러한 슬픔은 자기가 누군가로부터 떨어져 버릴 것에 대한 두려움일 수 있다. 왜냐하면 중요한 사람을 상실했다는 것은 곧 자신이 위험에 처하게 된다는 뜻이기 때문이다. 그러므로 가까이에 있는 밀접한 누군가의 죽음은 이러한 근심을 유발시킨다.[10)]

사랑하는 형님 일가족을 상실당했을 때 맨 처음으로 떠오르는 생각은 "큰일 났구나. 나를 위하여 기도해 주시던 분들의 기도 줄이 끊어졌으니……." 하는 두려움과 불안이었다. 형님은 형님대로 동생인 나를 생각해 주는 마음이 있었고, 형수는 유달리 믿음이 좋은 가문에서 신앙훈련을 받아 성품이 아름답고 침착하여 봉사활동을 미덕으로 삼는 동시에 언제나 목사인 시동생을 자랑스럽게 여기던 분이었다. 많은 세월이 흐른 지금에 와서도 너무나 아쉽고, 형님 일가족에 대한 그리움과 섭섭함이 무엇으로도 표현하기 어려운 슬픔으로 내재해 있다. 이처럼 상실당할 때의 슬픔을 적절히 처리하지 못하게 되면 삶에 대한 일상적인 근심이 수년 동안 지속되기도 한다.

이것은 일반적인 경우에 서로가 정서적으로 밀접한 관계에 있으면 있을수록 그 후유증은 더 격렬하고 그 기간도 그만큼 길어진다. 이러한 경우일수록 교회 내에 가족상실의 비통함을 극복한 경험자 그룹의 역할이 중요하다. 그리고 교회는 이들에게 지속적인 관심과 도움을 줌으로써 재활의 기회를 제공할 수 있다. 뿐만 아니라 이들을 통하여

---

10. David K. Switzer, *The Dynamics of Grief*, pp. 102-109.

유사한 고통 속에서 아픔과 슬픔을 당한 사람들에게 희망을 주는 그룹으로 활용한다면 몇 배의 효과를 거둘 수 있다.

4) 유가족이 고인의 유품을 정리하면서 정서적인 관계를 정리하도록 도우라

성경은 천하에 범사가 기한이 있고 모든 목적이 이룰 때가 있나니 날 때가 있고, 죽을 때가 있다고 선언한다(전 3 : 1-2). 이와 같은 진리를 부인할 사람이 어디에 있겠는가? 그러나 인간이란 만나면 정이 들고 정을 나누던 사람들이 헤어지노라면 섭섭하여 눈물을 흘리는 것이 인지상정인데 하물며 정뿐만 아니라 사랑을 나누고 피를 나누던 가족을 사별할 때에 그 슬픔과 고통을 무엇으로 나타낼 수가 있겠는가?

우리가 잘 아는 욥은 그가 가진 모든 것을 잃어버린 후 찾아온 고통으로 인하여 "내 얼굴은 울음으로 붉었고 내 눈꺼풀에는 죽음의 그늘이 있구나"(욥 16 : 16)라고 탄식했으며, 엘리사가 죽을병에 걸렸을 때 이스라엘 왕 요아스가 그에게로 내려가서 그 얼굴에 눈물을 흘리며 "……내 아버지여, 내 아버지여, 이스라엘의 병거와 마병이여……." 하면서 슬퍼했고(왕하 13 : 14), 선지자 예레미야는 이스라엘의 선한 왕 요시야가 죽자 그를 생각하면서 애가(哀歌)를 지어 부르기를 "밤에는 슬피 우니 눈물이 뺨에 흐름이여 사랑하던 자들 중에 그에게 위로하는 자가 없고 친구들도 다 배반하여 원수들이 되었도다"(애 1 : 2)라고 애통해 하고 있다. 이러한 슬픔은 잃어버린 대상 또는 죽음으로 빼앗겨 버린 사랑하는 사람을 생각하면서 부르짖는 아픔이요, 눈물이며, 애절함이다.

그만큼 살아남은 자가 경험하는 아픔이 강하고 크다는 것을 말해주는 것이지만 언제까지 고인과의 정서적인 친밀함에 얽매이면서 이러한 긴 터널 속에 묶여 있을 수만은 없다.

그렇다면 우리 목회자들은 이들에게 어떻게 도움을 줄 수 있는가? 일반적으로 남은 가족들은 먼저 가신 고인과 관련된 유품들을 볼수록 그 슬픔이 더해진다. 유품은 고인을 상기시키는 힘을 가지고 있기 때문이다. 나 역시 먼저 가신 형님이 나와 함께한다는 생각을 간직하고자 형님이 입던 옷을 지금도 입고 있으며 형님이 키우던 난(蘭)들을 지금도 정성스럽게 돌보고 있다. 그러나 시간이 조금씩 지나면서 이러한 감정은 희석되는 것 같다.

이처럼 고인과 강하게 밀착시키게 하는 유품들을 어떻게 정리하게 하는가에 따라 정서적인 독립의 시기를 조절할 수 있다. 그 방법을 다음과 같이 제안한다. 이들을 도울 수 있는 도우미가 함께 참여하여 고인의 유품 가운데 간직할 것과 버릴 것, 그리고 버려야 할 것인가 아니면 간직해야 할 것인가 결정하기 어려운 것을 세 가지로 구분하여 보관하도록 한다. 그리고 당장 결정하기 어려운 유품들은 6개월 후에 다시 구분해 보도록 한다. 물론 유품을 구분하는 동안에도 고인에 대한 그리움과 지나간 추억들에 대한 집념으로 힘들겠지만 한번은 넘어가야 할 고비로 이러한 과정을 통하여 남은 자는 서서히 고인과의 정서적인 관계를 정리할 수 있다.

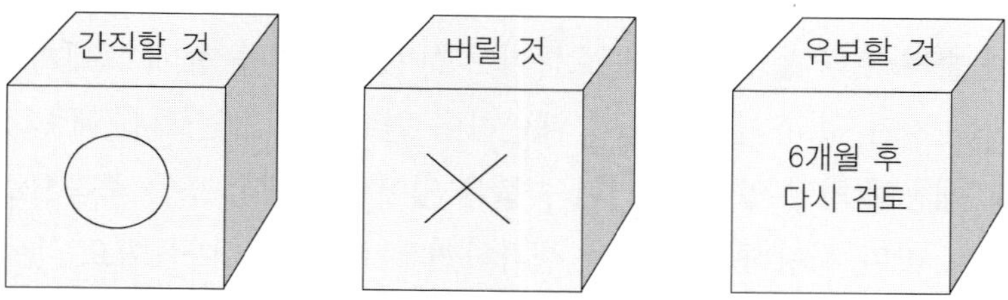

또 한 가지 방법은 현재의 환경을 바꾸도록 하는 것이다. 장례를 마치고 집에 돌아오면 고인과 관련된 가구마다 또는 고인의 손길이 미

친 것마다, 그리고 고인이 밟고 다닌 골목마다 고인을 생각나게 하는 환경을 접하게 된다. 이렇게 되면 장례를 치르는 과정보다 더 큰 슬픔과 고통 속에 방치되기 쉽다. 그러므로 가능하면 되도록 빠른 시간 안에 고인의 유품을 정리하면서 현재의 주거지 환경에서부터 탈피하도록 다른 환경에로의 이사를 권해 볼 만하다. 이러한 방법을 '환경치유'라 한다.

5) 유가족으로 하여금 슬퍼할 수 있는 시간을 배려해 주라

사랑하는 가족을 먼저 떠나보내야 하는 가족들은 마음껏 슬퍼해야 한다. 사별의 슬픔을 잘 통과해야 이후에 찾아오는 무서운 후유증을 피할 수 있기 때문이다.[11] 사랑하는 사람의 죽음으로 인한 절망은 슬피 우는 것으로 표현된다. 이러한 표현은 극히 정상적이고 건강한 반응이다. 이것은 우리가 그런 상실을 극복하고 생명력 있게 살아가기 위해서 필요한 절망이다.[12] 하지만 이러한 상실은 인간의 안전과 복지를 위협하고 인간의 자아상에 영향을 미치게 되는 경우가 있으며, 자신이 통제력을 잃고 있다고 느낄 수도 있고, 그것이 다른 사람과 결부될 때 인생의 목적과 의미의 상실을 뜻할 수도 있다.[13]

앞에서 말한 개척교회를 하면서 심방 중 아들을 상실한 목사의 경우를 다시 한번 생각해 보자. 사랑하는 어린 아들을 상실했지만 가까이 있는 주변 사람들 어느 누구도 따뜻한 위로의 말이나 부모로서 느끼는 슬픔과 자식을 잃어버린 그 단장의 아픔을 이해해 주지 않는다. 기껏 하는 말은 "아비가 자식 죽였구먼……." 아니면 "하나님이 당신

11. Judson J. Swihart, Gerald C. Richardson, p. 85.
12. H. Norman Wright, *Crisis Counseling*, p. 107.
13. Ibid.

아들을 통해서 영광 받으시려고 데려갔다."라는 책임 없는 무성의한 말들뿐이었다. 그러니 자식을 잃고서도 마음 놓고 슬픔을 표현할 수가 있었겠는가? 결국 이 부부는 우울증이란 깊은 늪에 빠져 헤어나지 못했다.

평생을 걸쳐 이루어 놓은 모든 것을 상실하고 비통에 잠겨 있는 욥을 위로하러 찾아온 친구들이 표현한 고통스러운 말들은 우리의 가슴을 아프게 한다. 그 표현들 가운데 대표적인 표현으로는 '슬픔'(3 : 20), '죽고 싶은 마음'(3 : 21), '불면증'(7 : 4), '삶에 대한 비관주의'(14 : 1), '소망이 없음'(3 : 26), '신체적인 고통'(17 : 7)으로 그의 고통이 어느 정도였는가를 짐작할 수 있게 한다.

오래 전 시중에서 판매된 '듣는 성경' 가운데 욥기를 구입하여 들은 적이 있다. 그 테이프를 듣는 동안 욥을 생각하면서 얼마나 울었는지 모른다. 어쩌면 욥이 당한 상실의 고통 때문에 운 것이 아니라 나의 내면에 잠재해 있는 지나간 슬픔의 흔적들 때문이었을지도 모른다.

어린 아들을 상실한 목사도 이러한 고통을 경험하고 있었다. 그에 의하면 예배 인도가 형식적으로 되고, 모든 것이 귀찮아지기 시작하면서 무감각해지고 무표정한 자신의 마음으로 인해 이중삼중의 괴로움을 당하고 있었다. 사실 어찌 보면 이 목사는 믿음이란 허울에 깔려 죽어 가고 있었다. 그렇다면 어떻게 해야 이 목사 부부를 살려 낼 수 있을까? 마침 어느 대학원 과정에서 심리치료를 강의하고 있던 때였다.

> 아들을 상실한 목사를 중심으로 10여 명 되는 학생들(목회자들)이 심리치료라는 과목을 학습하는 가운데 이 문제가 발견되었기에 다음과 같은 치유기법을 동원하여 그를 도울 수 있었다. 먼저 조용히 눈을 감고 사랑하는 아들의 얼굴을 떠올리게 하면서 마주 보게 했다. 그리고 한참 후 그 아들 이름이 무엇이냐고 물었다. 이름은 '요한'이었다. 아들의 이름을 말하는 순간 그의 얼굴에는 소나기구름 같은 슬픔이 몰려오기 시작했으나 곧 주변을 의식해서인

지 참으려는 모습이 역력했다.
그래서 그를 일어서게 했고, 눈을 감은 채 벽을 향하게 하면서 아들의 이름을 크게 불러 보게 했다. 몇 번을 그렇게 했다. 그러자 소나기구름이 변하여 번개가 치고 천둥이 치면서 그의 눈가에서는 몇 달을 참았던 주먹만 한 소나기 빗줄기가 흘러내리기 시작했다. 그의 울음소리는 창자가 찢어지는 듯한 비통의 연속이었다. 우는 것이 아니라 부르짖는 소리였고, 그동안 표현하지 못하고 가슴속에 묻어 두었던 원망이 한꺼번에 쏟아지는 아들을 잃은 아비의 절규였다.
"요한아! 사람들은 내가 너를 죽였다고 한다. 너도 그렇게 생각하니? 나는 네가 음악을 좋아해서 장차 이 아비처럼 음악선교사로 키우려 했는데 어찌 이 아비가 너를 죽일 수 있단 말이냐? 요한아, 어서 말 좀 해 보렴. 정말 내가 너를 죽였단 말이냐? 요한아……." 한참 동안을 이렇게 부르짖으며 울던 그는 그만 주저앉고 말았다. 더 이상 울 만한 기력이 부족했던 탓이리라. 그 자리에 있던 모든 사람들도 그 모습에 함께 소리 내어 울었다. 우리는 그를 의자에 앉게 한 후 위로 겸 격려를 해 주며 손이며 발, 목과 어깨를 주물러 주었다.

그리고 나서 한 주간이 지났다. 다시 우리는 그 자리에 모여 한 주간을 어떻게 보냈는지 그에게 물었다. 그의 놀라운 변화에 우리는 모두 귀를 의심했다.

치료를 받은 다음날 새벽기도를 마치고 강단에 엎드려 있는데 어디서 그렇게 눈물이 나는지 화요일부터 토요일까지 날마다 울기만 했습니다. 토요일 새벽이었습니다. 한참 동안을 울고 있는데, 생생한 하나님의 음성이 내게 들렸습니다. "사랑하는 ○○야, 내가 네 마음을 안다. 내가 네 눈물을 보았다. 내가 네게 평안을 주노라."라고 말입니다. 그 순간부터 제 마음에 평화가 깃들기 시작했습니다.

이런 과정에서 우리에게 주는 교훈이 무엇일까? 사람이 슬픈 일을 당할 때 우는 것이 얼마나 자연스러운 일인가? 눈물을 통해서 우리는 감정이 정화된다. 그러나 울어야 할 때 울지 못하면 우리의 상한 감정은 정화되지 않는다. 그리고 무서운 후유증으로 연결된다. 그러니 슬픔을 당한 가족으로 하여금 일방적으로 위로를 받으라 밀어붙이지 말고 충분히 울도록 하는 것도 목회적인 배려이다. 사람이 슬픔을 당하여 통곡하고 우는 것은 하나님께서 우리에게 주신 '자가치유'의 방법이기 때문이다. 그러므로 우리는 가족을 상실하여 비통해 하는 사람들에게 슬픔을 받아 내는 '슬픔의 산파'가 되어야 한다.

이러한 예는 성경에서도 얼마든지 찾을 수 있다. 형들에게 심부름을 갔던 어린 아들이 짐승에게 잡아먹혔다는 말과 그에 대한 증거로 그가 입었던 옷이 갈기갈기 찢겨 피가 묻은 것을 보면서 대성통곡하던 아버지 야곱(창 37 : 25-31), 그와는 반대로 많은 세월이 지난 후 아버지의 죽음을 보고 칠 일 동안이나 애통하던 애굽의 국무총리가 된 아들 요셉(창 50 : 10), 민족의 지도자 아론의 죽음 앞에서(민 20 : 29), 그리고 모세의 죽음 앞에서(신 34 : 8) 백성들은 30일 동안이나 행군을 멈춘 상태에서 애곡을 했고, 건국의 아버지 사무엘의 죽음 앞에서도 온 백성들이 슬퍼하는 모습이 소개되어 있다(삼상 25 : 1). 이러한 예는 무엇을 말해 주고 있는가? 함께하던 사람이 먼저 세상을 떠나면 남은 자들이 슬퍼하는 것은 당연한 일이며, 충분히 슬퍼할 수 있는 시간이 필요하다는 것을 말해 주는 것이 아니겠는가? 무슨 일을 당하면 성경적으로 해야 한다고 주장하면서도 가족을 상실하고 슬퍼하는 사람들에 대해서는 성경대로 하지 않고 인위적인 방법으로 막아 보려고 하는 것은 무슨 이유 때문인가?

슬픔을 다루는 방법 가운데 가장 위험한 방법은 슬픔을 부정하는 것이다. 우리의 의식 가운데 슬픔에 대한 생각이나 감정이 내재하고 있다는 사실을 부정하는 것은 그 생각들을 의식의 저 깊은 잠재의식

속으로 도망치게 하는 결과를 낳게 할 뿐이다. 그러므로 우리는 우리 자신에게나 슬픔을 당한 이웃에게 "슬퍼하지 마십시오. 크리스천은 기뻐해야 합니다."라고 말하지 않도록 주의해야 한다. 오히려 그 반대로 우리 자신이 슬퍼하고 있음을 그대로 인정하고 우리 주님께 그 슬픔을 치료해 달라고 도움을 요청하는 것이 바람직하다. 이러한 사실은 인간의 슬픔 앞에서 함께 슬퍼하시는 우리 주님의 모습들에서 더 분명히 알 수 있다.

결국 아들을 상실하고 깊은 우울의 늪에 빠졌던 목사는 늦게나마 울 수 있는 자유를 누렸기 때문에 그 통곡과 슬픔을 통하여 하나님의 위로를 받을 수 있었다. 그러므로 모든 교우들에게 하고 싶은 말은 슬픈 일을 당할 때 마음 놓고 울라는 것이다. 단, 소망은 버리지 말아야 한다. 우리 주님의 애통하는 자에게 주어진 위로의 축복을 원한다면 슬픔이 젖어 올 때 마음껏 표현해 보라.

6) 유가족의 반응을 살피라

같은 유가족일지라도 고인과 어떤 관계인가에 따라서 사별에 따른 슬픔의 정도가 달라질 수밖에 없다. 고인이 부모인가, 자녀인가, 아니면 부부인가, 친족인가에 따라 유가족의 반응도 제각기 다르다. 이처럼 각기 다른 반응에 따라 우리의 관심도 달라져야 한다. 이는 평소의 관계에 따라 제 삼자가 보는 견해와는 전혀 다른 반응을 보이는 경우도 있기 때문이다. 분명 부모와 자녀 사이임에도 불구하고 고인의 죽음을 예상이라도 했듯이 태연하게 임하는 경우가 있는가 하면, 심지어 고인에 대한 불평과 불만이 가득한 채 장례식에 임하는 자녀들도 있다. 이와는 반대로 친족관계이거나 이보다 더 먼 관계처럼 보이는데도 불구하고 고인의 죽음을 비통해 하고 어쩔 줄 몰라 하는 사람도 종종 눈에 띈다.

또한 우리의 관심 중 하나는 부부의 사별이다. 이는 모든 사별 가운데서도 가장 견디기 힘들고 어려운 슬픔이라 여겨진다. 하지만 어떤 경우에는 남의 장례식에 와 있는 듯한 인상을 주는 부부도 있는데, 이는 평소 이들 부부의 관계를 단적으로 보여 주는 모습이 아닐 수 없다. 이처럼 고인과의 정서적 밀착도에 따른 관계형성은 사별의 고통에도 커다란 차이를 보여 준다.

그러므로 우리 목회자들은 이러한 유가족들의 반응에 따라 그 대응이나 도움의 방법도 달라져야 한다. 즉, 유가족들 중에 우리의 도움이 필요한 사람이 누구인가를 먼저 파악하여 그 도움의 구체적인 계획을 세워야 한다. 특별히 병적인 반응을 보이는 사람이 있다면 반드시 전문의의 도움을 받도록 해야 한다.

7) 계속적인 도움을 제공하라

슬픔이 지난 후에도 고인과 관련된 기념일들이 돌아오면 슬픔은 다시 솟구친다. 예를 들면, 고인의 생일, 결혼기념일, 고인이 떠난 날 등이 오면 또다시 깊은 슬픔과 우울에 빠진다. 그러므로 고인이 가신 후 처음 맞이하는 추모일은 특별한 관심을 가져 주는 것이 좋다.

지속적인 도움의 대상 가운데 이런 경우들도 있다. 어떤 사람은 상실의 고통이 너무나 크기 때문에 상실이란 현실을 부인하고 자신의 껍질 안으로 숨으려 한다. 이런 사람은 감정의 문을 두드려서라도 밖으로 나오게 해야 한다. 이런 사람은 종종 "나는 깊이 사랑했다가 깊은 상처를 받았다. 다시는 이런 고통을 받고 싶지 않다. 아무하고도 더 이상 관계를 맺고 싶지 않다."고 한다. 그러나 이때 지불해야 하는 대가는 뼈가 시리도록 아픈 고독과 외로움이다.[14] 외로움을 가져오는 두려움, 즉 다시는 사랑하는 사람을 잃는 고통을 맛보고 싶지 않다는 심정은 이해가 가지만 두꺼운 껍질을 깨고 밖으로 나오도록 세심한 관심과 격려를 보내야 한다. 이러한 도움은 지속적인 관심을 가질 때 가능하다.

> 나에게는 형님이 남기고 간 유일한 혈육으로 조카 하나가 있다. 다행히 그날 새벽기도회에 참석하러 가지 않았기 때문에 형님 차에 동승하지 않았고 살아남을 수 있었다. 주변 사람들의 많은 도움으로 장례를 마치고 형제들만 외로이 남아 이런저런 이야기를 하던 중 조카가 "아버지와 어머니, 그리고 형제들이 앉던 교회의 그 자리를 지키겠다."고 약속했다. 그리고 그 약속대로 열심히 교회 출석을 했고, 막내 동생(조카에게는 고모)의 도움으로 2년 정도 함께 살게 되었다.
> 그런데 어느 날 조카가 그 교회를 안 나가고 다른 교회로 옮기겠다는 것이다. 막내 동생은 나에게 전화를 걸어 교회가 어찌 이럴 수 있냐면서 섭섭함을 토로했다. 동생의 말을 듣고 있던 나 역시 울화통이 터질 지경이었다.
> 다른 사람은 몰라도 교회의 목회자들은 하나 남은 조카의 얼굴을 알고 있는데도 조카가 예배에 참석하면 누구 하나 손을 잡아 주는 사람도 없고, 격려해 주거나 위로해 주는 사람도 없으며, 교구 담당목사도 가장 어렵고 힘든 일년 동안 심방 한 번 오지 않는 교회를 더 이상 다닐 필요가 없다는 것이다.
> 참으로 난감했다. 나는 나대로 형님이 남기고 가신 문제를 해결하기 위해 동분서주하고 있던 때라 이런 소식은 나를 더욱 당혹하게 했다.

그 교회의 목회자가 이 글을 읽는다면 섭섭하겠지만 교회가 할 일 가운데 하나는 이처럼 온 가족을 잃고 하루아침에 고아가 되어 버린 가족을 돌보는 것이 아닌가? 일시적인 도움으로 할 일을 다했다고 하기보다는 지속적인 관심을 가지고 도움이 되어 준다면 그 역시 자기보다 어려운 일을 당하는 이웃을 돕는 귀중한 자원이 될 것이다.

---

14. Judson J. Swihart, Gerald C. Richardson, p. 88.

앞에서 사례로 들었던 바 추석에 막내아들을 잃어버린 P 집사의 경우를 생각해 보자. 어머니는 막내아들에 대한 기대가 매우 컸었다. 이러한 기대만큼 어머니가 받은 충격이나 좌절, 그리고 섭섭함과 함께 아들에게 잘해 주지 못했던 어머니로서의 죄의식과 죽음에 대한 분노는 그 무엇으로도 표현하기 어려울 정도로 극에 달했다. 그렇기 때문에 삶의 의욕 자체를 상실하고 며칠 동안 잠을 이루지 못하는 고통에 사로잡혀 있었다.

이처럼 죽은 사람들을 마치 그들이 여전히 살아 있는 것처럼 장사지낼 뿐만 아니라 우리가 느끼는 고통을 마치 그것이 있지도 않은 것처럼 묻어 버리기도 한다. 이런 무감각 상태에 너무나 길들여져 있는 나머지 주의를 끌 만한 대상이나 사람이 아무도 없을 때 안절부절못하는 경우를 쉽게 볼 수 있다.[15)]

그러나 다행스러운 것은 이 가정의 장례를 마친 이후부터 지속적인 관심을 가지고 심방하고 전화로 위로하는 과정에서 위의 사실을 발견할 수 있었다.

모든 일보다 우선적으로 그 가정에 찾아가 P 집사와 함께 그의 속마음을 털어놓을 수 있는 기회를 제공하면서 그가 느끼는 고통과 슬픔, 그리고 죄의식에 대한 문제에 하나씩 접근해 갈 수 있었다. 그리고 마지막으로는 교회에서 행하는 심야기도회 시간에 몇몇 안 되는 교우들이지만 이들이 지켜보는 가운데 심리치료를 하면서 서로가 함께 울고 격려하며 그를 위하여 손을 붙잡은 채 치유를 위한 기도를 나눌 수 있었다. 이러한 일은 막내아들의 장례식을 마친 지 약 보름 정도가 지난 뒤였다. 그리고 나서야 마음이 약한 P 집사는 서서히 평온을 유지할 수 있는 기력을 회복하기 시작했다.

15. Henri J. M. Neuwen, *Reaching Out The Three Movements of the Life*, 이상미 역,「영적 발돋음」(서울 : 두란노, 1992), p. 23.

여기에 첨가해서 쉬하드(Judson J. Swihart)와 리처드슨(Gerald C. Richardson)이 그의 책 「위기상담」에서 목회자들이 관심을 가져야 할 내용들을 소개하면 다음과 같다. 버림받았다는 느낌, 공허감, 사별의 아픔, 하나님에 대한 분노, 삶이 산산조각으로 부서진 느낌, 삶에 대한 제어력 상실, 고인과 관련된 이야기를 나누고 싶은 욕구, 식욕상실과 불면증, 사별을 현실로 수용하는 데까지 시간을 필요로 함, 고인과 관련된 특별한 날이 돌아올 때의 고통 등이다.[16)]

8) 유가족으로 하여금 고인과 마지막 작별 인사를 나누게 하라

제2장 상실의 속성에서 소개한 바 있는 재혼한 부부의 경우를 생각해 보기로 하자. 그는 재혼한 후 행복한 결혼생활이 되리라 기대했지만 두 번째 부인이 요구하는 잠자리는 첫 번째 부인에 비하여 더 자극적이고 충실한 것이었다. 그러나 그때마다 남편은 사별한 첫 번째 부인과의 비교의식 때문에 두 번째 부인의 요구에 제대로 응하지 못했다.

이 사실이 첫 번째 부인뿐 아니라 두 번째 부인에게도 미안함과 죄책감으로 남아 있던 남편은 어느 날 용기를 내어 첫 번째 부인이 잠들어 있는 묘소를 찾아갔다. 그동안 있었던 일들을 소상히 이야기하듯 말한 다음 이렇게 마지막 인사를 남기고 돌아왔다. "여보, 이제 당신은 편히 잠들어요. 더 이상 내 걱정은 하지 말고……. 안녕!" 그제서야 그는 두 번째 결혼생활을 정상적으로 할 수 있었다.

성경에 보면, 다윗과 사울 왕의 아들 요나단 사이의 우정이 얼마나 깊었던지 여인의 사랑보다 더했다고 회고한다. 그러한 요나단이 아버지 사울 왕과 더불어 전사(戰死)했다는 소식을 들은 다윗은 차마 그

16. Judson J. Swihart, Gerald C. Richardson, p. 89.

슬픔을 이기지 못하고 이들에 대한 애가(哀歌)를 지어 유다 족속에게 가르치라 명할 정도였다(삼하 1 : 17-27). 즉, 그는 고인들과의 작별인사를 애가로 대신한 것이다. 그리고 나서야 왕으로서의 직무를 할 수 있었다.

나 역시 형님 일가족을 잃은 지 불과 40일 정도 되어서 모집단에 참가하여 내적 치유를 경험하였다. 마지막 날, 마지막 시간에 가장 보고 싶은 사람에게 편지를 쓰라고 해서 형님에게 하고 싶었던 여러 가지 말들, 그리고 솔직한 감정들을 적기 시작했다. 그 편지를 써 내려가는 동안 내 가슴은 미어지는 아픔이 가득했다.

참석했던 모든 사람들이 자기 나름대로의 기막힌 사연들을 공개하기 시작했다. 그리고 우리는 인도자가 부르는 노래를 따라 불렀고, 여기저기서 흐느껴 울기 시작하면서 모두들 가슴속 깊이 간직하고 살던 그 슬픔을 한순간에 쏟아 내기 시작했다. 우리는 함께 손을 잡고 울었으며 서로가 서로에게 힘이 되어 격려하기 시작했다. 그 시간은 참여한 우리에게 커다란 용기와 힘을 주기에 넉넉했다.

사랑하는 가족을 먼저 보내고 남은 자들은 이처럼 고인에 대한 여러 가지 감정들로 인하여 크고 작은 상처들을 안고 살아간다. 그러나 아직도 이런 슬픔을 이해하면서 도움을 주는 이웃이 많지 않은 게 우리의 현실이다.

우리의 문화는 정(情)의 문화인지라 그동안 깃들었던 정을 단칼에 베어 버린다는 것은 힘든 일이다. 그러나 고인과의 사별이란 현실을 인지하고, 그 깊은 늪에서부터 헤어나지 못하면 더 큰 불행의 덫에 걸릴 수도 있기에 고인과의 작별은 반드시 필요하다. 물론 이러한 과정은 위에서 소개한 여러 가지 절차들과 병행해야 더욱 효과적일 수 있다.

4. 슬픔에 대한 신학적 논평

> 이 세상 모든 슬픔 중에서 가장 견디기 힘든 슬픔은 혼자 겪는 슬픔이다.

이 책은 서두에서 밝힌 대로 이론 중심이 아닌 실제 사랑하는 가족을 상실당하고 슬픔과 고통의 늪에 빠진 사람들의 사례들을 소개하면서 우리 목회자들이 이들을 어떻게 이해하고 도울 수 있을 것인가에 대하여 함께 고뇌하는 내용으로 전개해 왔다. 이러한 또 다른 배경에는 슬픔을 당하는 가족들을 만날 때마다 우리 자신의 유한성과 무능력을 절감하면서 사랑과 돌봄의 관계를 유지할 수 있기 때문이다. 이러한 차원에서 슬픔에 대한 신학적인 논평을 하고자 한다.

1) 인간의 유한성

상실과 슬픔은 우리 인생의 한 부분임에도 불구하고 상실에 대한 이해와 더불어 생각할 수 있는 것은 인간의 유한성이다. 이러한 유한성은 마치 힘차게 흐르는 시냇물이 장애물을 만나 잠시 주춤거릴 때 비로소 자신의 존재를 느끼는 것과 같다. 천하를 호령하는 젊음과 권세가 있고, 건강이 따라 줄 때는 모든 것을 다 할 수 있다고 믿지만, 어느 날 자신의 힘으로 도저히 해결할 수 없는 장애물을 만날 때, 그것도 사랑하는 가족이 몹쓸 병에 걸려 고통당하거나 내 앞에서 죽어가는 모습을 보면서도 그를 위해 해 줄 수 있는 것이 아무것도 없을 때 우리는 인간의 유한성과 무능력을 절감하고 연약한 인간의 본질에 직면하게 된다.

이것은 우리 인간이 전능하신 하나님 앞에서 범죄한 결과 유한성과 더불어 살아가야 하는 무능력한 존재임을 뜻한다. 그렇다고 우리 인간은 고통과 죽음의 한계 밖에 있는 존재로 이해될 수 없다. 이런 차원에서 상실과 슬픔은 인간이기 때문에 당하는 고통으로 피할 수 없는 것이다.

그러므로 우리는 유한성의 현실을 거부할 수 없다. 다만 이러한 인간의 한계성 안에서 가족이란 끈끈한 공동체를 이루어 인간의 희로애락을 함께 나누는 사랑의 공동체를 형성하는 것이다. 그러면서도 이 공동체를 유지하던 지지대 또는 그 일부분이 먼저 떨어져 나갈 때 경험하는 남은 자들의 가슴에는 그 무엇으로도 대신할 수 없는 고통과 슬픔이 자리하게 된다.

이처럼 세상을 살다 보면 가족상실에 대한 직·간접적인 슬픔을 당하기도 하고 때로는 슬픔당한 이웃들을 돌보아 주기도 한다. 이러한 일에 대하여 윌리엄 린치(William Lynch)는 그의 책 *Images of Hope*에서 '영원을 향한 소망'[17]을 말하면서 우리 크리스천들은 하나님과 함께하는 희망 가운데 우리의 고통을 극복할 수 있음을 강조한다. 즉, 우리 인간은 한없이 연약한 그릇과도 같지만 하나님 나라에 대한 약속이 있기 때문에 고통 가운데서도 희망을 나눌 수 있고 위급할 때 비벼 댈 수 있는 언덕이 되는 것이다.

2) 고통과 슬픔에 대한 신학적인 시각

성경은 누가 뭐라 해도 사람들에 대한 이야기이다. 이러한 차원에서 성경 안에는 인간의 슬픔과 관련된 내용이 무수히 많음을 볼 수 있다. 그 가운데서 사랑하는 가족이나 친구를 상실하고 슬퍼할 때 사용된 '사파드'(sāpad)라는 단어를 중심으로 대표적인 사례들을 소개하면

17. William Lynch, *Image of Hope*(New American Library of World Literature, 1965).

다음과 같다.

아브라함을 중심으로 사라와 하갈은 삼각관계가 되면서 심각한 갈등관계가 형성된다. 그 내용은 사라의 아들 이삭이 젖을 떼는 날 큰 잔치를 베풀었는데, 하갈의 아들이 사라의 아들을 희롱하는 것을 사라가 목격하고 하갈과 이스마엘을 내쫓은 것이다. 그러자 쫓김을 당한 하갈은 아들이 광야에서 죽어 가는 것을 보지 못해 방성대곡하고, 이때 그 소리를 들으신 하나님이 하갈의 슬픔을 위로하시는 내용이 나온다(창 21 : 8-21).

뿐만 아니라 사랑하는 아내를 상실하고 슬피 통곡하는 아브라함(창 23 : 2), 유달리 사랑하던 아들이 죽었다는 소식을 듣고 자기 옷을 찢고 굵은 베를 허리에 두른 채 아들을 위해 애통하던 아버지 야곱(창 37 : 34), 아버지의 죽음을 위하여 칠 일 동안 애곡하던 아들 요셉(창 50 : 10), 자신을 대상으로 군사 쿠데타를 일으켜 반역했음에도 불구하고 아들의 전사(戰死) 소식을 듣고 "……차라리 내가 너를 대신하여 죽었더면……." 하면서 애통하던 아버지 다윗(삼하 18 : 33), 그리고 아버지로 인하여 서로 정치적인 적(敵)이었으면서도 여인의 사랑보다도 더 아름다운 우정을 나눴던 왕의 아들 요나단의 전사 소식을 듣고 애통하던 친구 다윗(삼하 1 : 26)의 슬픔에 대한 기사는 그들도 우리와 동일한 인간임을 말해 주고 있다.

이처럼 가족을 상실하고 슬픔을 표현방식에는 여러 가지가 있다. 맨발로 걷기도 하고, 옷을 벗어 던지기도 하고, 수염이나 신체의 일부를 자르고, 금식하며, 재를 뿌리고, 또는 신체의 일부를 치기도 했으며 간혹 날카로운 외침이나 큰 소리의 애곡이 동반되기도 한다. 이러한 외침이나 애곡은 시간이 지나면서 형식화되어 '애가'(哀歌)로 변했다.[18] 그 대표적인 애가가 민족의 멸망을 목격하던 눈물의 선지자 예

18. R. Laird Harris, ed., *Theological Wordbook of the Old Testament*(Vol. 2),

레미야가 쓴 예레미야애가이다.

이러한 예는 신약성경에서도 볼 수 있다. '아기 예수가 유대인의 왕'이란 소식에 놀란 헤롯 왕은 물리적인 방법으로 아기 예수를 제거하려고 베들레헴 주변에 사는 두 살부터 그 아래의 아기들을 집단 살해하였다. 이에 거리마다 대성통곡하는 애곡이 터졌고(마 2 : 16), 사랑하던 외아들의 장례를 치르기 위하여 그 뒤를 따르며 애곡하던 과부의 구슬픈 통곡(눅 7 : 11-12), 서로 의지하며 살던 오라비의 갑작스러운 죽음으로 인하여 모든 의욕을 상실한 채 울고 또 울던 두 자매의 비통(요 11 : 33-35), 선생을 배신한 무거운 죄의식에 사로잡혀 통곡하던 제자 베드로(눅 22 : 61-62), 버림받은 자신들을 감싸 주고 사랑해 주던 예수님께서 무거운 십자가를 지시고 죽음의 언덕을 향하여 행진할 때 그 뒤를 따르며 가슴을 치면서 슬피 우는 예루살렘의 여인들(눅 23 : 27-28), 자기들에게 구원의 진리를 가르치며 밤낮으로 수고하던 선생의 얼굴을 다시는 보지 못할 것이라며 작별을 고하는 사도 바울을 전송하며 크게 울던 에베소 교회 장로들(행 20 : 36-38)의 사례에서 보듯이 가족의 사별이나 기약 없는 이별이 남은 자들에게 주는 고통과 슬픔의 아픔이 어떠했는가를 말해 준다.

그래서일까? 산상수훈 가운데서 예수님은 "애통하는 자는 복이 있나니 그들이 위로를 받을 것임이요"(마 5 : 4)고 말씀하셨다. '슬퍼하는 사람들'이라고 번역한 헬라어의 원래 의미는 호이 펜테온테스(hoi penthountes)로 실제로 울부짖고, 통곡하면서 애통하고 있는 것을 내포한다.

이 단어를 독일인들은 다른 감각 가운데에서 'Die da Leid tragen'이라고 번역했다.[19] 헬라어의 펜테오(pentheo)에 대한 루터의 독일어

번역위원회, 「구약원어신학사전」(下)(서울 : 요단출판사, 1986), p. 1529.

19. 이런 지복(至福)의 다양한 현대 언어들로 넓고 다양한 번역들은 신학적인 전제

번역인 Leid tragen(슬픔을 나르다 : carrying sorrow)은 사람이 다른 사람들의 무거운 짐을 공개적이고 적극적인 슬픔으로 둘 다 분담하는 것을 제안한 것이다. 또한 약속과 함께 오는 세상의 고난을 분담할 것을 요구한다. 왜냐하면 십자가에 못 박힌 주님과 함께 교제하는 가운데 있는 크리스천들의 삶은 세상 가운데 십자가의 모든 고난을 견디신 주님의 능력이 그들을 향하고 있음을 믿고 슬픔을 견디기 때문이다.[20)]

일반적인 수준에서 "우리는 왜 고통을 당하는가?"라는 질문에 대한 대답은 단순하다. 우리는 인간이기 때문에 고통을 당한다. 왜냐하면 우리는 출생과 죽음의 한계선으로 인하여 결박되었고, 우리가 사랑하는 모든 것은 제한되었으며, 우리가 일시적인 사물들에 대하여 애정을 갖는 것은 불가피하기 때문이다.

폴 틸리히(Paul Tillich)가 제안했던 대로, 우리의 임무는 유한성의 일부분으로써 고통을 수용하고 긍정하는 것이며, 그리고 고통 가운데도 불구하고, 그것이 수반되는 유한성을 긍정하는 것이다.[21)]

루이스(C. S. Lewis)는 사랑하던 아내를 상실한 이후에 찾아온 고

들 안에 있다는 증거들을 번역하는 가운데 형성한다. 실제적이며 감정적인 부담으로 슬퍼하는 과정과 관련이 있는 신약성경 헬라어 구절인 hoi penthountes를 조금도 의심할 필요가 없다. 실제적인 고통과 슬픔을 나타내는 동사의 분사적 용법은 현대 러시아 성경 번역 안에서도 발견되며, 이 단어 plachush-chie는 형태학적으로 그리고 어원적으로 정확한 헬라어의 동의어이다. 다른 번역들은 다른 의미로 전달된다. 불란서의 les affaires와 영어 번역의 NEB는(the sorrowful) 전혀 다른 감각을 전달한다. 이런 경우 논쟁 없이 받아들이는 현대 주석가들은 '애통하는 자들'이 슬퍼하는 것은 그들의 죄라고 주장한다. 적어도 헬라 시대의 정황 가운데 이런 가설을 위한 증거가 없다. 우리가 알 수 있는 것처럼 신약성경의 근원적인 의미는 우리가 주장했던 바대로 슬픔의 구성요소가 필수적이라는 미숙한 감정 표현에 대하여 매우 밀착하고 있다.

20. Dietrich Bonhöffer, *The Cost of Discipleship*(Macmillan Co., 1958), p. 93.
21. Paul Tillich, *Systematic Theology*, Vol. Ⅱ : *Existence and the Christ*(University of Chicago Press, 1957), p. 70.

통에 대하여 "고통은 왜 오는 것일까?"라고 묻지만 이에 대한 답은 인간에게서 찾을 수 없다. 다만, 고통의 결과로 우리는 이전에 경험할 수 없는 숨겨진 진실을 깨닫게 된다고 밖에 말할 수 없다. 왜냐하면 고통만이 우리가 이제껏 알지 못했던 진실을 깨닫기 위한 길이기 때문이다.[22)]

루이스는 바로 이 시점에서 깨달은 것이다. 자신의 고통을 더 이상 회피할 수 없음과 그것을 직접 대면할 수밖에는 없다는 것을, 그리고 그 고통의 과정이 비록 힘들지만 아무런 보상이 없을지라도 받아들여야 한다는 현실을 깨달았다. 간혹 이렇게 철저히 깨져 가는 인간 앞에 하나님은 너무도 매정하게 보일지 모른다.

그러나 하나님은 우리의 삶에 슬픔과 고통이 없는 삶보다는 그러한 것들이 주어졌을 때 그 슬픔과 고통의 연단을 딛고 사는 것을 더 아름답게 보신다. 그래서 편안하던 삶에 예기치 않은 고통을 주시고, 그 고통 속에서 하나님의 숨은 뜻을 깨닫게 하신다.

우리는 고통 중에 하나님께 울부짖는다. "왜 나입니까? 왜 저에게 이런 고통을 주십니까?" 아무리 항거해 보고 몸부림을 쳐 보아도 우리는 아무런 답도 얻지 못한다. 우리가 얻는 것은 좀 특별한 종류의 무답(無答)이다. 그렇다고 해서 우리를 향해 문을 닫아 버리신 것은 아니다. 그것은 애정 어린 눈으로 우리를 보는 '침묵의 응시'(凝視)이다. 하나님은 우리의 울부짖음에 대한 외면이 아니라 우리의 질문 자체에 침묵하는 뜻에서 고개를 가로저었던 것 같다. 그분은 우리에게 말씀하신다. "아아, 평온하라. 너는 이해하지 못하는구나. 이 아비의 마음을……."[23)]

많은 사람들은 "하나님은 우리의 고통을 제거시킬 수 있다."라는 기

22. C. S. Lewis, *A Grief Observed*, p. 52.
23. Ibid., p. 56.

대와 더불어 살아가지만 "하나님이 우리와 함께 고통을 당하신다."라는 생각은 미처 못하는 듯하다.

오래 전에 읽었던 책 가운데 이런 내용이 있다. 어떤 사람이 꿈을 꾸었는데 꿈속에서 그는 조그마한 배를 타고 어디론가 노를 저어 가다가 그만 큰 바위 위에 걸리게 되었다. 그의 배는 꼼짝도 하지 않았다. 그때 그는 하나님께 기도를 했고, 하나님은 그에게 이렇게 물으셨다. "내가 너에게 어떻게 해 주기를 바라느냐? 배를 들어 육지에 옮겨 줄까? 아니면 바닷물을 다 없애 줄까?" 그러나 하나님은 이런 방법을 택하지 않고 다른 방법으로 그를 도우셨다. 돌 위에 걸쳐 있는 배가 항해를 할 수 있도록 많은 물을 채워 주셨던 것이다.

이런 차원에서 우리는 고통에 대한 본질, 곧 공동체와 관련하여 슬픔을 이해하며 하나님이 우리를 슬픔 가운데 내버려두지 않는다고 확신하는 것이 필요하다. 예를 들어, 독생자 예수께서 십자가의 고통스러운 잔을 피했으면 하는 겟세마네 동산에서의 간절한 기도를 하나님은 거부하셨다(눅 22 : 39-42). 뿐만 아니라 십자가 위에서 견딜 수 없는 고통으로 "나의 하나님, 나의 하나님, 어찌하여 나를 버리셨나이까?"(마 27 : 46)라고 부르짖을 때도 하나님은 십자가로부터의 구원 대신 그 참혹한 고통의 현장에 함께 동참하셨다.

발터 브뢰게만(Walter Brüggemann)은 "언약공동체 가운데에서 탄식의 형태는 하나님에게 직접적으로 향하게 하는 것을 가능하게 만드는데 하나님을 향한 직접적인 분노의 표현은 자신의 슬픔과 고통이 하나님을 내쫓지 않는다는 신뢰의 행위이다."[24]라고 했다.

그렇다. 상실과 슬픔은 인간의 삶 가운데 실재하지만 고통과 고난은 우리와 함께 고난당하시는 하나님으로부터 우리를 분리시키지 못

24. Walter Brüggemann, "The Formfulness of Grief," *Interpretation*, Vol. 31 (1977), pp. 263-275.

한다. 그 증거로 삶과 죽음, 그리고 예수의 부활은 우리와 함께 고통에 동참하시는 신실한 경청자라는 사실을 확인시켜 준다.[25)]

그러므로 가족상실로 말미암아 슬픔과 고통당하는 이웃들을 향한 목회적인 임무는 슬퍼하는 사람과 하나님 사이에 의사소통이 편견 없이 유지되도록 기본적인 관심을 갖는 것이다. 즉, 우리는 고뇌의 울부짖음에 대하여 우리 자신이 경청함으로써 최고의 목회적 임무를 수행해야 하는 것이다.

5. 맺는 말

> "우리의 연수가 칠십이요 강건하면 팔십이라도 그 연수의 자랑은 수고와 슬픔뿐이요 신속히 가니 우리가 날아가나이다 …… 우리에게 우리 날 계수함을 가르치사 지혜로운 마음을 얻게 하소서"(시 90 : 10-12).

우리의 삶을 어떤 방향에서 보느냐에 따라서 그의 인생관이 다르겠지만 한평생을 민족의 대탈출과정에서 중대한 사명을 감당하면서 누구보다 다양한 계층의 사람과 더불어 희로애락을 경험했던 모세의 눈에 비쳐진 삶이란 그다지 밝지만은 않았던 것 같다.

위에 인용한 시편은 모세의 기도이다. 이는 하나님의 섭리와 인간의 유한성 가운데 상실과 슬픔에 접근하는 대표적인 탄식의 시로 우리를 만드신 하나님은 우리의 존재에 대하여 한계선을 설정하셨다는 고백이다. 문제는 이러한 인간의 유한성 가운데 지혜로운 것이 무엇인가를 아는 것이다. 지혜는 지식적인 배움에서 나오는 것이 아니라 영원하신 하나님 앞에 서 있는 피조물로서의 우리 자신의 근본을 자

25. Kenneth R. Mitchell & Herbert Anderson, *All Our Losses, All Our Griefs*, p. 170.

각할 때 가능한 것이다.

영적으로 보는 우리 인간은 하나님의 형상을 닮은 하나님의 피조물이지만, 육적으로는 어머니의 자궁으로부터 독립되고 분리되는 그 순간을 출생이라고 환영한다. 그러나 인간의 슬픔은 출생에서부터라고 보는 대상관계이론을 시작으로 다양한 상실로 인한 여러 가지 후유증들로 인해 힘들어하고 고통스러워하는 슬픔을 보게 된다.

이 모든 것은 그 태생 자체부터 피조물로서의 한계성을 말하는 것이어서 수명이 다하면 본래의 출처대로 몸은 흙으로, 영은 하나님 나라로의 자리 옮김을 하기 마련이다. 또한 우리가 이 땅에서 수많은 위기들과 더불어 생존한다고 믿고 안다 할지라도 가족이란 끈끈한 사랑과 정(情), 그리고 그 무엇으로 표현하기 어려운 여러 가지 요인들로 얽히고설킨 혈연공동체의 실타래가 끊어지기 시작할 때 남은 자들이 당하고 경험해야 하는 슬픔과 고통은 그들만의 것이 아니라는 사실이다.

이유인즉 그리스도 안에서 우리 모두는 한 지체이며, 한 몸이기 때문이다. 그러므로 더 많은 관심과 배려가 있어야 한다. 더욱이 목회자들은 위임받은 성도들의 삶의 모든 분야를 돌보고 인도해야 할 목자이면서 상담자이기 때문에 가족공동체의 균형이 깨어져 당하는 고통의 한 중심부에서 든든한 버팀목 역할을 잘 해 주어야 한다. 그래야 쓰러지고 상한 마음들이 그 버팀목의 지지와 도움으로 다시 일어설 수 있기 때문이다.

이런 차원에서 본문에서 소개한 대로 누구보다 충격적인 가족상실을 당한 경험을 토대로 '상처 입은 치유자'로서 우리 주변에서 흔히 볼 수 있고 누구나 당하는 가족상실, 그러나 그 뒤에 스며드는 충격과 반응들로 표현하기 어려운 여러 가지 슬픔과 고통의 감정들을 실제적인 사례들을 중심으로 소개하였다. 동시에 이들을 어떻게 이해하고 목회적인 차원에서 어떻게 도울 것인가에 대한 방법론에 대하여 부족을 느끼지만 나름대로 정리해 보았다.

이 과정에서 결국 유한성을 가진 우리 인간은 이 세상 모든 것은 우리를 구원하지 못한다는 사실을 알게 되는 가운데서 오는 새로운 자유[26]를 느끼게 된다. 동시에 종국적으로 인간의 죽음은 지구상의 체류(滯留)를 완료하는 것으로 이것 역시 근본적인 유한성을 느끼게 하는 아쉬움으로 남지만 이 유한성은 신앙 안에서 완성을 가능하게 한다.

이러한 자유를 경험한 자만이 사랑하는 가족을 먼저 보내면서 고인에 대한 섭섭함과 미안함, 그리고 죄의식에 사로잡혀 아파하고 괴로워하는 이웃에게 진심 어린 관심과 배려를 할 수 있는 내적인 힘이 자리하게 된다.

26. Ibid., p. 173.

제 3 부

경험자 그룹을 위한 훈련 프로그램

※ 본 훈련 프로그램은 가족을 상실당한 경험이 있는 사람들을 중심으로 서로의 치유와 또 다른 사람들을 돕기 위한 도우미 과정으로 본 서의 내용으로 재구성한 훈련교재이다.

마음에서 마음으로

모든 것이 패해 물러가는 지경에 이르러
우리의 마음이 하나님께 부르짖을 때
우리의 마음을 만나 주실
그 마음을 지니신 단 한 분은
그 또한 그런 길을 걸으셨던 분뿐이네

다른 이들은 우리를 절망에서 건져 주려고
위로의 말을 건네 오지만
다른 모든 것들보다
우리의 귀에 들리는 한 음성은
"나 또한 거기 있었노라"는 속삭임이네

일 | 러 | 두 | 기

※ 본 훈련 프로그램을 운영하는 방법은 다음과 같습니다.

1. 다수의 인원보다는 12명 정도를 한 그룹으로 정한다.
2. 운영의 묘를 위하여 한 그룹을 중심으로 팀장과 총무를 정한다.
3. 본 과정의 기간은 매주 1회씩 진행될 경우 3개월로 정한다.
4. 필요하면 본 교재에 도움이 되는 참고서를 함께 병용할 수 있다.
5. 본 과정을 이수한 후에는 '가족상실의 도우미'란 수료증을 수여하여 교회 내에 가족을 상실당한 교우들을 위한 도우미로 활동하게 한다.
6. 본 과정을 새로 시작할 때는 먼저 이 과정을 이수한 사람 가운데 몇 사람을 초대하여 본 과정을 이수하기 전후의 효과에 대하여 소개한다.
7. 본 과정을 이수한 사람들이 많아지면 상실당한 경험의 종류대로 세분화하는 것이 더 효과적이다.
8. 시작과 마침은 팀장의 인도 가운데 기도로 진행한다.

본 과 정 첫 시 간 에

1. 서로의 합의에 의하여 선출된 팀장(또는 담당 교역자)은 각 팀원들을 위하여 본 과정에 대한 오리엔테이션을 한다.
   예) 본 과정의 학습목표
   팀원들의 장래의 역할
   본 과정을 진행함에 있어서 지켜야 할 내용들
2. 본 과정의 학습방법은 일방적인 강의식이 아닌 주어진 교재를 중심으로 서로 간의 경험을 나누는 대화 중심의 참여학습임을 소개한다.
3. 팀장은 본 훈련교재를 사용함에 있어서 훈련 프로그램의 진도를 중심으로 반드시 앞에 있는 내용을 읽어 오게 한 후에 서로의 생각과 감정을 나누도록 한다.
4. 이러한 몇 가지 원칙 안에서 팀원 각자가 경험했던 지난날의 상실의 유형과 고통, 그리고 그 고통을 어떻게 해결했는가에 대해 간략히 소개하는 것으로 첫 시간을 진행한다.
5. 마칠 때는 언제나 팀원들의 내적 평안과 앞으로의 해야 할 일들에 대해 함께 기도하도록 한다.

1과

슬픔의 형태

학습의 내용

가족은 전문가들의 비유적 설명을 통해서 보듯이 서로를 향하여 사랑을 주고받고, 세상 살아가는 방법을 배우는 운명공동체라 할 수 있다. 이러한 공동체에 사별이라는 아픔이 어떤 영향을 미치는지 여러 사례를 중심으로 슬픔의 뿌리와 상실당한 사람들의 저변에 자리하고 있는 것을 이해하고자 한다.

학습자들이 본 과정을 마치고 나면

1. 가족에 대한 정확한 이미지가 정리될 것이다.
2. 가족에게 다가오는 상실과 슬픔의 여러 형태들에 대한 새로운 지식을 얻게 될 것이다.

핵심단어

- 가 족
- 상 실
- 슬 픔
- 사 별

1. 가족이란 무엇인가?

가족에 대한 비유적 설명에서 조지 레커스(George A. Rekers)는 가족을 '천장에 줄로 묶여 매달려 있는 장식용 자동차'에 비유하여 설명한다. 줄은 가늘고 긴 강철봉 중간에 걸려 있으며 강철봉 양쪽 끝에 다른 줄들이 연결되어 있는데 각 줄마다 또 다른 것들이 매달려 있다. 자동차는 줄에 매달려 조심스럽게 균형을 유지하고 있는 것이다.

캐스웰(Caswell)은 탁자와 같은 단어를 통해서 가족을 설명하기를, "가족은 마치 탁자와 같이 부분과 전체를 동시에 가지고 있다. 즉, 각 다리는 탁자의 상판을 지탱하며 탁자의 상판은 또 다리의 집합적인 기능을 분명하게 해 줄 뿐 아니라 물건들을 놓을 수 있는 공간을 제공한다."고 설명하였다.

이러한 비유적 설명에 한 가지 더 첨가한다면 가족이란 마치 '카메라의 삼각대'와 같다고 할 수 있다. 이 삼각대는 서로의 길이가 같아야 힘의 균형에서 조화가 유지되어 무거운 카메라를 올려놓아도 잘 버틸 수가 있지 어느 한쪽의 길이만 달라져도 힘의 조화가 깨져 그 위에 아무것도 올려놓을 수 없게 됨을 알 수 있다.

위의 세 가지 비유적인 설명에서 가족의 공통점을 무엇으로 정리할 수 있는가?

위의 세 가지 비유 외에 당신은 어떤 방법으로 가족을 설명할 수 있는가?

지금 현재 당신의 가족은 어떤 형태를 유지하고 있으며, 그 가운데서 힘든 것은 무엇인가?

____

____

2. 가족의 슬픔

위의 세 가지 비유들처럼 각기 균형과 조화를 이루고 있던 가족의 구성원 가운데 한 사람이 그 곁을 떠나게 되면 남은 가족들은 사별로 인한 고통과 비통함, 그리고 고인을 향한 죄의식과 같은 여러 가지 감정들이 한꺼번에 요동치며 슬픔에 사로잡히게 된다.

그렇다면 슬픔이란 무엇이라 할 수 있겠는가?

____

____

사랑하는 가족을 상실당한 가족들에게서 쉽게 볼 수 있는 것은 사회적인 관계들로부터의 퇴행이다. 그렇다면 이러한 퇴행적인 모습은 어떻게 나타나며, 그 원인은 무엇이고, 또한 어떻게 그들을 도울 수 있는가?

퇴행적인 모습 : ______________________________

퇴행의 원인 : ______________________________

돕는 방법 : ______________________________

3. 상실과 슬픔의 여러 형태들

상실에는 여러 가지 종류가 있고 그에 따른 슬픔들이 있다. 예를 들면 의미 있는 꿈의 상실, 애착을 가지고 사용하던 물건의 상실, 의미 있는 사람으로부터 받은 물건의 상실, 이웃과의 관계상실이 있다. 그러나 무엇보다 사랑하는 가족을 상실할 때의 슬픔은 가장 큰 고통과 후유증을 남기는 차원에서 우리의 주목을 끈다.

그렇다면 서로 돌아가면서 자신의 경험 가운데 어떤 종류의 상실이 가장 힘든 상실이었고, 그때의 감정은 어떠했으며, 또 어떻게 그 상실의 슬픔을 극복했는지에 대하여 간단히 소개해 보라.

____

____

'사별로 인한 슬픔' 가운데 소개되는 사례들을 읽고 당신이 느낀 것을 서로 나누어 보라.

____

____

또한 이 사건들이 당신의 가족에게 일어났다면 당신은 어떤 충격을 받았겠는가? 여기에 대한 생각과 느낌들을 함께 나누도록 하라.

____

____

◎ 오늘의 공부를 통하여 새롭게 발견하거나 느낀 것이 있다면 무엇인가? 서로 나누어 보기로 한다.

"이 세상 모든 슬픔 중에서 가장 견디기 힘든 슬픔은 혼자 겪는 슬픔이다."

2과
상실의 여섯 가지 유형들

학습의 내용

유한성을 지닌 인간이 경험하는 상실에는 여러 유형이 있다. 때와 사건에 따라 어떤 경우에는 한 유형의 상실이 또 어떤 경우에는 두 종류 이상의 상실이 중첩됨으로 생각 외로 고통과 슬픔의 깊이가 크게 작용하는 것을 알 수 있다. 그만큼 위기 당사자가 겪어야 하는 고통과 후유증은 예상외로 크다는 것을 배우고자 한다.

학습자들이 본 과정을 마치고 나면
1. 상실의 유형들에 대하여 알게 될 것이다.
2. 과거의 나와 현재의 이웃들이 당면한 상실의 유형에 대한 속성을 알게 될 것이다.

핵심단어

- 물질적 상실
- 관계상실
- 심리적 상실
- 기능적 상실
- 역할상실
- 조직상실

상실에는 여섯 가지 유형들이 있는데, 죽음에 의한 상실만이 아니라 물질적인 상실, 인간관계의 상실, 심리적 상실, 기능적 상실, 그리고 역할과 조직의 상실을 비롯한 일반적인 모든 상실 등을 포함하고 있다. 어떤 경우에는 이러한 상실들 가운데 한 가지 이상의 상실이 겹쳐질 수도 있다.

그렇다면 당신이 경험한 상실은 어떤 것들이었으며, 그 당시의 고통과 그것을 어떻게 극복했는지에 대하여 서로 나누어 보라.

당신이 알고 있는 사람들 가운데 상실로 말미암아 고통당하고, 아직도 그 고통의 늪에서부터 헤어나지 못하고 있는 사람이 있다면 어떤 종류의 상실이며, 현재 그의 마음이 어떠한지 이해할 수 있겠는가?

다음은 상실의 여섯 가지 유형에 대하여 살펴보기로 한다.

1. 물질적 상실

애지중지하던 물건을 상실한 경험이 있다면 어떤 것이었으며, 그때의 심정이 어떠했는지에 대하여 서로 나누어 보라.

예수님의 비유 가운데 잃어버린 양과 드라크마가 있다(눅 15장). 이 비유 가운데 잃어버린 것을 찾기 위한 주인의 모습과 심정을 나타내는 내용이 '찾도록 찾고 있는' 모습이다.

그렇다면 이 비유 가운데 등장하는 사람이 당신이라고 한다면 잃어버린 하나를 찾기 위하여 애쓰고 있는 당신의 심정을 어떻게 표현할 수 있는가?(성경 당시의 풍습에 대한 참고문헌을 이용한다면 많은 도움이 될 것이다.)

---

2. 관계상실

관계상실은 서로 대화하고, 경험을 나누고, 사랑하고, 만지고, 이념을 세우고, 투쟁하고, 그렇지 않으면 특별한 의미를 지닌 다른 사람들과의 육체적인 대면이나 감정적인 관계의 종말이다. 무엇보다 죽음에 의한 관계상실은 그동안 맺어 왔던 긴밀한 관계들을 사별(死別)의 아픔과 함께 정리해야 하는 남은 자들의 마음에 커다란 고통과 슬픔이 따르기 마련이다.

이와 관련하여 당신의 경험 가운데 가깝게 지내던 사람들과 이사, 이민, 이혼, 직업전환, 갈등, 사별에 의한 관계상실의 경험들을 감정적인 측면에서 함께 나누어 보라.

관계상실에 대한 사례 가운데 대학교수의 교통사고로 인한 제자의 슬픔과 여동생의 자살로 인한 상실감 때문에 고통스러워하는 오빠의

심정에 대하여 함께 나누어 보고, 이들을 어떻게 위로할 수 있는지에 대하여 토의해 보라.

3. 심리적 상실

심리적 상실은 감정적으로 중요한 자신의 이미지인 '~을 할 수 있었던 것'에 대한 가능성의 상실, 독특한 미래를 위한 계획들의 포기, 꿈의 소멸에 대한 상실의 경험이다. 비록 그 자체가 오직 내적인 경험일지라도 외부적인 경험들과 관계되는 상실이다.

당신은 외부의 환경이나 자극에 의하여 심리적 상실을 경험한 적이 있는가? 있다면 어떤 종류의 심리적 상실이며, 상실당할 때 당신의 기분은 어떠했으며, 또한 그것을 어떻게 해결했는가?

당신의 경험으로 미루어 볼 때 심리적 상실을 당하여 고통당하는 사람을 어떻게 돕는 것이 효과적이라고 보는가?

4. 기능적 상실

기능적 상실은 어떤 외부적인 충격이나 강한 슬픔으로 인하여 신체의 어떤 근육이나 신경적인 기능들을 상실했을 때 찾아올 수 있는데, 우리는 이것을 기능적 상실이라고 부른다.

이러한 기능적 상실은 외부적인 환경으로 인한 경우 산재(産災)나 인재(人災) 또는 교통사고로 인한 신체 일부분의 상실, 인생 발달주기에 따른 신체기능의 퇴화(退化)와 심한 스트레스의 후유증으로 인한 신체적인 질병을 포함한다.

그렇다면 혹시 당신의 경우 기능적 상실의 경험이 있다면 무엇으로 인한 것이며, 그 당시의 심정과 그 쓰라린 고통을 어떻게 극복했는지에 대하여 나누어 보라.

당신의 경험으로 보아 기능적 상실로 인하여 고통당하는 사람을 어떻게 도와주어야 한다고 보는가?

---

5. 역할상실

사회적 역할이나 가정 안에서 마땅히 해야 할 역할을 감당하지 못하는 것도 역할상실로 경험된다. 이런 차원에서 IMF를 맞아 갑작스런 은퇴(隱退), 명퇴(名退), 조퇴(早退), 황퇴(遑退) 등은 아마 가장 큰 가족적인 역할상실이다. 이때 고개 숙인 아버지를 소재로 베스트셀러가 되었던 「아버지」라는 책과 부부관계에서 기죽은 남편들 사이에서 아내에게 할 말을 제대로 하고 사는 남편들을 가리켜 '간 큰 남자'라는 신조어(新造語)가 나온 것도 이 때문이다. 이러한 모습은 아브라함 매슬로우(A. Maslow)가 말한 대로 누구에게나 있는 자아실현의 꿈이 상실되는 것보다 더 큰 아픔과 고통은 없을 것이다.

만일 당신의 가족이 위와 같은 사례에 해당된다면 대인관계에 어떤 변화가 있으리라고 보는가?

____

____

그렇다면 주변 사람들이 당신에게 어떤 방식으로 관계를 유지해 주기 바라는가?

____

____

모든 부부들은 자신들의 결혼생활이 행복하기를 원하지만 원하지 않는 개입세력으로 말미암아 흔들리게 되는, 즉 역할상실의 위기에 처해지기 쉽다. 본문 가운데 시어머니의 개입으로 부부의 결혼생활이 위기에 처해진 가족의 사례에 대하여 당신의 의견을 나누어 보라.

____

____

6. 조직상실

조직상실은 역할상실과 비슷한 점도 있지만, 인간사회의 조직이란 인체의 조직과 같아 일부분이 질병에 의하여 제 기능을 상실하면 모든 기능에 지장을 초래하게 되는 것과 같다. 또한 그물망과도 같아 어느 한 부분이 훼손되어 구멍이 뚫리면 그물로서의 제 역할을 하지 못한다. 즉, 조직상실이란 그 조직 안에서 어떤 기능들이 확실하게 실행되고 있는가를 알아보는 것이다. 본문에서는 이러한 사례들로 아들의 군입대, 지방에 있는 대학에 입학한 딸, 지방으로 발령난 남편과 유학 간 아들로 인하여 텅 빈 집안의 분위기에 대하여 소개했다.

이러한 가정 내의 조직상실에 대하여 어떻게 생각하는가?

____

____

슬픔과 고통은 주관적인 감정에 의존한다. 그렇다면 위의 여섯 가지 유형의 상들 가운데 당신의 경험을 비추어 보면 어떤 상실의 유형이 가장 고통스러우며 시간적으로 그 후유증이 더 오래 갈 수 있다고 보는가? 그 이유는 무엇인가?

____

____

우리 인간은 크고 작은 상실들을 경험하면서 내적인 상처와 흔적들을 간직하기 마련이다. 그렇다면 위의 여섯 가지 상실의 유형들을 대하면서 크고 작은 상실로 말미암아 힘들어하고 고통스러워하는 우리의 이웃들에 대하여 어떤 마음가짐이 필요하다고 보는가?

____

____

◎ 오늘의 공부를 통하여 새롭게 발견하거나 느낀 것이 있다면 서로 나누어 보기로 한다.

3과

상실의 다른 변수들

학습의 내용

상실은 상황에 따라서 다르게 경험되기도 하고, 강한 감정들과 더불어 그것을 다루는 학습에 따라서도 다르게 경험되는 다양성이 있다. 이 다양성들은 슬퍼할 수 있도록 미리 예고해 주며 다양하게 경험될 수 있도록 강조하는데 여기서는 상실의 다섯 가지 변수들에 대하여 살펴보기로 한다.

학습자들이 본 과정을 마치고 나면
1. 상실의 변수에 대하여 알게 될 것이다.
2. 상실의 원인을 알게 될 것이다.

핵심단어

- 피할 수 있는 상실과 피할 수 없는 상실
- 일시적인 상실과 영구적인 상실
- 현실적인 상실과 상상적인 상실
- 예상된 상실과 예상되지 않은 상실
- 떠남과 남겨짐

1. 피할 수 있는 상실과 피할 수 없는 상실

본문 가운데 소개되는 사례들을 읽은 후 이외에도 조금만 관심을 가지면 얼마든지 피할 수 있는 것과 아무리 노력해도 피할 수 없는 불가항력적인 상실들에 대하여 서로 나누어 보자.

피할 수 있는 상실 : ______________________

피할 수 없는 상실 : ______________________

2. 일시적인 상실과 영구적인 상실

감정에 예민한 우리 나라 사람들은 "정(情)에 울고 정에 죽는다."라는 말이 있듯이 감정 때문에 많은 어려움을 당한다. 이처럼 우리는 인간관계에 있어 감정에 상처를 받으면 어떤 감정은 일시적인 상실에 그치지만 어떤 감정들은 영구적인 상처를 받는 경우들도 있다.

당신의 경우 이러한 상실로 말미암아 타인으로부터 상처를 받은 경험이 있다면 무엇이며, 그 당시 당신의 기분은 어떠했는가?

____

____

본의 아니게 타인에게 상처를 준 것이 있다면 어떻게 처리하겠는가?

____

____

영구적인 상실은 그 무엇인가가 정말 끝났다고 느끼는 위기의식을 불러일으킨다. 그래서 그것은 최종적으로 잃어버린 사람이나 대상이 없이도 살아갈 수 있는 새로운 삶을 형성해야 한다.

이처럼 영구적인 상실로 인하여 좌절하고 고통당하며 슬퍼하는 이웃을 우리는 어떻게 그들의 마음을 이해해 주며 함께해 줄 수 있는가?

3. 현실적인 상실과 상상적인 상실

본문에서는 서로 사랑을 나누던 연인들 사이에 불편한 관계로 헤어지게 됨으로 당하는 현실적인 상실과 피부암으로 한쪽 다리를 절단한 중년여성이 이미 절단되어 상상 속에 존재하는 다리의 고통을 호소하는 상상적인 상실에 대하여 소개하고 있다.

당신은 본문에서 소개되고 있는 이 사례들에 대하여 어떤 느낌을 가지는가?

4. 예상된 상실과 예상되지 않은 상실

사랑하는 사람의 갑작스런 죽음은 질병에 시달린다거나 그 질병으로 인하여 고생하다가 죽는 죽음과는 매우 달라 그 충격이 크다. 빼앗긴 사람들의 그 변덕스러움으로 우리는 그들의 충격이 얼마나 광범위하고 그들을 흔들리게 하는지를 알 수 있다.

예상되지 못한 죽음은 남은 가족들에게 왜 더 큰 충격의 후유증으로 작용하게 되는가?

예상되지 못한 죽음으로 인하여 남은 가족들이 당하는 충격의 후유증들에는 어떤 것들이 있겠는가?

5. 떠남과 남겨짐

일반적으로 '남겨진 상태'로 헤어짐과 상실을 경험한 많은 사람들은 개방적이거나 폐쇄적이고 상처와 분노, 그리고 떠난 사람들에 대한 분노를 간직하고 있다.

당신도 이러한 경험이 있는가? 있다면 그 당시 감정은 어떤 상태였는가? 또 어떻게 해결했는가?

당신 주변의 사람들 가운데 이러한 아픔을 간직하고 있는 사람이 있다면, 그가 아파하는 가장 큰 상처는 무엇이며, 그를 위하여 해 줄 수 있는 방법은 무엇이라고 보는가?

◎ 오늘의 공부를 통해 새롭게 발견하거나 느낀 것이 있다면 서로 나누어 보기로 한다.

4과

상실로 인해 슬퍼하는 모습들

학습의 내용

사랑하는 가족을 상실함으로 슬퍼하는 남은 가족들에게는 크고 작은 흔적들로 인한 후유증이 크다. 그만큼 충격이 크다는 것을 말해 준다. 그렇다면 이러한 충격으로 인한 슬픔을 어떻게 표현하는가에 대하여 감정적인 표현들, 육체적인 지각들, 인식들, 그리고 행동과 관련하여 함께 나누어 보기로 한다.

학습자들이 본 과정을 마치고 나면
1. 상실당한 자의 슬퍼하는 모습을 여러 측면에서 심도 있게 관심을 가질 수 있게 될 것이다.
2. 그들을 어떻게 도울 수 있는가에 대한 방향을 설정할 수 있게 될 것이다.

핵심단어

- 상실의 후유증
- 감정적인 표현들
- 육체적인 지각들
- 상실로 인한 인식들
- 상실로 인한 행동들

1. 상실로 인한 감정적인 표현들

가족을 상실하게 되면 그 애착과 밀착의 정도에 따라 어느 정도 차이가 있지만 일반적으로 나타나는 공통적인 표현에는 슬픔, 분노, 죄의식, 불안, 고독감, 피로, 자신에 대한 무기력, 충격, 고인에 대한 그리움, 무감각, 때로는 오랜 병상생활을 하다가 떠난 경우에는 해방감과 안도감 등의 표징들이 자리하는 것으로 나타난다. 이러한 여러 가지 충격은 육체적인 흔적, 소위 말하면 '심신증'(心身症)이라는 후유증을 나타내면서 생각과 행동에 크고 작은 변화들을 초래하게 한다.

당신의 경험 가운데 가족을 상실한 경우를 회상하면서 처음 다가오는 충격, 당시의 감정에 대하여 서로 나누어 보라.

당신의 경우, 가족을 상실한 처음 시간과 장례식을 마무리할 즈음에 다가오는 감정에 차이점이 있다면 어떤 것이었는가?

가족을 상실하고 당신의 마음에 찾아온 대표적인 감정은 어떤 것이었는가?

본문 가운데 교통사고로 졸지에 아내와 아들을 상실한 사람과 목회활동 중 나이 어린 아들을 상실당한 내용을 보았다. 당신이 그들과 함

께하고 있다면 어떻게 접근하겠는가?

가족상실로 인한 충격 단계에서부터 안정과 회복 단계에 이르기까지 도르티 졸레(Dorothy Sölle)가 강조하고 있는 무감각의 언어, 감정적인 언어, 안정된 언어로 구분하고 있는 것에 대한 당신의 의견은 어떠한가?

그렇다면 충격을 받아 무감각한 언어와 시간이 다소 지난 다음 나타나는 감정적인 언어가 표출될 때 어떻게 해 주는 것이 위기 당사자에게 도움이 된다고 보는가?

위기 당사자를 돕는 여러 방법들 가운데 노먼 라이트(N. Wright)가 제시한 감정의 수준에 따라 돕는 방안에 대하여 당신의 느낌은 어떠한가? 새롭게 발견한 것이 있다면 무엇인가?

느낌 : ______________________________

새로운 발견 : ______________________________

---

2. 상실로 인한 육체적인 지각들

가족상실에 대한 위기에 반응하는 각 개인의 정도에는 나름대로 차이가 있지만 슬픔이 클 때는 감정적인 표현들과 함께 육체적인 지각 현상들이 나타난다. 여기에는 복통, 가슴이 답답하다고 호소하는 흉부긴장, 목구멍이 답답하다는 인후긴장, 주변의 소음에 대한 과민반응, 자기존재에 대한 무감각, 호흡에 곤란을 느끼는 숨가쁨, 그리고 기력부족과 함께 입이 마르는 등 평소에 약하던 부위에 이상 징조들이 발견되기 시작한다.

가족을 상실당한 후 찾아온 건강문제로 힘들었던 경험이 있는가? 있다면 어떤 문제였고, 그것을 또 어떻게 해결했는가?

가족상실 이후 찾아오는 이러한 현상들을 어떻게 이해해야 하며(원인규명) 또 이런 고통을 당하고 있는 사람들을 어떻게 도와야 하는가?

---

3. 상실로 인한 인식들

상실의 충격은 인식과 사고의 변화를 가져와 현실적인 사고와는 거리가 멀게 느껴지기 때문에 무엇인가 잘못되어 가고 있는 것을 볼 수 있다. 이러한 경험을 당신 자신이나 주변 사람들의 사례에 대하여 서로 나누어 보라.

당신의 경험으로 볼 때 상실의 충격으로 잘못된 인식을 하고 있는 사람들을 돕는 효과적인 방법에는 무엇이 있는가?

4. 상실로 인한 행동들

상실의 충격으로 인한 행동의 변화에는 원망, 방황, 사회적인 퇴행, 의식 없는 행동, 불안정한 행동, 고인의 유품에 대한 집착 등이 있다. 가족상실은 그만큼 절망을 일으키는 계기가 되며, 인간의 안전과 복지를 위협하는 세력이다.

이 외에도 당신의 경험으로 보아 어떤 행동이 있다고 보는가?

이들에게 가장 절실하게 필요한 도움은 무엇이며, 그 이유는 무엇인가? 당신의 경험에 비추어 설명해 보라.

신학적인 논평에서 지적하듯이 자신을 향하여 군사반란을 일으키던 압살롬이 전사(戰死)했다는 소식을 들은 아버지 다윗의 대성통곡과 오라비의 죽음 앞에서 절망과 인간의 무력감을 느끼며 오열하던 마르다와 마리아의 통곡을 당신은 어떻게 생각하는가?

성경이 위와 같은 가족상실의 아픔을 기록하고 있는 데 대하여 그 이유는 무엇이며, 우리에게 주고자 하는 의미는 무엇이라고 보는가?

◎ 오늘의 공부를 통해 새롭게 발견하거나 느낀 것이 있다면 서로 나누어 보기로 한다.

5과

슬퍼하는 이유

학습의 내용

인간의 모든 감정에는 그 감정을 유발하게 한 원인이 있다. 특별히 사랑하는 가족을 상실한 충격에서 오는 상처로 인한 슬픔은 어느 슬픔보다 크고 강하게 작용한다. 그렇다면 구체적으로 왜 슬퍼하는가? 슬픔 속에 포함된 그 의미는 무엇인가에 대하여 함께 나누어 보려고 한다.

학습자들이 본 과정을 마치고 나면

1. 상실당한 자의 슬픔을 인위적으로 방해하지 않을 것이다.
2. 그 슬픔도 고인과 맺은 정서적인 밀착도에 따라 다르다는 사실을 이해하게 될 것이다.

핵심단어

- 슬픔의 이유
- 눈물
- 자가치유
- 애통

1. 슬퍼하는 이유

가족을 상실하고 슬퍼하는 것은 단순한 서러움이 아니라 사랑하는 가족을 상실하고 잃어버림에 대한 반응이다. 이는 마치 고장난 컴퓨터와 같아 제멋대로 작동하여 온갖 상념과 생각을 일으키는 복잡한 정서적 반응이다. 그러므로 슬픔은 도피해야 할 그 무엇이 아니다. 다만 그것은 터널과 같아서 통과해 지나가야 할 하나의 과정이다. 그럼에도 불구하고 슬픔을 다룸에 있어서 위험한 일 가운데 하나는 그 슬픔을 부정하는 것이다.

그렇다면 당신은 지금까지 가족을 상실하고 슬퍼하는 사람에 대하여 어떤 관심을 가지고 있었는가?

____

____

사랑하는 가족을 잃은 사람들이 왜 슬퍼한다고 보는가?

____

____

산상보훈 가운데 "애통하는 자가 위로의 복을 받는다."라는 약속에 대한 당신의 해석은 어떠한가?

____

____

본문에서는 슬퍼하는 이유 다섯 가지에 대하여 설명했는데, 이러한 설명에 대한 당신의 견해는 무엇인가? 가장 공감적인 설명은 무엇인가?

____

슬퍼하는 이유에 대한 내용에 공감했다면 가족을 잃고 슬퍼하는 사람들을 어떻게 도와주어야 하는가?

당신의 경우 가족을 상실하고 마음껏 슬퍼해 본 일이 있는가? 이러한 경험이 있는 경우와 없는 경우 어떤 차이가 있는가?

당신의 주변 사람들 가운데 가족을 상실당한 이후 원인 모를 병으로 고생하고 있는 사람들이 있는가? 있다면 그 이유가 무엇이라고 보며, 어떻게 그를 도울 수 있는가?

다음은 성경 가운데 가족이나 의미 있는 대상을 상실하고 슬퍼하는 사람들에 대한 사례들이다. 이들의 슬픔에 대하여 서로의 의견을 나누어 보기로 하자(충격의 정도, 슬퍼하는 이유 등).

1) 미지의 땅에서 생사고락을 함께하던 아내를 상실하고 슬퍼하는 아브라함의 슬픔(창 23 : 1-6)
2) 사랑하던 아들이 짐승에게 찢겨 죽었다는 소식을 전해 들은 아버지 야곱의 슬픔(창 37 : 29-36)
3) 아들 압살롬이 전사(戰死)했다는 소식을 전해 들은 아버지 다윗의 슬픔(삼하 18장)

4) 모든 것을 상실하고 육체적인 고통과 친구들의 번뇌하게 하는 위로 때문에 슬퍼하는 욥(욥 16장)
5) 자기를 살해하려던 사울 왕과 형제의 사랑보다 더 강한 사랑을 나누던 요나단의 전사(戰死) 소식을 전해 들은 다윗의 슬픔(삼하 1 : 17-27)
6) 이스라엘의 건국의 아버지인 사무엘의 죽음에 대한 백성들의 슬픔(삼상 25 : 1)
7) 선지자 엘리사가 죽을병에 걸려 생사(生死)를 헤매고 있을 때 그를 찾아가 슬퍼하는 요아스 왕의 슬픔(왕하 13 : 14)
8) 오빠 나사로의 죽음 앞에서 슬퍼하는 두 여동생(요 11 : 31-35)

6과
슬픔의 요인들

학습의 내용

같은 상실을 당해도 어떤 사람은 즉각적으로 또 어떤 사람은 한참 후에 그 슬픔을 표현한다. 이것은 그 슬픔의 충격 정도에 따라, 고인과의 밀착관계에 따라서도 달라진다. 그렇다면 슬픔의 정도를 결정짓는 요인에는 어떠한 것들이 있겠는가? 여기에 대하여 학습해 보도록 하자.

학습자들이 본 과정을 마치고 나면
1. 남은 자와 떠난 자와의 관계를 슬픔의 척도에 따라 이해하게 될 것이다.
2. 슬퍼하는 사람의 마음을 조금 더 가까이에서 이해하게 될 것이다.

핵심단어

- 밀착관계의 정도
- 죽음의 양태(樣態)
- 선조들의 슬픔 처리
- 개성에 따른 슬픔

가족을 상실한 동일한 슬픔이라 해도 부모를 먼저 보내는 경우와 자녀를 먼저 보내는 경우 가운데 어떤 슬픔이 더 크다고 생각하는가? 또 그 이유는 무엇인가?

같은 가족이라 할지라도 고인(故人)과의 정서적인 밀착관계에 따라 슬픔도 달라진다고 보는데, 당신의 경우 그 이유가 무엇이라고 생각하는가?

고인과의 강한 밀착관계로 인하여 장례식이 방해될 정도로 슬퍼하는 경우도 있다. 이러한 경우는 어떻게 하는 것이 좋다고 보는가?

성경의 인물 가운데 아버지 야곱은 아들 요셉이 죽었다는 소식을 듣고 방성대곡을 했는데, 이처럼 슬픔이 큰 이유를 무엇이라고 보는가?(창 37 : 29-36)

고인이 어떤 형태로 죽었는가도 슬픔의 강약에 충격과 자극제가 된다. 그렇다면 죽음의 종류들을 열거하면서 슬픔의 강약의 차이에 따라 정리해 보라.

당신은 어떤 종류의 가족상실을 경험했으며, 그때 어떤 면이 힘들었는가?

그렇다면 가장 힘들었을 때 주위 사람들이 당신을 어떻게 도와주었으면 했는가? 또 이후로 이런 슬픔을 당한 이웃을 어떻게 도와주려고 하는가?

슬픔이란 인간의 감정 표현도 일종의 학습에 따라 그 표현방식이 다를 수 있다. 당신이 알고 있는 범위 내에서 슬픔을 표현하지 못하여 힘들어하는 사람이 있다면 그 이유가 무엇이라고 보는가? 만일 이런 사람이 당신 곁에 있다면 어떻게 도와줄 수 있겠는가?

슬픔을 표현하는 데도 개성이 있는데, 이러한 모습은 장례식장에서 여러 종류로 나타난다. 소리 내며 우는 사람, 땅바닥을 치면서 우는 사람, 고래고래 악을 쓰면서 우는 사람, 울다가 자신의 슬픔을 이기지 못하여 뒤로 넘어지는 사람, 조용히 눈물만 흘리면서 우는 사람, 슬픔을 억누르는 사람 등 그 표현방법은 다양하다.

그러므로 우리는 슬픔을 표출하는 사람들에 대하여 선입견을 가져서는 안 된다.

7과
슬픔의 장애물들

학습의 내용

슬픈 일을 당할 때는 슬퍼하는 것이 정상적인데 이러한 감정표출을 지연시키면 더 큰 장애물을 만나 그에 따른 대가를 지불해야 하는 어려움에 직면하게 된다. 그럼에도 불구하고 아직도 자타의 물리적인 요구에 의한 슬픔의 장애물들이 잠재해 있어 마치 불발탄과 같은 모습의 사람들을 보게 된다. 그렇다면 슬픈 일을 당한 사람들이 그 슬픔을 제대로 표출하지 못하는 이유가 무엇인가에 대하여 학습하기로 한다.

학습자들이 본 과정을 마치고 나면
1. 슬픔의 장애물이 무엇인가를 이해하게 될 것이다.
2. 장차 이들을 돕는 데 동일한 실수를 범하지 않게 될 것이다.

핵심단어

- 슬픔의 장애물
- 편협된 생각
- 조절의 요구
- 외적인 격려의 부족

서러움과 우울은 슬픔으로 인한 주요 반응 중 하나이다. 성경 가운데 모든 것을 상실당한 욥은 비탄에 잠겼을 때 위로한다고 찾아온 친구들에게 험악한 말들을 퍼부었다(욥 3장). 욥의 이러한 탄식 가운데에는 우울함, 죽고 싶은 마음, 불면증, 삶에 대한 비관, 신체적인 고통들을 호소하는 내용들이 많다.

그렇다면 욥은 왜 친구들에게 이러한 험악한 말들을 거침없이 쏟아내고 있는가?(욥 16 : 1–5)

당신은 욥이 당하고 있는 고통과 비통함을 어느 정도 인식 또는 상상할 수 있는가?

욥을 위로하러 왔던 친구들이 욥에게 권고하는 핵심적 내용이 무엇이라고 보는가?(욥 4 : 1–11, 8 : 1–7, 11장)

당신이 욥의 세 친구 가운데 한 사람이었다면 욥을 어떻게 대하겠는가?

반대로 당신이 욥이라면 위로한다고 찾아와서 훈계하고 있는 친구들을 어떻게 하겠는가?

____

____

도움이란 도움을 주는 입장에서 도와주는 것만으로는 별다른 효과가 없을 뿐 아니라 때로는 해악(害惡)이 되는 경우도 있다. 그러므로 진정한 도움을 위해서는 도움을 받는 입장에서 무엇이 필요한가를 정확히 알아야 한다.

그렇다면 지금 현재 욥에게 가장 절실하게 필요한 것은 무엇인가?

____

____

당신은 지금 욥이 당하고 있는 고통의 원인이 무엇이라고 보는가? 당신의 견해를 먼저 나눈 후, 욥기 1 : 1~12과 비교해 보라.

____

____

욥의 마음을 이해하기는커녕 죗값이라고 정죄하면서(욥 8 : 4) 아프게 한 친구들의 말은 현재 욥이 당하고 있는 고통에 대한 편협된 생각의 대표적인 사례이다.

당신도 이와 같이 이웃들의 편협된 처신 때문에 더 고통을 당한 적이 있다면 그 당시 당신의 마음을 설명해 보라.

____

____

그렇다면 이후에 가족상실로 인하여 고통당하고 슬퍼하는 이웃을 만날 경우 어떻게 도와주고자 하는가?

아들이 자신을 대상으로 군사 쿠데타를 일으켰다가 전사(戰死)했다는 소식을 들은 다윗은 "왕이 마음이 심히 아파 문 위층으로 올라가서 우니라 그가 올라갈 때에 말하기를 내 아들 압살롬아 내 아들 내 아들 압살롬아 차라리 내가 너를 대신하여 죽었더면 압살롬 내 아들아 내 아들아"(삼하 18 : 33) 하면서 대성통곡을 하자 전쟁에 참여했던 군사들과 백성들에게 오히려 슬픔이 되었다고 한다(삼하 19 : 2).

이 사실을 알아차린 요압 장군이 다윗 왕을 찾아가 반역했던 아들의 죽음을 슬퍼한다고 항의하면서 전쟁에 참여했던 사람들을 위로하라고 권면했고, 다윗은 그 권고를 따름으로 문제가 잘 수습되었다(삼하 19 : 5-8).

이 사건에 보는 대로 압살롬에 대한 견해의 차이는 무엇이며, 아들을 향한 아비의 마음이 어떻게 표현되고 있는가?

"오호라 나는 곤고한 사람이로다 이 사망의 몸에서 누가 나를 건져내랴"(롬 7 : 24). "내가 탄식함으로 피곤하여 밤마다 눈물로 내 침상을 띄우며 내 요를 적시나이다"(시 6 : 6).

이 고백을 고통과 슬퍼하는 사람에게 적용하여 본다면 슬퍼하는 사람을 어떻게 도와주는 것이 최선의 방법이라고 보는가?

8과
슬퍼하는 사람들을 위한 위기상담

학습의 내용

사랑하는 가족을 어떤 방식으로든지 상실당했다는 것은 위기임에 틀림이 없다. 이것은 마치 서로 균형을 유지하던 카메라의 삼발이 가운데 하나의 버팀목이 무너져 내린 것과 같기 때문이다.
이처럼 가족상실의 위기상황에 처한 사람을 돕기 위한 방법으로 슬픔치유의 목표에 따른 위기상담의 원리들에 대하여 살펴보기로 한다.

학습자들이 본 과정을 마치고 나면
1. 슬픔치유의 목표를 알게 될 것이다.
2. 위기상담의 원리들에 대한 정확한 이해를 하게 될 것이다.

핵심단어

- 위기상담의 A-B-C-D
- 관계형성
- 문제핵심 파악
- 문제해결방안

1. 위기의 개념

사울의 다메섹 사건(행 9 : 1–9)은 그에게 어떤 영향을 주었는가?

____

____

위기를 당한 당사자의 마음은 어떤 상태인가?

____

____

위기는 크게 세 가지 종류가 있는데, 어떤 것들이 있는가?

____

____

2. 슬픔치유의 목표

당신의 경험으로 보아 가족을 상실했을 당시에 어떤 감정이 가장 강하게 작용했는지 나누어 보라.

누구를 상실했는가?______________________________

가장 강한 감정은?______________________________

왜 그런 감정이 유달리 강하게 작용했다고 보는가?

____

그런 감정을 어떻게 해결했는지 그 과정을 서로 나누어 보라.

____

욥이 당한 고통을 보면, 한순간에 그가 가진 모든 것을 잃어버림과 동시에 마지막까지 그와 함께하면서 버팀목이 되어 줘야 할 아내마저 저주하고 돌아서 버렸다(욥 2 : 9). 이때 욥의 심정은 어떠했으리라고 보는가?

그렇다면 가족을 상실한 채 슬퍼하고 있는 사람을 도와줄 때 그 목표는 무엇이어야 하는가?

---

3. 위기상담의 원리

1) 관계형성

교회에서 실시하고 있는 목회자들의 심방(心訪)이란 '목회'의 한 축을 이루는 중요한 사역으로, 목회자와 성도 간에 만남을 통하여 문제를 해결하고 가정에 주님의 평화를 전달하는 것이다.

그렇다면 당신의 경우, 가족을 상실하고 고통스러워하며 슬퍼하고 있을 때 맞이한 심방이 당신에게 어떤 면에서 도움이 되었는가?

가족을 상실하고 고통스러워하며 슬퍼하고 있을 때 찾아오는 심방이 좀더 구체화되었으면 하는 내용이 있다면 무엇인가?

사람은 슬프거나 힘든 일로 고통당하고 있을 때 그 마음을 누군가에게 털어놓고 싶어한다. 그러나 만일 이러한 고통을 표출하지 못할 때는 심리적 고통이 가중된다.

욥은 어리석은 친구들 때문에 이러한 고통이 훨씬 더 가중되었음을 호소한다. 그래서 그는 친구들을 향하여 "이런 말은 내가 많이 들었나니 너희는 다 재난을 주는 위로자들이로구나"(욥 16 : 2)라고 하면서 친구들을 향한 불평을 계속한다(16 : 3–5). 이런 차원에서 당신이 고통스러워했을 때 당신의 말에 귀를 기울여 준 사람이 있는가? 있다면 그때 당신의 마음은 어떠했는가? 반대로 당신의 고통스러운 말에는 아랑곳하지 않고 자기들의 말만 할 때 어떤 기분이었는가?

본문에 소개되는 어느 나라의 왕자에 대한 이야기를 읽어 보라. 정신상태가 이상해진 왕자를 치료하기 위해 모인 많은 명의(名醫)들과 허름한 현자(賢者) 사이의 차이는 무엇이라고 보는가?

슬픔당한 사람과의 관계형성을 위해서는 현재–지금의 상태를 가치판단 없이 있는 그대로 들어 주는 것이 무엇보다 가장 큰 도움이 된다. 여기에는 경청의 기술이 필요하다. 경청에는 상대방과 호흡이 하나되어 그 사람의 내면에 있는 메시지까지 해석하며 들어주는 적극적인 경청이 있고, 자기 자신의 가치기준에 따라 듣는 왜곡된 경청이 있으며, 자신의 기분이 별로 좋지 않아 멍한 상태로 듣는 공백적 경청, 그리고 자신의 생각과 비슷한 것에만 관심을 가지고 듣는 선택적 경청이 있다.

이 가운데 당신이 즐겨 사용했던 경청법은 무엇이며, 그 이유는 어디에 있다고 보는가?

적극적인 경청훈련은 상대방에게 몰입될 때만 가능한데, 이러한 적극적인 경청을 하려면 어떻게 해야 하는가?

2) 문제핵심 파악

위에서 말한 관계형성은 위기 당사자를 효과적으로 돕기 위하여 문제핵심을 파악하고자 하는 데 있다. 그렇다면 문제의 핵심을 파악하기 위해서는 상대방으로 하여금 하고 싶은 말을 하게 하는 개방적인 질문과 위기 당사자의 가슴에 요동치고 있는 현재-지금의 감정을 있는 그대로 들으면서 내담자가 당면하고 있는 위기를 현실적으로 생각하도록 용기를 주고 편안한 분위기에서 속에 있는 것을 부담 없이 털어놓을 수 있도록 해야 한다.

본문 가운데서 강조하고 있는 부정적인 반응과 긍정적인 반응의 차이점을 비교해 보고 일상생활에서 당신이 흔히 사용하고 있는 것은 어느 것인가에 대하여 자신을 점검해 보라.

9과
슬퍼하는 사람들을 돕는 위기상담 : 예배와 설교

학습의 내용

본 과정의 핵심적 본론 과정으로 사랑하는 가족을 상실하고 고통 가운데 슬퍼하는 사람들을 돕는 방법에는 여러 가지가 있지만, 여기서는 공식적인 방법으로 예배와 설교에 대하여 재조명하면서 실제적인 도움을 구체적으로 살펴보기로 한다.

학습자들이 본 과정을 마치고 나면
1. 슬퍼하는 사람을 위한 예배와 설교의 중요성을 재조명하게 될 것이다.
2. 어떤 내용으로 예배와 설교를 재구성해야 하는가에 대한 새로운 인식을 하게 될 것이다.

핵심단어

- 종결예배
- 설교
- 상실의 감정
- 감정의 허용

1. 종결예배

예배란 예수 그리스도 안에서 자기를 나타내신 하나님의 은총을 깨달은 하나님의 자녀들이 마음과 뜻과 정성을 다하여 하나님과 만나 교제하는 것이다. 이 만남과 교제는 단순한 만남이 아니라 이 만남을 통하여 '변화'가 일어나는 일종의 '사건'이라 할 수 있다.

그렇다면 사랑하는 가족을 상실하고 애통하며 슬퍼하는 사람들을 위하여 드리는 예배는 어떤 예배여야 하는가?

가족상실로 슬퍼하는 가정을 위한 예배 구성은 어떻게 해야 하는가?

당신의 경험에 비추어 볼 때 어떤 예배가 슬픔에 빠져 있는 사람들의 마음을 공감해 주고 위로해 주는 예배라고 보는가?

결혼예배에 대한 연구는 활발해지면서 순서와 설교의 내용구성에 대한 논의가 발전되어 가고 있는 데 비해 장례예배에 대한 연구는 요원하다. 그렇다면 현재의 장례예배에 대한 새로운 연구는 어떤 면에서 연구되어야 하는가?

본문에서는 장례예배를 위한 세 가지 의견을 제시했다. 첫째는 고인의 생전의 음성을 들려주거나 활동 모습을 보여 주는 것이며, 둘째는 유가족들과 가까운 친지들, 그리고 고인과 평소에 가깝게 지내던 주변 인사들이 고인에게 하고 싶은 이야기를 직접 할 수 있는 기회를 제공하고, 셋째는 고인과 가장 가까이 지내면서 잘 아는 친구나 이웃을 통해서 평소에 고인에 대한 아름다운 추억들과 미담에 대하여 소개를 하는 것이다. 이 외에도 필요한 것이 있다면 무엇이라고 보는가?

우리가 위와 같은 과정을 진행하는 동안 가족들은 고인과 심리적 작별을 준비하게 된다. 동시에 고인과 함께 생활하던 주변 사람들은 고인에 대한 아름다운 추억을 마음에 기록하게 될 것이며, 동시에 남은 인생을 어떻게 살아야 할 것인가에 대한 강한 교훈을 받게 된다.

2. 설 교

설교란 주어진 말씀을 오늘날 우리가 살고 있는 현재의 상황에 재조명하는 것이다. 그렇다면 사랑하는 가족을 상실하고 고통 가운데 슬퍼하는 유가족들을 대상으로 하는 설교는 종결예배에서 지적했듯이 누구를 그 대상으로 하는가에 따라 설교의 내용과 방향이 달라질 수 있다. 그래서 이러한 설교를 어떻게 해야 할 것인가 하는 것은 설교자에게 큰 부담이라 할 수 있다.

당신은 장례예배에서 행해지는 설교 때 기억에 남는 말씀이나 느낌이 있다면 무엇인가?

상실 가운데서 행해지는 설교는 상실에 대한 솔직한 인식이 포함될 것을 요구한다. 죽음의 현실을 회피하거나 부인하는 것으로 인하여 고통을 부드럽게 하려고 하기보다는 그 반대로 분명하게 상실을 확인하면서 고통스러워하는 유가족들과 함께 교회가 그 고통에 함께 동참하고 있음을 알리며, 고통 속에 새로운 희망을 제시함이 무엇보다 중요하다. 만일 설교 가운데 상실의 고통을 억제시키면서 일방적인 희망만을 제시하는 설교를 하게 되면, 어떤 경우 유가족들은 자신의 고통과 상실의 비통함에 대한 죄의식과 더불어 복합적인 감정들을 해소하지 못한 데서 오는 우울증을 앓게 되는 이중삼중의 어려움을 당하게 된다.

이러한 배경은 우리 주변에서 경험할 수 있는 장례예배의 설교 내용 가운데 남은 가족들의 슬픈 감정을 이해해 주고 격려해 주는 설교가 슬퍼하는 가족들에게 어떤 도움이 되어 준다고 보는가?

성경은 어디를 보아도 인간의 감정을 억압하거나 부정하는 경우가 없다. 오히려 인간의 감정을 표현하는 데 적극적이다.

"내 눈이 눈물에 상하며 내 창자가 끊어지며 내 간이 땅에 쏟아졌으니 이는 딸 내 백성이 패망하여 어린 자녀와 젖 먹는 아이들이 성읍 길거리에서 기절함이로다"(애 2 : 11).

이 애가(哀歌)는 나라의 패망을 목격하면서 슬퍼하던 선지자 예레미야의 탄식이지만 시가서를 보면 많은 곳에서 아픈 마음들을 여과없이 표현하고 있다. 이것은 우리에게 무엇을 말하고 있는가?

10과

슬퍼하는 사람들을 돕는 위기상담
: 경험자 그룹을 통한 치유사역

학습의 내용

본 과정은 핵심적 본론 과정으로 사랑하는 가족을 상실하고 고통 가운데 슬퍼하는 사람들을 돕는 방법 가운데 과거에 유사한 아픔의 경험을 가지고 이제는 그러한 사람들에게 다가가서 이해하며 도와주는 '가정 도우미'로서의 역할에 대하여 살펴보기로 한다.

학습자들이 본 과정을 마치고 나면
1. 슬퍼하는 사람을 구체적으로 도와줄 수 있는 여러 가지 방법들에 대하여 배우게 될 것이다.
2. '가정 도우미'의 중요성에 대하여 새로운 인식을 하게 될 것이다.

핵심단어

- 치유사역
- 상실의 현실화
- 유품정리방법
- 고인과의 작별인사

사랑하는 가족을 잃고 비통해하며 고통스러워하는 이웃들이 건강한 모습으로 일상생활에 복귀할 수 있도록 돕는 데는 교회의 공식적인 예배와 설교만으로는 부족하다. 왜냐하면 장례식을 마친 이후 유가족들은 휴식이 필요하지만 교회를 비롯하여 모든 봉사자들과 친척들은 각자의 생활로 돌아간 그 다음부터는 가장 힘들고 고통스러운 긴 터널을 혼자의 힘으로 걸어 나가야 하는 커다란 슬픔의 덩어리들이 있기 때문이다. 이러한 문제들을 해결하기 위해서는 경험자 그룹을 통하여 상한 마음들을 치유해 주는 것과 동시에 그가 처한 환경을 비롯하여 법적인 문제까지 전반적인 도움을 줄 수 있는 자상함과 세밀한 배려가 지원되어야 한다.

당신의 경우 가족을 상실하고 새로운 생활에 적응되는 과정에서 가장 힘들었을 때는 언제이며, 반대로 가장 도움이 되었을 때는 언제였는가?

힘들었을 때 : ______________________________

도움이 되었을 때 : ______________________________

그렇다면 이웃이 가족을 상실했을 때 어떻게 그들을 도와주면 도움이 되겠는가?

____

____

다음은 경험자 그룹의 역할에 대하여 함께 나누기로 한다.

1) 유가족으로 하여금 상실의 감정을 인지하고 표현할 수 있도록 도우라

가족을 상실한 사람의 첫 번째 단계는 충격 단계로 도르티 졸레

(Dorothy Sölle)가 지적한 대로 이 단계에서는 무감각하고, 평소에는 들을 수 없는 언어들을 쉽게 들을 수 있다. 그만큼 충격이 크다는 것을 말한다. 그렇다면 이러한 사람에게 경험자 그룹이 할 수 있는 역할이 무엇인지에 대하여 서로 나누어 보라.

본문 가운데 폴 브랜드(Paul Brand)가 저술한 「신묘막측하게 지어진 존재」라는 책의 내용을 통해서 당신은 무엇을 느끼는가?

고통스럽고 슬퍼하는 사람들은 자신의 감정을 표출하고자 하지만 무엇이 이들에게 그 슬픔을 표출하지 못하도록 방해하는가?

2) 유가족으로 하여금 상실의 사실을 현실화하도록 도우라

고인과 정서적으로 밀접한 관계를 유지하던 가족일수록 그 충격이 강하기 때문에 사랑하는 가족을 상실했다는 현실을 거부하거나 인정하려 하지 않고 오히려 잃어버린 대상을 자기 눈으로 확인하면서도 그 대상을 찾으려 한다. 그러므로 비판 없이 그의 말에 귀를 기울여 주면서 상실의 당사자로 하여금 현실을 수용할 수 있도록 도와주어야 한다.

장례를 치르는 과정에서 위문 차 왔던 사람들로부터 섭섭하게 느껴졌던 경우가 있다면 어느 때였으며, 그 이유가 무엇인지 나누어 보라.

본문 가운데 소개되고 있는 대학교수의 아내는 친정어머니의 장례를 마친 후 왜 우울증세가 나타났는가?

아브라함은 그의 아내 사라가 죽었을 때(창 23 : 1-4) 받은 충격이 컸음에도 불구하고 아내를 매장할 묘지를 구하기 위하여 현지 사람들을 찾았다. 만약 아브라함이 충격이 커서 아내의 죽음을 인정하지 않았다면 어떤 행동을 했으리라고 추측하는가?(2절 참고)

종종 언론의 보도에 의하면, 가족의 죽음을 부인한 채 시신(屍身)을 집안에 방치해 두어 이웃의 신고로 발견되는 일들이 있다. 당신은 이러한 일에 대해 어떻게 생각하는가?

3) 유가족으로 하여금 고인 없이 살아갈 수 있도록 도우라

같은 사별이라 할지라도 오랫동안 지병으로 고생하다가 떠나는 경우와 갑작스런 사고로 떠나는 경우는 그 충격의 강도(强度)와 남은 가족들이 다음을 준비하는 마음의 자세에도 많은 차이가 있다. 이런 경우 경험자의 역할은 무엇보다 중요하다.

갑작스럽게 가족을 상실했을 경우 많이 들을 수 있는 절망 섞인 말들은 무엇이며, 그 의미는 무엇인가?

사랑이란 주는 사람 중심의 일방적이 아니라 받는 사람 중심으로 그가 필요한 것을 채워 주는 것이어야 한다. 그렇다면 이런 사람들을 어떻게 도와주는 것이 바람직하다고 보는가?

자신이 도울 수 없을 때 추상적이고 막연한 표현으로 얼버무리거나 그 상황을 피하려고 하는 것은 도움이 안 된다. 경험자 그룹은 구체적이고 실제적인 도움이 되는 방향으로 도움의 목표를 설정해야 한다.

4) 유가족으로 하여금 고인의 유품을 정리하면서 정서적인 관계를 정리하도록 도우라

유품이란 고인을 상기시키는 힘을 가지고 있기 때문에 남은 가족들은 먼저 가신 고인과 관련된 유품들을 볼수록 그 슬픔이 더해진다. 그러므로 고인과 강하게 밀착시키게 하는 유품들을 어떻게 정리하게 하는가에 따라 정서적인 독립의 시기를 조절할 수 있다.

군대에 입대한 아들은 얼마 후 입던 옷들을 보내게 된다. 이 옷이 들어 있는 소포를 받은 어머니는 어떤 감정적인 반응을 하게 되는가?

남은 자들이 고인의 유품을 보면서 그리움과 함께 슬픔이 북받쳐 오르는 것은 무슨 이유일까?

슬픔과 어려움은 함께 나눌수록 작아진다.

당신은 고인의 유품들을 어떻게 정리했는가?(혼자서 아니면 남의 도움을 받으면서) 그 당시 당신의 감정은 어떠했는가?

____

____

대부분의 유가족들이 고인의 유품을 어떠한 방법으로 정리하고 있는가?

____

____

본문에서 권하고 있는 대로 간직할 것과 버릴 것, 그리고 유보할 것으로 나누어 유품을 정리한다면 어떤 효과가 기대되는가?

____

____

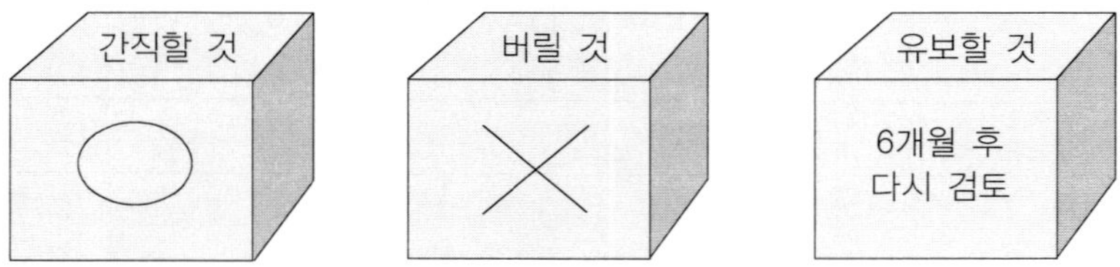

경우에 따라 현재 거주하고 있는 환경을 바꾸는 것은 어떻게 생각하는가?

____

____

5) 유가족으로 하여금 슬퍼할 수 있는 시간을 주라

사랑하는 가족이 먼저 떠남으로 혈연공동체의 균형이 무너지는 아픔과 고통은 슬픔으로 표현되는 것이 극히 정상적이고 건강한 반응이다. 이러한 사별의 슬픔을 잘 통과해야 이후에 찾아오는 무서운 후유증을 피할 수 있다. 그러나 사람들은 가족을 상실한 이후 슬픔을 표현하고자 하지만 여건상 그렇지 못한 경우도 있다.

그렇다면 당신의 경우에 있어서 슬퍼할 수 있는 충분한 시간을 가져 본 일이 있는가? 있다면 어떤 효과가 있었으며, 없다면 그 이후로 어떤 부작용이 있었는가?

____

____

사람이 슬픈 일을 당하여 슬퍼하는 것은 하나님이 우리에게 배려해 주신 '자가치유'의 방법이며, 눈물은 치유되는 모습이다.

성경의 인물 가운데 욥은 모든 것을 상실했음에도 불구하고 슬퍼할 수 있는 충분한 배려가 없었다. 위로하러 찾아온 친구들은 인과응보(因果應報)적인 충고를 퍼부으면서 위로하기보다는 더욱 큰 괴로움을 주었기 때문이다. 그 결과 욥은 더 비참해진 자신에게 비통함을 쏟아내고 있다. 당신은 이러한 모습에서 무엇을 발견하고 느낄 수 있는가?

____

____

또 다른 성경의 인물들 가운데 상실의 고통으로 비통해 하는 사람들이 많이 소개되는데 그 대표적인 인물로, 아들이 죽었다는 소식을 듣고 비통해 하는 아버지 야곱(창 37 : 34), 아버지의 죽음 앞에서의 아들 요셉(창 50 : 10), 지도자 아론(민 20 : 29)과 모세(신 34 : 8), 그리고 사무엘(삼상 25 : 1)의 죽음 앞에서 비통해는 백성들의 모습을 소개하고 있다. 이러한 성경적인 묘사를 당신은 어떻게 보는가?

당신의 견해에서 가족을 상실하고 슬퍼하는 것을 어떻게 보는지에 대하여 나누어 보라.

본문에서 소개된 대로 개척교회를 하다가 아들을 상실한 목사는 뒤늦게 치료의 과정으로 슬퍼할 수 있는 시간을 가지면서 우울증의 깊은 늪에서 헤어날 수 있었다. 여기에 대한 당신의 견해는 어떤가?

지금까지의 과정으로 보아 가족을 상실하고 슬퍼하며 애통하는 사람을 어떻게 배려하는 것이 그를 돕는 것이라고 보는가?

6) 유가족의 반응을 살피라

같은 유가족일지라도 고인과 어떤 관계인가에 따라서 사별에 따른 슬픔의 정도가 달라질 수밖에 없다. 그러므로 경험자 그룹은 이러한 유가족들의 반응에 따라 그 대응이나 도움의 방법을 달리해야 한다. 즉, 유가족들 중 우리의 도움이 필요한 사람이 누구인가를 먼저 파악하여 그 도움의 구체적인 계획을 세워야 한다. 특별히 병적인 반응을 보이는 사람이 있다면 반드시 전문의의 도움을 받도록 해야 한다.

우리 주변에서 가족을 상실한 후 유달리 힘들어하던 사람을 기억하는가? 있다면 고인과 어떤 관계이며, 왜 힘들어한다고 보는가?

때로 슬픔의 강도가 너무 커서 후유증 역시 오래 가는 경우도 있다. 그렇다면 당신이 알고 있는 남은 가족들은 어떤 후유증으로 고통을 당하고 있는가?

남은 가족들이 후유증으로 고통을 당하고 있을 때 주변 사람들의 반응은 어떠했으며, 그가 어떻게 그 후유증으로부터 벗어날 수 있었는가?

위와 같은 이웃이 당신의 도움을 필요로 한다면, 그를 어떻게 도울 수 있겠는가?

7) 계속적인 도움을 제공하라

일반적으로 교회는 하관예배까지에 이르는 모든 과정에서 보여 주는 정성이나 관심은 매우 좋은 반응을 나타내지만 그 이후에는 관심 밖으로 밀려 나간다. 그러나 남은 가족들에게 그 이후가 더 힘들어진다는 것은 자명한 일이다. 그렇기 때문에 경험자 그룹을 통한 지속적인 도움이 절실하게 필요하다.

당신의 경험으로 보아 가족이 떠난 직후부터 안정된 생활을 회복할 때까지 미루어 볼 때 고인과 관련된 각종 기념일이 돌아오면 어떤 마음이 지배적이었는가?(예 : 고인의 생일, 결혼기념일, 추모일 등)

이 기념일들 가운데 어느 때가 가장 힘들었으며 그 이유는 무엇인가?

가족상실로 인하여 유달리 마음에 큰 충격을 받은 사람들은 외부인과의 접촉을 피하는 경우도 있다. 이러한 이유가 무엇이라고 보며, 이들을 돕는 효과적인 방법은 무엇인가?

가족을 상실한 사람을 돕는 방법 가운데 교회와 구역이 할 수 있는 일은 무엇인가?(경험자 그룹을 제외하고)

---

8) 유가족으로 하여금 고인과 마지막 작별 인사를 나누게 하라

성경의 인물 가운데 다윗과 요나단에 대한 이야기(삼하 1 : 26)가 소개된다. 블레셋과의 전쟁으로 사울 왕과 그의 아들 요나단이 전사(戰死)했다는 소식을 들은 다윗은 그의 친구 요나단을 위하여 대성통곡한 후 그의 일을 할 수 있었다. 이것은 무엇을 의미하는가?

고인과의 작별인사와 관련지어 생각할 때 사랑하는 가족을 상실한 후 슬피 우는 것은 어떤 의미가 있다고 보는가?

그렇다면 사랑하는 가족을 상실하고도 충분히 슬퍼하지 못할 경우에는 어떤 역기능적 후유증이 있다고 보는가?

이런 차원에서 고인에게 작별인사를 고하는 것은 무엇을 의미하는가?

제1부의 제2장 상실의 속성에서 소개한 재혼한 부부의 경우를 생각해 보라. 재혼한 남편이 힘들어한 것은 무엇 때문이었으며, 어떻게 그 문제를 해결했는가?

여러분들 가운데 고인과의 작별인사에 대한 다른 견해들이 있으면 그 견해들에 대하여 서로 토론해 보라.

11과

슬픔에 대한 신학적 논평

학습의 내용

인간의 죽음은 곧 인간의 한계성을 증명하는 극치이다. 특별히 사랑하는 가족이 질병으로 고통당할 때나 그 질병으로 죽어 가고 있을 때는 인간의 유한성과 무능력, 그리고 무기력에 대한 한계의 벽 앞에서 무릎을 꿇을 수밖에 없다. 그러나 그 유한한 벽이 있기에 우리는 절대자 앞에 무릎을 꿇고 도움을 구할 수 있다.

학습자들이 본 과정을 마치고 나면

1. 인간의 유한성에 대한 교훈을 배우게 될 것이다.
2. 고통과 슬픔에 대한 신학적인 정리를 통하여 가족상실에 대한 새로운 가치관을 정립하게 될 것이다.

핵심단어

- 인간의 유한성
- 사파드(sāpad)
- 지구상의 체류완료
- 새로운 출발

당신은 어느 때 인간의 한계성을 절실하게 느꼈는가?

그때 당신이 발견한 것은 무엇이었으며, 어떻게 그 상황을 대처했는가?

성경은 사람들의 삶 속에 하나님께서 어떻게 개입하셨는가에 대한 이야기인데, 그 가운데 가족을 상실하고 슬퍼하는 사람들의 이야기가 많이 소개된다. 이러한 슬픔들 가운데서 당신이 발견하거나 새롭게 느낀 것이 있다면 무엇인가?

성경 속에서 가족을 상실하고 슬퍼하는 사건들 가운데 당신의 마음에 가장 많이 또는 강하게 와 닿는 사건은 무엇이며, 그 이유가 무엇인가?

하나님은 왜 인간의 유한성이라는 넘지 못할 선(線)을 만드셨다고 보는가?

≫ 평소에 당신이 생각하던 죽음에 대한 생각과 이 훈련과정을 마친 후 생각하는 죽음에 대한 차이는 무엇인가?

____

____

≫ 본 과정을 시작하기 전의 생각과 마친 후의 생각에는 어떤 차이가 느껴지는가?

____

____

≫ 본 과정을 마치면서 가족을 잃고 슬퍼하는 사람에 대한 어떤 변화가 느껴지는가?

____

____

교수님의 강의를 듣고

목회를 하면서 겪는 많은 어려움 중 하나는 가족과 사별하고 슬퍼하는 가족을 어떻게 위로할 것인가에 대한 것이었다. 여러 차례 예배도 드리고 위로도 해 보았지만, 슬픔을 당한 유가족에게 무슨 말을 해야 할지, 어떻게 위로를 해야 할지에 대한 문제는 늘 해결되지 않는 과제로 남아 있다. 이것은 아마도 가족을 잃고 슬퍼하는 유가족들에 대한 이해가 부족하며, 일상적이고 상투적인 말들을 나열한 탓이 아닌가 생각해 본다.

그런데 윤상철 교수님의 강의를 통해 본 서의 내용을 배우면서 교수님이 당한 가족상실의 아픔과 고통의 무게를 생각해 보게 되었다. 그 어느 누구도 대신할 수 없는 아픔, 상처, 고통에 나도 울고, 함께 수강하던 사람들도 울고, 모두가 그 아픔에 동참하면서 목회에 커다란 도전을 받았다.

본 서에서 지적하는 것처럼 가족을 상실하여 슬퍼하는 가족들에게 미사여구와 형식적인 언사로 슬픔을 억제시키면, '제2의 심리적인 살인', '번뇌하게 하는 위로자'와 같은 후유증을 일으킬 수 있기 때문에 남은 자들의 고통은 말할 나위 없이 암흑과 같은 터널 속에 갇히고 만다. 이러한 모습을 보며 나는 지나간 목회현장을 회상하고 앞으로의 목회를 구상하게 되었다.

특별히 가족을 상실하고 슬퍼하는 많은 사례들에 대한 상담학적 이론을 전개하면서 신학적인 논평을 통하여 그 중심을 잃지 않으려고 하는 교수님의 깊은 연구에 한 사람의 목회자로서, 제자로서 경의를 표한다.

명지대학교 제자
배명동